（株）農林中金総合研究所❖企画
古江晋也❖著

地域金融機関のCSR戦略

corporate social responsibility

新評論

はじめに

農林中金総合研究所は一九九〇年の創立以来、日本の地域金融機関のあり方、リテール（個人）金融の健全な発展の方向性を探求するために、全国の地域金融機関を訪問し、地道な実態調査を進めてきた。本書はその中でも、特に「地域金融機関とCSR」のテーマに関して、主事研究員の古江が当総研の定期刊行物『農林金融』『金融市場』等に発表してきた論文をベースに大幅に加筆修正し、書き下ろし原稿を加えたものであり、これまでの調査の一つの集大成ともいえるものである。

わが国でCSR（企業の社会的責任　Corporate Social Responsibility）が注目され始めたのは一九六〇～七〇年代の公害問題からであるが、時代ごとに注目されるテーマは変化してきた。当初、CSRは、企業等の公益事業などへの寄付活動を主体とした取り組みと認識されたこともあり、企業収益が低迷すると活動が取りやめになることも少なくなかった。しかし、近年、地域の社会的課題に積極的に取り組む企業が増加している。このような動きは金融機関にも当てはまり、今日ではCSRを経営理念の柱の一つとして位置づける金融機関も少なくない。

金融機関がCSRに積極的に取り組むようになった背景には、金融庁が「リレーションシップバンキングの機能強化」を要請したこともあるが、より根底には、地域社会や住民に受け入れられなければ、地域金融機関の存続はありえない、という認識の広がりであろう。

こうした状況をふまえ、本書では、まず第一章でCSRをめぐる議論を整理した後、第二章から第五章では昨今の地域金融機関がどのようなビジネスモデルを構築して、環境保全、多重債務問題、バリアフリー化、障がい者への雇用機会の提供といった社会的課題に対処しているのか、実例を通して分析している。またCSRを継続的に実施していくためには、地域社会における認知とともに関係団体・機関との連携が必要不可欠であり、第六章および第七章ではこの点を「コミュニケーション」と「連携」をキーワードに掘り下げている。最後に第八章では、東日本大震災を受け、地域金融機関の存在意義や真価が改めて問われるなか、被災地の地域金融機関の現状を報告しつつ、地域金融機関の使命と課題を検討している。

いうまでもなく、地域金融機関は地域社会と一体不可分の関係にあり、地域の直面する困難や課題に積極的に関わっていかなければならない。そこにこそ地域金融機関の存在意義があると確信している。本書が、地域金融機関が果たすべき社会的責任と使命を真摯に追求しようとしている方々の一助となれば幸いである。

前・株式会社農林中金総合研究所代表取締役社長
独立行政法人農畜産業振興機構理事長
佐藤純二

第三章　多重債務問題に立ち向かう地域金融機関

第八章　東日本大震災と地域金融機関

第一章　金融機関とＣＳＲ――「業績依存型ＣＳＲ」から「本業を通じたＣＳＲ」へ

日本におけるＣＳＲの変遷

近年、ＣＳＲ（Corporate Social Responsibility：企業の社会的責任）という言葉はかなりの認知度を得つつある。一般的にＣＳＲとは、「企業が顧客、株主、投資家、従業員といった利害関係者《ステークホルダー》に加え、地域社会や環境などにも配慮した行動をとること」を意味しており、企業統治（コーポレートガバナンス：不祥事を防ぎ、企業価値を高めるための経営の規律・監視の仕組み）のあり方が含まれることもある。

日本でＣＳＲが注目され始めたのは、一九六〇～七〇年代に公害問題が深刻化した時期であった。なかでも水俣病や四日市ぜんそくなど企業によって引き起こされた公害の問題は、企業と社会のあり方を根本から問い直し、「社会的責任」の概念に意識を向ける大きなきっかけとなった。

一九八〇年代には、自動車や半導体など「メイド・イン・ジャパン」の工業製品が世界に輸出され、日本企業のビジネスモデルが注目された。しかしその一方で日本の対米貿易黒字が拡大し、「ジャパン・バッシング」が生じた。これを契機として、企業は事業利益の拡大以外にも、国内外の地域社会にいかに受け入れられるかを模索すべきである、ということが日本企業の経営課題の一つとなった。当時は企業業績が拡大し、財務的にもゆとりのある時代であったため、芸術・文化活動を支援するメセナや慈善活動を行うフィランソロピーが広がった。メセナとフィランソロピーの違いは、一言でいえば、社名が活動主体として前面に出るかどうかという点にある。メセナは「冠大会」や「冠イベント」にみられるように社名を冠した活動になるが、フィランソロピーは匿名活動が基本となる。そのため初期のメセナ活動は広告宣伝を目的とした取り組みでもあった。しかし、なかには「社会貢献」「メセナ」などの名のもとに有名絵画の購入などに奔走する企業もあり、CSRに批判の目が向けられる原因となった。いずれにせよこの時期のCSRは、多分に業績依存型の利益還元策として捉えられていたといえる。

一九九〇年代初頭にバブル経済が崩壊すると、企業は一転して収益の維持ないし向上に主眼を置くこととなり、多くは利益還元の一環として従来のような支援を行う余裕を失った。業績が大きく悪化した企業のなかには、メセナやフィランソロピーの活動から撤退する動きもあり、これに対して「ご都合主義」という批判を受けることも少なくなかった。

一方、一九九〇年代は、環境問題が世界的規模で議論されるようになった時期でもあった。九二年には「環境と開発に関する国連環境会議」（地球環境サミット）が開催され、国連気候変動枠組条約などが調印された。国内では容器包装リサイクル法（九七年）、ダイオキシン類対策特別措置法（二〇〇〇年）、家電リサイクル法（〇一年）などが相次いで施行され、九七年には京都で第三回気候変動枠組条約締約国会議が開催された。このような国際的・国内的な関心の高まりや規制強化のなかで、環境問題への対応は「企業存続の前提条件」とまでいわれるようになった。

一九九〇年代後半になると、地価と株価の下落によって金融機関の不良債権問題が深刻化し、日本長期信用銀行、日本債券信用銀行、山一證券などの大型金融機関が破綻した。さらに九〇年代末以降、企業の重大な不祥事が相次いで明るみに出ることで、企業コンプライアンス（法令や社会的規範を遵守すること）体制の強化が大きな経営課題となる一方、株主価値の最大化や株主至上主義に対する批判が高まった。これにより、投資家にのみ配慮するのではなく、地域・社会・地球環境にまで配慮するCSRが改めて注目されることになった。

このようにCSRは、公害問題、メセナ活動、地球環境、コンプライアンス体制など時代によって中心的なテーマが変化してきた。また各々のテーマについては、社会情勢の変化に応じて関心が急速に失われることもあった。八〇年代後半のメセナやフィランソロピーは企業業績に大きく依存した利益還元活動としてのイメージが強く、CSRが「一過性のブーム」や「単なる流行」と認識されることもあった。しかしCSRは本来、「企業とは何か」、つまり企業の活動の社会的意義や使命と関連して論じられてきたテーマである。次節ではこの点を踏まえて、米国を中心にCSRをめぐる議論の歴史を概観しておこう。

CSRはどのように議論されてきたか

二〇世紀初頭、米国では企業の買収・合併によってUSスチール（一九〇一年）やゼネラルモーターズ（一九〇八年）をはじめとする巨大企業が誕生した。企業の規模が拡大して事業が寡占化されるようになると、米国民はその社会的影響力の増大に懸念を募らせるようになった。ジョエル・ベイカンによれば、企業に対する政府の規制強化や大企業解体論すら叫ばれるなか、大企業の経営者やPR専門家は、「親切で社会的責任に誠実な会社」のイメージづくりに励んだという（ベイカン［二〇〇四］二五〜二七頁）。

一九二〇年代になると、米国は第一次世界大戦による特需や自家用車などの耐久消費財の大量生産・大量消費によって「黄金の二〇年代」を迎えた。しかし、のちに「暗黒の木曜日」と呼ばれることになる一九二九年一〇月二四日、ニューヨーク証券取引所で株式相場が大暴落したことを契機に、その後の米国経済は壊滅的な打撃を被ることになった。このような社会状況のなか、アドルフ・バーリとガーディナー・ミーンズは近代経営学の古典的名著『近代株式会社と私有財産』（一九三二年）を発表した。株主の増加によって所有と支配の分離が生じること、株式会社を所有しているのは株主だが、支配しているのは経営者であることを指摘したことで有名なこの書のなかで彼らは、株式公開企業は資金提供を行う投資家（株主）に対する義務に加え、労働者、消費者、国家に対する責任をも有していると述べ、公開企業は個人企業にはない社会的役割を担っているという見解を示した。

『近代株式会社と私有財産』が出版された当時は世界恐慌の真っただ中であり、一九二二年にはロシアでソビエト社会主義共和国連邦が成立、資本主義体制の存続に対する危機感が高まった時期でもあった。こうした状況のもとで、バーリとミーンズは所得の一部を社会に還元する必要性を唱えたのである（バーリ&ミーンズ［一九五八］）。

第二次世界大戦後、米国は自由主義社会の盟主となり、一九五〇～六〇年代には経済的な繁栄を謳歌していた。この時期の米国大企業は、利益を様々な利害関係者《ステークホルダー》に分配し、バーリとミーンズが唱えたように利害調整機能に配慮した経営を行っていた。

またこの時期には、米国で企業が大学への寄付を行うことの是非をめぐって裁判が行われた。バルブや消火栓などのメーカー、A・P・スミス・マニュファクチャリング社がプリンストン大学に対して「一般的な教育目的」のために一五〇〇ドルの寄付を行ったのに対し、同社の株主がこの寄付金は企業の直接の利益とならないため違法であるとして提訴したのである。しかし、裁判所は「企業も『良き市民性』を発揮する義務があるから、本業とは無関係の寄付も企業の社会的責任を果たすうえで妥当である」としてこの訴えを斥けた（出口［一九九三］一六頁）。

このように「責任」の範囲を一般社会にまで拡大し、CSRを肯定的に捉える見解がある一方で、企業が社会に利益を還元することに異議を唱えたのが、市場原理主義を信奉するシカゴ学派を代表する経済学者ミルトン・フリードマンであった。フリードマンは、「企業経営者の使命は株主利益の最大化であり、それ以外の社会的責任を引き受ける傾向が強まることほど、自由社会にとって危険なことはない」と主張した（フリードマン［二〇〇八］二四八～二四九頁）。

フリードマンはCSRを「自由社会」との関連で論じた。当時、物価上昇を防ぐために企業や労働組合は製品価格や賃金を低く抑える責任があるという論調が強まっていたのに対しては、価格統制は市場経済を崩壊させ、自由社会の根底を揺るがす施策だとして批判した。また、仮に経営者に社会的責任があるとすればそれはどのような責任なのか、経営者は「何が社会の利益であるか」をどのように判断するのか、そして会社や株主はどの程度の負担を引き受けるのかなど、ＣＳＲについて根本的な疑問を提示した。

このようなフリードマン流のＣＳＲ論を批判したのが、ピーター・ドラッカーである。ドラッカーは、経済的な業績は企業が担うべき最も重要な責任であり、投資コストに見合う利益を獲得できない企業は社会的に無責任であるとしながらも、経済的な業績だけが企業の社会的責任ではないとした。そして、企業を含めいかなる組織も社会的責任を負うと唱えた。しかしその際企業は、「自らの能力の及ぶ範囲内において、かつ本業の能力を損なわないかぎりにおいて、社会的な責任を果たす」べきであるとして、ＣＳＲの範囲を限定したのである（ドラッカー［一九九三］一七五頁）。

フリードマンとドラッカーのＣＳＲに関する議論は、「企業の本質とは何か」をめぐる議論でもある。フリードマンは、「企業は株主の道具であり、企業の最終所有者は株主である」とし、法人擬制説（法人は株主の集合体であり、法律上「人格をもつとみなされている」にすぎないとする考え方）の観点から、企業が寄付行為を行うことは株主の資金の使い道の自由を奪うことになるとしてＣＳＲに対する否定的な見解を示した。これに対してドラッカーは、今日の社会的実体として「株主とは、企業とかかわりをもつ多くの利害当事者の一つにすぎない」（ドラッカー［二〇〇五］二〇～二一頁）と述べ、法人実体説（法人は株主とは独立にそれ自体固有の実体であるとする考え方）の観点から企業を規定し、ＣＳＲに積極的な意義を認めた。

このようにＣＳＲをめぐる認識や評価は、社会的状況や研究者の学問的・思想的姿勢によって大きく異なっている。また、一九五〇～六〇年代にＣＳＲが肯定的に受け入れられた背景には、米国経済の安定的成長があったことを忘れてはならない。つまり、企業が安定的な収益を確保することができていたため、ＣＳＲについても寛容であったといえる。しかし、一九七〇年代半ば、それまで存在していた多くの規制が撤廃ないしは緩和されるなか、米国企業もそれに適応するために行動を変化させ、ＣＳＲに関する議論も変容することになった。

株主資本主義下でのＣＳＲ論

一九七〇年代になると、それまで安定的な成長を続けてきた米国経済は、泥沼化したベトナム戦争、二度の石油危機や高率のインフレーションなどにより大幅に停滞した。こうしたなか、経済成長の障害として政府規制を批判するシカゴ学派の理論に世界的な注目が集まり、七〇年代後半以降、航空・運輸業、電気通信業、電力業、金融業を中心に規制の撤廃や緩和が相次いで行われるようになった。英国ではサッチャー政権、米国ではレーガン政権の誕生とともに「小さな政府」が志向され、規制緩和や公営企業の民営化など市場メカニズムを積極的に採用した政策を次々と導入し、財政支出の削減などに取り組むいわゆる新自由主義（ネオリベラリズム）的改革が世界的な潮流となった。

こうした世界的な市場原理主義化の動きのなかで、各企業は競争に勝ち抜くため、肥大化した組織の再

ニューヨーク証券取引所

編を進め、不採算部門から撤退するなど、コアコンピタンス（競合他社が真似できない核となる能力）に経営資源を集中する傾向を強めていった。また、年金基金や投資信託などにおける機関投資家の役割が金融市場で拡大するなか、一株当たりの利益や株価を重視した経営が求められるようになった。

日本でも一九八〇年代には日本電信電話公社、日本国有鉄道などが民営化され、「小さな政府」に向かって舵を切った。石油危機等を受けて米国企業が停滞するなか、八〇年代の日米貿易摩擦が大きな政治的・経済的課題となり、米国政府は日本に市場開放や規制緩和撤廃を求めてきた。

九〇年代になると、日本ではバブル経済崩壊とその後の景気低迷を受けて、従業員を手厚く保護する「日本的経営」が問い直されることになり、外資による買収も活発化するなか、多くの日本企業は英米流の株主重視型の経営に転換していった。

同時期、米国経済はインターネットに代表される情報技術の革新とそれへの投資の活発化によってコスト削減を実現し、ＩＴによって生産から販売までの全過程が最適に管理されることで、もはや景気循環はなくなるとする「ニューエコノミー論」が期待を集めた。同時に貿易障壁の撤廃や一層の規制緩和なども行われ、景気は拡大し続けた。

しかし九〇年代末の米国のＩＴバブル崩壊でニューエコノミー論は影を潜めた。さらに二〇〇一年になると総合エネルギー大手エンロンが経営破綻、長距離通信会社ワールドコムの粉飾決算や複合企業《コングロマリット》タイコ・インターナショナルの経営陣による経営の私物化なども次々と明らかになり、株主利益の最大化を求める「株主資本主義」的企業経営に批判が集まった。

二〇〇七年には、それまで上昇を続けてきた米国住宅市場が下落したことを受けてサブプライム住宅ローン問題が表面化し、ほどなく金融危機にまで発展する。〇八年九月には米国大手証券会社リーマンブラザーズが経営破綻し、世界経済は大混乱に陥った。この金融危機を受けて、サブプライムローンの販売で主導的な役割を果たした米国金融機関はその「強欲さ」を断罪され、米国型ビジネスモデルや株主資本主義、グローバル資本主義など、これまでのビジネスモデルや資本主義のあり方が大きく見直されることになった。

ベイカンは、企業は自らの利益最大化を目指して行動するものなので、「社会的責任に基づいて行動する能力は備わっていないし、その経営者にはそうする権限もない」と述べ、CSRに期待するよりも、規制によって企業を管理するほうが重要だとしている（ベイカン［二〇〇四］）。これは一九八〇年代から本格的に推し進められた新自由主義的改革（各種の規制緩和や公営企業の民営化など）に対する批判でもある。つまりベイカンは、規制緩和によって、本来ならば企業が負担しなければならないコスト（たとえば工場の出す廃液によって環境汚染を引き起こさないようにするためのコスト）を第三者に転嫁（外部化）することが容易となり、このことが世界各地の主要な社会問題や環境問題の原因となっていることを指摘した上で、改めて規制をかけることによって、社会や環境に押し付けられたコストを企業に負担させることが、企業に社会的責任を果たさせることにつながると主張したのである。

一方ロバート・ライシュは、一九七〇年代以降、大企業がより競争力をつけ、すべての企業が消費者と投資家を求めて熾烈な競争をくり広げるなかで、労働組合や監督官庁の影響力は弱まり、経営者は公的関心を高く持ち続けることができなくなった、と主張した。このような状況のもとでは、CSRや自社の利益を損なう可能性のある社会的善行は許されず、仮に社会的意義のある活動に自主的に取り組むことがあったとしても、それによって自社の利益や企業イメージが向上し、業績に直接結び付くといった場合に限られるとし、社会に対する責任を企業に担わせるためには、法の改正や規制が重要であると説いた（ライシュ［二〇〇八］八～九頁）。

このようにベイカンやライシュは、「小さな政府」のもとで七〇年代半ば以降に行われた規制緩和とその後の株主重視経営に至る潮流のなかで、そもそも企業にCSRを期待することはできなくなっていると主張した。これに対し、むしろ政府の役割が縮小しているからこそ、CSRが重要になってきていると主張するのが、ダニエル・ヤーギンとジョゼフ・スタニスローである。

ヤーギンとスタニスローは『市場対国家』（一九九八年）のなかで、第二次世界大戦後、国家が経済を支配・管理した時代から、一九七〇年代末～九〇年代後半の市場を重視する経済（競争、民営化、規制緩和など）への移行に焦点を合わせつつ、政府と市場の関係を考察した。彼らはそのなかで、「政府が責任範囲を縮小しているいま、企業も個人と同様に、地域社会に対する責任範囲を拡大していく必要に迫られるだろう」と述べている。さらに、「企業は地域社会の利益、環境への懸念、社会問題を軽視するわけにはいかない。地域社会の活動に積極的に参加していかなければ、いずれ、政治の場で報いを受けることになるだろう」と警告した（ヤーギン＆スタニスロー［一九九八］二八四頁）。

ＣＳＲ議論の特徴と課題

従来のＣＳＲに関する議論を概観すれば、その特徴の一つは巨大企業、とりわけグローバル企業に焦点が当てられていることにある。グローバル企業は、安い労働力や有望な市場の獲得を目指して世界を舞台に事業展開することが可能であるが、まさにこのような特性があるために規制の緩やかな国でコストを外部化し（社会に負担させ）、環境破壊等を引き起こしていると指摘されている。しかし、このような批判がある一方で、グローバル企業は従来から意義のあるＣＳＲに取り組んでもおり、「政府の圧力がなくても進んで社会的責任を果たしてきた」（ミクルスウェイト＆ウールドリッジ［二〇〇六］一五二頁）ことにも目を向けなければならない。

また、多くのＣＳＲ研究がグローバル企業に焦点を当て、ボーダレスな観点からＣＳＲを論じているが、グローバル社会といわれる今日においても、人間が生活を営むうえでの最も重要な単位は地域社会である。したがって、地域社会と共に生き、発展していくことをいわば宿命とする地域金融機関などのような、地域密着型企業のＣＳＲを研究することも看過されてはならないだろう。とりわけ、地域密着型企業は、地域社会からの批判が高まると事業の存続が困難になることもあるため、環境保全などにかかるコストを安易に外部化することはできない。つまり、たとえ利益の最大化を目標としていても、その達成手段はできるかぎり地域社会の意思を反映したものにしていく必要がある。

グローバル企業や巨大企業のＣＳＲ研究が多くを占めるなかで、こうした地域密着型企業のＣＳＲへの取り組みと、それがビジネスモデルにどのような形で関わっているかを検討することは、ベイカンやライシュの「ＣＳＲ不可能論」とは異なる視点からＣＳＲを捉えることにつながると期待できる。

ＣＳＲをめぐる既存の議論のもう一つの特徴は、余剰の所得がある場合にはその一部を社会に還元することを前提としてきたことにある。本書ではこのようなＣＳＲを「業績依存型ＣＳＲ」と呼ぶことにするが、バーリとミーンズ、フリードマン、ベイカン、ライシュの議論において前提とされていたのも、この業績依存型ＣＳＲであった。日本でもＣＳＲといえば一般的にはこうした業績依存型の利益還元として認識されることが多く、株主の利益を損なう行為として批判される要因ともなってきた。

しかし近年では、これまで広告宣伝の一環とみなされてきたメセナ活動も質的な変化を遂げている点にも注目しなければならない。一九八〇年代、メセナの多くは広告宣伝コストとみなされ、活動予算を計上している企業は少なかった。それに対して、バブル崩壊後も継続的にメセナに取り組んでいた企業のなかには、活動を予算化し、担当部署を設置するケースもみられた。また、活動目標や支援対象ガイドラインを作成し、被支援団体との関わり方や支援期間などを明確に示すようになった。なかには、社で所有する体育館などの施設を利用時間外に劇団等に貸し出すなど、非資金支援を通じたメセナ活動に取り組む動きもある。さらに九〇年代後半になると、メセナ活動を社会貢献というよりも「社会投資」と捉え、マーケティング活動の一環として、メセナを通じてより社会的な課題を探るといったケースも出てきた。

メセナが単なる資金提供を超えて、支援の質的向上を図るべきものと捉えられつつあるのと同様に、今日のCSRも単なる広告宣伝ではなく、企業イメージやブランドに大きな影響を与えるものとなっていると指摘する研究者やジャーナリストは少なくない。フィリップ・コトラーは、CSR関連の活動をブランドイメージに影響を与えるコミュニケーション・ツールの一つに挙げている（コトラー［二〇〇五］）。また二〇〇七年一月二九日号の『ビジネスウィーク誌』は、「〝環境に優しい企業〟を超えて」と題した特集を組み、環境問題への取り組みや社会活動はもはや単なるイメージ戦略ではなく、それ自体が競争優位を生み出しうる活動だとしている。

CSRと無形資産

ところで、企業のブランドイメージやビジネスモデルを無形資産と捉え、戦略的にも重要視するようになった背景には、知的財産をめぐる世界的な認識の変化がある。従来、製造業を中心とした企業の価値の源泉は、主に製造設備や金融資産だとみなされてきた。もちろん研究開発、マーケティングや組織力といった無形資産も企業の競争優位を構築する上で重要な要素ではあった。しかし一九九〇年代後半以降、無形資産への投資は膨大な金額となり、買収に伴う「のれん代」（被買収企業の資産と負債の正味合計額と買収価格との差額）も軽視しえなくなった。さらに、多くの企業で、財務諸表に計上された金額と株式時価総額が著しく乖離している上に、多くの無形資産が貸借対照表の資産項目に計上されていないため、企業の真の財政状態を表していないとの指摘もなされた（Wallman［1995］）。またマーガレット・ブレアーとスティーヴン・ウォールマンは、前述した九〇年代後半の「ニューエコノミー」は、知的資産、組織から生じる資産、広告効果から生じる資産および認知度から生じる資産に対する投資によってもたらされたとし、企業価値を高める要因は有形資産よりも無形資産にあることを指摘した（ブレアー＆ウォールマン［二〇〇二］）。

このように無形資産に対する関心が高まるなか、英国では環境パフォーマンス等を含めた営業・財務報告書の開示を求めたり（二〇〇五年一月）、デンマークでは知的資産報告書のガイドラインを公表するなど、非財務情報の開示にも注目が集まるようになった。

日本でも〇五年四月に環境配慮促進法が施行され、独立行政法人や特殊法人等に環境報告書の作成・公表を義務付けたり、経済産業省が「ブランド価値評価研究会報告書」（〇二年六月）や「知的資産経営の開示ガイドライン」（〇五年一〇月）を公表するなど、非財務情報の開示が重視されるようになった。なかでも「ブランド価値評価研究会報告書」は、無形の経営資源が企業価値の決定の要因となっているとし、ブランド価値を適切に評価し、そのディスクロージャー（情報公開）を行うことの重要性を指摘、ブランド価値を貸借対照表に計上することの意義にも言及した。

このように無形資産に対する認識が大きく変化するなかで、ＣＳＲも業績依存型の利益還元策の一つという認識から、社会の信頼を獲得し、社会への説明責任を果たすことによって、企業イメージをはじめとする無形資産の増大に貢献する新たな戦略的目標として認識されるようになったのである。

「業績依存型ＣＳＲ」から「本業を通じたＣＳＲ」へ

ここまでＣＳＲをめぐる議論の骨子を整理してきたが、では「地域社会」とＣＳＲはどのように関わるのであろうか。以下では、本書のテーマである地域金融機関の存在意義を軸に、それを考えてみよう。

地域金融機関は、設立当初から地元経済と深く関わり、地域貢献活動などにも積極的に取り組んできた。それは主たる顧客基盤が特定の地域にあり、地域社会に受け入れられることが存続の必須条件であることと、地域の活性化が長期的にみれば自らの業績拡大にも通じるということによる。そのため、多くの地域金融機関は、金融機関本来の機能に基づいた地元融資や納税といった経済的・法的責任に加え、雇用の確保、学術・文化・福祉活動等を目的とした財団法人の設立、支店単位での清掃・美化活動等を実施してきた。ただし、これらのなかにはやはり業績依存型・利益還元の活動も少なくなく、「地域や顧客のニーズが把握されていない」「戦略性がない」「本業との関係が明確ではない」と指摘されることもしばしばあった（浦野［二〇〇四］）。

しかし最近の地域金融機関においては、①営業地域とのさらに密接な関係の構築、②他の金融機関との差異化、③環境報告書、ＣＳＲ報告書などの非財務情報の開示、など無形資産にまつわる経営課題が重視されるようになり、これらに対処するため、従来よりも戦略性の高いＣＳＲを展開するようになってきている。

さらに金融庁が地域金融機関に対し、「リレーションシップバンキング」の機能強化を要請したこともＣＳＲへの関心を高める大きな動機となった。二〇〇〇年代初頭、金融機関の不良債権処理が大きな問題となるなか、金融庁は主要な銀行を対象とした金融再生プログラム及びそのための作業工程表を公表した。

一方、中小・地域金融機関の不良債権処理については主要銀行と異なるアプローチが求められ、金融審議会（首相、金融庁長官、財務大臣の諮問機関）金融分科会第二部会は二〇〇三年三月、中小・地域金融機関を対象とした報告書「リレーションシップバンキングの機能強化に向けて」（以下「機能強化に向けて」）を発表した。

「リレーションシップバンキング」とは、一言でいえば「地域密着型金融」である。具体的には、金融機関が顧客と長期的に親密な関係を維持することで情報を蓄積し、それをもとに金融サービスを提供することを意味する（「機能強化に向けて」より）。「機能強化に向けて」では、「中小企業の再生と地域経済の活性化を図るための各種の取り組みを進めることによって、不良債権問題も同時に解決していくことが適当と考えられる」とし、地域貢献については、「今後、中小・地域金融機関が健全性を確保しつつ適切な地域貢献によってリレーションシップバンキングの機能強化を図っていくためには、これらの金融機関が果たす地域貢献の内容について、健全性の確保や適正な対価負担を両立するものであることを利用者が正しく評価できるよう、評価（トランスペアレント）かつ説明可能（アカウンタブル）なものとしていくことが必要と考えられる」としている。

「機能強化に向けて」の発表を受けて、金融庁は「リレーションシップバンキングの機能強化に関するアクションプログラム」（期間：二〇〇三〜〇四年度、以下「アクションプログラム」）を公表し、地域金融機関に地域貢献活動の実施を要請した。〇五年三月にはアクションプログラムをさらに改善した「新アクションプログラム」（期間：〇五〜〇六年度）が取りまとめられた。〇七年四月には、金融審議会金融分科会第二部会が「地域密着型金融の取り組みについての評価と今後の対応について――地域の情報集積を活用した持続可能なビジネスモデルの確立を」を公表。このなかでは、「恒久的な枠組み」をもってリレーションシップバンキングを推進することが提言され、金融機関は地域貢献を含めた継続的な活動を求められるとともに、すでに深刻な社会問題となっていた多重債務問題の解決についても一定の役割を期待されることとなった。

このように金融機関のＣＳＲは、当初は業績依存型の利益還元に重点が置かれていたのであるが、近年ではより戦略性を持ったＣＳＲが志向され、取り組みの内容についても、本業と密接に関わる形で社会的な課題の解決を図ることが重視されるようになった。

筆者は二〇〇五〜一〇年にかけて、環境保全、多重債務問題、バリアフリー、障がい者雇用、ＣＳＲコミュニケーション（利害関係者《ステークホルダー》とのＣＳＲをめぐる意思疎通）をテーマに、地域金融機関のＣＳＲに関する調査を実施してきた。そのなかで明らかとなったのは、今日の地域金融機関は業績依存型利益還元ＣＳＲを超えて、「本業を通じたＣＳＲ」（事業活動にＣＳＲを組み込むことで、地域社会の課題解決と企業価値等の向上の双方を目指すＣＳＲ）に取り組むようになってきているということである。

先に検討したようなＣＳＲ否定派の論者は、企業と地域社会の利益を二律背反と捉え、「儲け主義に走っているという批判を回避するための免罪符だ」「広告宣伝の一環にすぎない」とＣＳＲに懐疑的な目を向けてきた。しかし、ＣＳＲに取り組んでいる企業がすべてそのような企業ばかりではないことも事実である。とりわけ、本書第二章以下で紹介していくような「本業を通じたCSR」は、否定派が前提としている枠組みでは理解することができない。そして地域金融機関はそのなかでも特に、地域から利益を獲得するためには地域との間に持続的な関係を構築する経営が必須となる。別の言い方をすれば、地域金融機関にとって地域の衰退は自らの収益の減少につながることを意味している。これはおそらく地域金融機関に限られたことではないであろう。したがってこれからのCSRは、企業と（地域）社会を対立的に捉えるのではなく、「Win - Win」（共存共栄）の関係を結びうるものとして捉え、企業価値向上と社会的課題解決の両立を目指すものでなければならない。

CSRが金融機関に与える影響

ところで、金融機関はCSRによって、どのようなポジティブな影響を受けるといえるであろうか。

第一には企業イメージの向上である。たとえば環境保全に取り組んできた金融機関は、当初は「業務に直接関係はないのに」と不思議がられることも少なくなかったが、日本社会にも環境配慮型経営が全般的に浸透するとともに、「環境に配慮した企業」のイメージはいまや業種を問わず定着し、むしろ先駆的活動として評価が高まった。あるいは多重債務問題の解決に取り組んでいる金融機関は「頼れる金融機関」というイメージを高め、顧客満足度も向上している。

また、銀行を含め企業間の株式の持ち合いが盛んに行われていた時代と異なり、積極的なIR（投資家向け広報）戦略が求められるようになっているなかで、たとえば自社株がSRIファンド（社会責任投資信託＝従来の投資基準に加え、環境保全やコンプライアンス、地域社会への貢献などの基準で企業を評価する）に組み入れられれば、自行のＣＳＲ活動が外部機関から客観的に評価されたということをステークホルダーにアピールすることもできる。

第二には優秀な人材の確保である。最近では就職活動に際して、志望する企業にＣＳＲ報告書を請求し、それを熟読検討する学生が増加している。特に女子学生は就職説明会などの場でワークライフバランスや女性の雇用状況について熱心に質問する人が増えており、ＣＳＲ活動が人材を獲得する上での一つの重要な要素ともなっている。

第三には職員のモチベーションの向上が挙げられる。ある大手金融機関のＣＳＲ担当者は、「ＣＳＲに取り組んでいなければ、組織はもっと殺伐としていた」と、ＣＳＲの組織内部に与えるプラスの影響を語ってくれた。地域金融機関の新入職員のなかにも「環境」や「地域貢献」に関心のある人は多くみられ、ＣＳＲに関わる仕事を志望する人も少なくない。

もちろん筆者が訪問した金融機関のなかでも、ＣＳＲへの関心がいまだ低いという声も聞かれた。しかし一方で、ＣＳＲへの取り組みが新聞・雑誌などに紹介され、メディアへの露出が高まったことなどにより、職員に社会的意義についての自負心や誇り、使命感が芽生えたケースもある。つまり、ＣＳＲ活動とそれによって生み出されたパブリシティの向上は、行員や職員のモチベーションを高めることにも貢献しており、結果として営業活動にもプラス効果を及ぼすことになっている。地域行事への参加をＣＳＲの取り組みの一つに掲げているある地域金融機関の担当者は、ＣＳＲに積極的な職員は営業成績も向上する傾向があると語っている。

また、ＣＳＲが「業績依存型・利益還元ＣＳＲ」から「本業を通じたＣＳＲ」へとシフトすることで、新たなビジネスモデルやユニークな金融商品を生み出すインセンティブが組織内部で生じるようになったことも大きなメリットである。

さらに、本書第三章で取り上げている多重債務問題の解決への取り組みは、多重債務によって引き起こされる家庭問題を同時に解決したり、自殺の防止にもつながっている。同じようにバリアフリー化の促進（第四章）は、高齢者や障がい者が安心して社会に参加するための基盤となり、障がい者雇用（第六章）は、障がいのある人々の働く喜びや「社会に役立つ存在でありたい」という願いをも実現している。これらの取り組みはとりわけ本業と社会的課題の解決を有機的に結びつけた点で注目に値しよう。

以上のような効果は従来の業績依存型ＣＳＲでは得ることのできないものである。「本業を通じたＣＳＲ」は金融機関にとって、ブランドや人的資本などの無形資産、企業価値を向上させるとともに、地域社会の満足度をも高めうる戦略なのである。

このようなＣＳＲの新たなあり方は、地域金融機関の使命や将来を展望する上できわめて重要な要素になると思われる。ただしいうまでもなく、「本業を通じたＣＳＲ」を実践するには、企業価値の向上と社会的課題の解決を両立させるための有効なビジネスモデルを確立しなければならない。

以下では、社会的課題ごとに章を設け、複数の地域金融機関の取り組みのなかから、「本業を通じたＣＳＲ」のためのビジネスモデルを抽出していくこととする。

参考文献

浦野章［二〇〇四］「リレーションシップバンキングの機能強化策としての地域貢献のあり方」（地域金融戦略委員会報告書）概要、『リージョナルバンキング』四月号

橋髙研二［二〇〇六］「企業の社会的責任（ＣＳＲ）について——思想・理論の展開と今日的なあり方」、『農林金融』〇九月

コトラー（Philip Kotler）［二〇〇五］『マーケティング一〇の大罪』恩蔵直人監修、大川修二訳、東洋経済新報社

出口正之［一九九三］『フィランソロピー　企業と人の社会貢献』丸善ライブラリー

ドラッカー（Peter Ferdinand Drucker）［一九九三］『ポスト資本主義社会』上田惇生・佐々木実智男・田代正美訳、ダイヤモンド社

ドラッカー［二〇〇五］『企業とは何か』上田惇生訳、ダイヤモンド社

中谷巌［二〇〇八］『資本主義はなぜ自壊したのか』集英社インターナショナル

日本経済新聞社編［二〇〇二］『米国成長神話の崩壊』日本経済新聞社

バーリ&ミーンズ（Adolf Augustus Berle & Gardiner Coit Means）［一九五八］『近代株式会社と私有財産』北島忠男訳、文雅堂書店

フリードマン（Milton Friedman）［二〇〇八］『資本主義と自由』村井章子訳、日経ＢＰ社

ブレアー&ウォールマン（Margaret M. Blair & Steven M.H.Wallman）［二〇〇二］『ブランド価値評価入門』広瀬義州他訳、中央経済社

ベイカン（Joel Bakan）［二〇〇四］『ザ・コーポレーション——私たちの社会は「企業」に支配されている』酒井泰介訳、早川書房（本書を原作とする同タイトルのドキュメンタリー映画［マーク・アクバー監督、二〇〇三年］のＤＶＤもある）

ミクルスウェイト&ウールドリッジ（John Micklethwait & Adrian Wooldridge）［二〇〇六］『株式会社』日置弘一郎・高尾義明監訳、鈴木泰雄訳、ランダムハウス講談社

ヤーギン&スタニスロー（Daniel Yergin & Joseph Stanislaw）［一九九八］『市場対国家』下巻、山岡洋一訳、日本経済新聞社

ライシュ（Robert B.Reich）［二〇〇八］『暴走する資本主義』雨宮寛・今井章子訳、東洋経済新報社

Wallman, Steven M.H.［1995］*The Future of Accounting and Disclosure in an Evolving World : The Ned for Dramatic Change*, Accounting Horizons

"Beyond The Green Corporation", *Business Week*, Jan. 29, 2007

第二章　環境保全に取り組む地域金融機関

環境問題の変遷

　ＣＳＲに取り組む企業にとって、環境保全は重要なテーマとなっている。これは金融機関でも同様であり、環境保全活動がＣＳＲに取り組むきっかけになったというケースも少なくない。一般的に金融機関の間で環境保全に対する関心が高まったのは、地球温暖化が大きくクローズアップされるようになった一九九〇年代後半以降である。本章では、まず日本における環境問題の変遷を大まかに整理した上で、地域金融機関の環境保全への取り組みと、そのビジネスモデルへの導入がどのように行われているかを検討する。

（1）公害問題から国際的な環境問題へ

　一九六〇年一二月、池田勇人内閣は国民総生産を倍増することで完全雇用の達成や国民生活水準の大幅な引上げを実現することを目的とした「国民所得倍増計画」を閣議決定した。戦後復興を果たした日本は、産業構造の重化学工業化や新産業都市建設に代表される地域開発振興などに注力し、一人あたり雇用者所得の名目成長率を飛躍的に向上させた（五五〜六〇年：年平均八・六％、六〇〜六五年：同一六・八％、六五〜七〇年：同一八・八％）。この時期は冷蔵庫、洗濯機、白黒テレビが「三種の神器」と呼ばれ、物質的な豊かさを享受できるようになったが、その一方で、水質汚濁、大気汚染、地盤沈下、土壌汚染などを引き起こした産業公害の問題が深刻化した。当時は公害防止設備などが未整備であることが多く、一九五〇年代半ば以降、水俣病やイタイイタイ病、四日市ぜんそくに代表される公害病が大きな社会問題となり、地域住民を苦しめることになった。

一九七〇年一一月に開催された臨時国会は「公害国会」ともいわれ、公害対策基本法（改正）、大気汚染防止法（改正）、水質汚濁防止法、廃棄物の処理及び清掃に関する法律（改正）など十四の公害関連法の制定や改正が行われ、翌年には環境庁が発足した。

一九七〇年代は環境問題が国際的なテーマとなった時期でもあった。七二年、「かけがえのない地球」を合言葉にスウェーデン・ストックホルムで開催された国連人間環境会議では「人間環境宣言」及び「環境国際行動計画」が採択された。そして同年、それらにおいて規定されたことを実施するための国際機関として国連環境計画（ＵＮＥＰ）が設立された。

一九八〇年代になると、かつてのような産業公害は沈静化したが、湖沼・内湾等の水質は悪化の一途をたどった。この時期にはまた、酸性雨や地球温暖化など国境を越えた環境問題も大きくクローズアップされた。八七年には「環境と開発に関する世界委員会（ブルントラント委員会）」が国連に「われら共有の未来」と題された報告書を提出。この報告書では「持続可能な発展」という概念が提唱され、以後、環境問題が国際会議などの場で盛んに議論されるようになった。

（2）地球温暖化と国内の対応　一九九二年、ブラジル・リオデジャネイロで「環境と開発に関する国連環境会議」（地球環境サミット）が開催された。この会議では七二年に採択された「人間環境宣言」が再確認され、持続可能な発展を達成するために新たな地球的規模のパートナーシップを構築することを宣言した「環境と開発に関するリオ宣言」と、それを実行するための行動計画「アジェンダ21」が採択された。さらに、大気中の温室効果ガス濃度の安定化を目的とする「国連気候変動枠組条約」や、生物多様性の保全などを目的とした「生物多様性条約」の署名等も行われた。

気候変動枠組条約は一九九四年三月に発効し、九五年にドイツ・ベルリンで第一回気候変動枠組条約締約国会議が開催された。そして九七年一二月、京都で開催された第三回締約国会議において、「京都議定書」（気候変動に関する国連枠組条約の京都議定書）が採択された。

京都議定書の大きな特色は、温室効果ガスの排出削減量を先進国に割り当てていることにあり、二〇〇八～一二年までの第一約束期間に、九〇年比で先進国および市場経済移行国全体の削減目標を少なくともマイナス五％とすること、また日本は削減目標をマイナス六％、米国はマイナス七％、欧州はマイナス八％とすることなどが定められた。

京都議定書は、二〇〇一年に最大の温室効果ガス排出国である米国が離脱したものの、ロシアが批准したことで〇五年二月に発効した。これを受けて政府は〇五年四月に「京都議定書目標達成計画」を閣議決定し、国内排出量取引制度の構築に向けた取り組みが行われるようになった。

そして二〇〇八年、内閣府に設置された地球温暖化対策推進本部は「排出量取引の国内統合市場の試行的実施について」（以下「試行的実施」）を本部決定し、二酸化炭素（温室効果ガスのなかでもエネルギー由来で、産業に関連が深い）の排出超過分や余裕を国や企業が市場で取引する試み（いわば温室効果ガスの市場化）がスタートした。「試行的実施」における国内統合市場は、①試行排出量取引スキーム、②国内クレジット、③京都クレジットで構成されている。①の「試行排出量取引スキーム」とは、企業等の自主的努力による排出量の削減に加え、排出量をクレジットとして取引することで目標を達成する仕組みである。

③の「京都クレジット」は、京都議定書に基づき国連が発行するもので、海外の排出量削減分を対象とする。一方、日本国内の削減分を対象にしている②の「国内クレジット」は、二酸化炭素排出削減が進んでいない中小企業等に対し、大企業等が排出削減の技術や資金を提供するかわりに、それによって生み出された削減分をクレジット（大企業等の側からみれば「排出枠の余裕」）として取得する制度であり、国内に資金を還流することができることも大きな特色である。

また二〇〇八年一一月、環境省はカーボン・オフセットと呼ばれる概念を用いた「オフセット・クレジット（J‐VER）制度」を開始した。カーボン・オフセットとは、経済活動や生活を通じてある場所で排出された温室効果ガスを、別の場所におけるクリーンエネルギーや森林保護の活動によって相殺しようという考え方である。J‐VER制度は、企業等はできる限り温室効果ガスの排出量削減に向けて努力するが、削減が困難な部分については排出量に見合った温室効果ガス削減・吸収活動への投資などを行うことで埋め合わせるという考え方に基づき、国内で行われる様々な削減・吸収活動による削減・吸収量を環境省がクレジットとして認証する制度である。

このクレジット（J‐VER）は金銭的な価値を有するため、削減・吸収活動を行う事業者は取得したクレジットをカーボン・オフセットの実施者（企業等）に売却して収益を得ることができ、逆にカーボン・オフセットの実施者はその分の排出量を免除される。環境省はこれによって、コストがかかりすぎるため温室効果ガス削減を達成できない事業者や、管理を必要とする森林を保有している地方自治体等の間でJ‐VERを取引することで各々が必要なコストを軽減しようとしている。また、地球温暖化対策と雇用・経済対策の一体的な推進を目指す制度でもあるとしている（J‐VERの発行対象期間は〇八年四月一日〜一三年三月末）。

ただし一方で、排出量取引に対しては批判もある。たとえば、進んだ削減技術を有している企業が、企業ごとに定められる排出枠を緩く設定されている場合、その企業は少ないコストで排出量を減らした上に、さらに削減分の売却によって利益を得ることになる。また、排出枠の買い手より売り手の方が多くなった場合、市場原理に基づいて価格が下がるため、削減努力をしない方が得だということになってしまう。このような不公平を解消するため、企業ごとの排出枠をどのように設定するのかを含めたプロセスの透明性が求められている。

（3）生物多様性保全への対応　地球温暖化問題に加え、近年は生物多様性保全についても関心が高まっている。生物多様性基本法（二〇〇八年成立）では、「生物の多様性」を「様々な生態系が存在すること並びに生物の種間及び種内に様々な差異が存在すること」（第二条）と定義しており、その保全に対する取り組みとしては、湿地の保全を目的としたラムサール条約（一九七一年）や、絶滅危惧種の保護を目的にこれらの種の国際取引を規制するワシントン条約（一九七三年）がすでに成立していた。しかし、局地的な対応では不十分であるとの認識から、一九九二年の地球環境サミットで生物多様性条約の署名等が行われたのである。

同条約の目的は、生物の多様性の保全、その構成要素の持続可能な利用及び、遺伝資源の利用から生ずる利益の公正かつ衡平な配分の実施にある（第一条）。条約は地球環境サミットの翌年九三年に発効し、九四年に締約国会議が開始され、二〇〇〇年には国連で「生物の多様性に関する条約のバイオセーフティに関するカルタヘナ議定書（カルタヘナ議定書）」が採択された。

二〇一〇年一〇月には、名古屋市で生物多様性条約第一〇回締約国会議（ＣＯＰ10）等が開催され、ＡＢＳ（Access to genetic resources and Benefit Sharing）と呼ばれる遺伝資源へのアクセスと利用配分のルールを定めた「名古屋議定書」が採択された。

このように一九六〇年代以降の世界の環境問題の変遷を概観すると、「環境問題」が局所的な公害問題から地球温暖化や生物多様性などのように地球的規模に拡大し、解決策も容易には見出し得ず、対応策も複雑多岐にわたるようになったことがわかる。しかし国内では次項でみるように、地球温暖化対策などの整備が進展したこともあり、環境問題における金融機関の役割が次第に注目されるようになったのである。

地域金融機関内部の意識改革

日本では一九九〇年代半ば以降、環境配慮型経営についての関心が高まったが、その担い手は主に温室効果ガス、とりわけ二酸化炭素の排出量の多い電気・ガス供給業や製造業等であった。しかし九〇年代後半から、相対的に環境負荷の少ない金融業においても環境配慮型経営への関心が高まり、なかでも地域金融機関はメガバンクに先駆けてこれに取り組みはじめた。その要因としては、第一章でも述べたように、①環境保全に対する全般的な関心の高まりへの応答、②他の金融機関との差異化、③環境報告書、CSR報告書などの非財務情報の開示、等が求められるようになったことがあげられる。また、地域密着型金融（リレーションシップバンキング）を通じた積極的な地域貢献活動が求められるなか、改めて地元のシンボルである湖、河川、森林などを保護・保全する活動にも目が向けられるようになった。

しかし、各地域金融機関が環境保全やCSRに着手した当初は、金融機関は相対的に環境負荷が少ない業種であるため、内部で「なぜわれわれが環境問題に取り組まなければならないのか」という意見が少なくなかった。また、従来からの地域活動では地域社会との実際の接触が重視され、その取り組みを積極的に環境報告書やCSR報告書によって公表していくというスタンスはなく、「昔から行っている地域活動をあえて公表する必要があるのか」という意見もあった。そこで各地域金融機関は、より包括的な環境配慮型経営・CSR経営を実施するために、まず行員の意識改革に着手した。

各地域金融機関はCSRを組織内部に浸透させるため、社内報や業務通達を用いて、「従来の地域貢献活動とCSRとの違い」を明文化したり、「もったいない」といった生活感のあるわかりやすい言葉でアピールするなどして、環境意識とコスト意識の向上を図ろうとした。しかし、これらの社内広報だけでは行員が実感をもって理解することが難しく、環境意識の十分な醸成には至らなかった。

そこで、いくつかの地域金融機関は夏の「ノーネクタイ運動」を現場レベルで実施し、それによる冷房等の使用電力量の削減効果を公表することとした。これはとりわけ炎天下に渉外活動を行う行員に好評となり、組織内で環境保全が身近なことの積み重ねであるという意識が高まった。「ノーネクタイ運動」が全行的な環境戦略を展開する上での起爆剤となったといえる。この「ノーネクタイ運動」は今日ではほとんどの金融機関が実施しているが、導入当初は得意先等に対して非礼のないように、シャツの着こなし方などへの配慮を喚起したりもした。

そのほか、営業店内で環境保全をテーマとした展示会やアイデア発表会を定期的に開催したり、新入行員に対するＣＳＲ研修を実施することで行員の環境意識を高めている金融機関もある。

地域金融機関の環境保全への取り組み

地域金融機関における環境保全への取り組みは大別して、①自らが省エネや、環境負荷の少ない商品等を優先的に購入するグリーン購入などを通じて実施する環境負荷低減活動と、②環境配慮型融資やＳＲＩファンド（26頁参照）の販売など事業活動を通じた環境ビジネス、の二つに分けることができる。

なかには②の環境ビジネスに比重を置く金融機関もあるが、多くの金融機関は、自らが実践することで顧客に対しても環境保全を訴えかけることができるという経営判断と、コスト低減という実益の観点から、

①②両方に取り組んでいる。

①環境負荷低減活動　環境負荷低減活動は、多くの金融機関がＩＳＯ１４００１の認証取得とリンクさせて実践している。ＩＳＯ１４００１とは、国際的な環境マネジメントシステムの構築のための必須事項を定めた規格で、ＣＳＲの評価基準としても利用されている。これを認証取得することで、①自主的・組織的に環境負荷低減活動を行うための指針を持ち、②自社内で活動による低減効果を前年比で評価分析することができるとされる。しかしその範囲については、全営業店で認証取得を行う金融機関から、本店や事務センターなどに限定して認証取得する金融機関まで、さまざまである。また環境負荷低減の具体的な内容としては、電気使用量、事務用紙使用量、紙ゴミの削減や節水など、地域性を反映した活動に取り組んでいるところもある。

ところで環境負荷低減活動は、開始当初は低減効果が大きくても、時の経過とともに効果が小さくなるという特色がある。そのため、たとえばみちのく銀行のように、各支店ごとに主に入行二〜三年目の若手行員を活動の担当者（「環境リーダー」）とし、低減活動のための多彩なアイデアを立案実行できる人材の育成に努めるなど、環境負荷低減活動の継続性向上を図っているケースもある。

また最近では、店舗新設の際に太陽光発電や屋上緑化の設備を導入する金融機関も増えている。

②環境ビジネス　環境配慮型の個人ローンとしては、一般的に環境対策設備を設置した住宅を対象としたエコ住宅ローンや、ハイブリッド車などの低排出ガス認定自動車を対象としたエコカーローンなどがある。エコ住宅ローンは営業努力によって融資残高が増加傾向にある地域金融機関もあるが、顧客が環境意

識の高い富裕層に限定されるなどの要因により、小幅な伸びに止まっているところもあった。

エコカーローンについても、その融資残高を伸長させている地域金融機関がある一方で、そもそも自動車を購入する顧客の約六〇％は自己資金で購入し、二〇％台が自動車メーカー系ファイナンス会社のローンを利用する。金融機関の自動車ローンを利用する顧客の割合は約五％程度に過ぎず、残高の伸長に苦戦している地域金融機関も少なくない。

環境配慮型の事業融資としては、省エネ対策・土壌汚染対策・環境産業支援等を対象としたエコ関連ローンなどのほか、企業のＣＳＲ経営を独自に格付し、格付に応じてＣＳＲ促進事業に優遇金利を適用する融資（滋賀銀行）、森林の二酸化炭素の吸収機能や水の貯蔵・浄化機能に着目し、ＩＳＯ１４００１認証取得企業や、森林を保有する企業・個人を優遇する融資制度（肥後銀行）など、ユニークな金融商品が開発・販売されてきた。

また最近では環境省が「環境格付のための企業調査・審査事業補助金交付事業」を実施するなど、行政サイドから環境配慮型融資を促進する動きもある。この事業は金融機関が環境配慮型経営を行う事業者を評価し、融資を行うことを支援するもので、この事業のサポートで環境格付を行う金融機関も増えている。

（3）ＳＲＩファンド

前述のようにＳＲＩファンドとは、財務的評価のみを投資基準として考えるのではなく、コンプライアンスや人権、環境への配慮などをも評価する投資信託であり、その日本での嚆矢は「日興エコファンド」（一九九九年）といわれている。ＳＲＩファンドは近年、環境配慮性や社会適合性、企業統治などのＣＳＲを構成する要素が企業価値にインパクトを持つと認識されるようになってきたこと、

ＳＲＩを手がける運用会社が増えてきたこと等によって投資家から注目され、ファンド数は大きく増加している。

ただし一方で、ＳＲＩに対する批判もある。企業年金でＳＲＩを運用する場合、ＳＲＩの考え方に基づき、経済的目的ではなく社会的目的によって投資銘柄を選定（ネガティブスクリーニング）した結果、運用パフォーマンスが市場で劣ることになれば、受託者責任（注意義務、忠実義務、分散投資義務）に反することになる、という議論である。そのためファンドによっては、財務的にも優れたＣＳＲ経営を行っている企業を選定するポジティブスクリーニングを採用し、運用パフォーマンスを高めるよう努めたり、販売の際に顧客の十分な理解を得るように留意するなどの工夫を行っているものもある。

二〇〇〇年代半ば頃は、全般的に「顧客にＳＲＩファンドの趣旨が十分に理解されていない」という理由で販売額は低調であった。しかし一方では「ＳＲＩファンドの良好なパフォーマンスに注目している個人投資家が増加している」という意見（大手金融機関）もあり、ＳＲＩファンドの評価は金融機関によって大きな差があった。なかには月ごとや週ごとに環境配慮性についてのコメント付きで保有銘柄をすべて開示したり、月次、年次の環境ニュースを配付するなど、コミュニケーションを重視することで顧客の理解度向上に努めている損害保険会社もあった。

図2−1は、「公募ＳＲＩ投信の純資産残高とファンド本数の推移」を示したものである。これによれば、ＳＲＩファンドの純資産残高は二〇〇五年頃から大きく増加し、〇七年一二月には一兆一五七四億円にまで拡大したが、米国のサブプライムローン問題による金融市場の混乱、さらに〇八年九月の米国証券大手

図2－1　公募SRI投信の純資産残高とファンド本数の推移

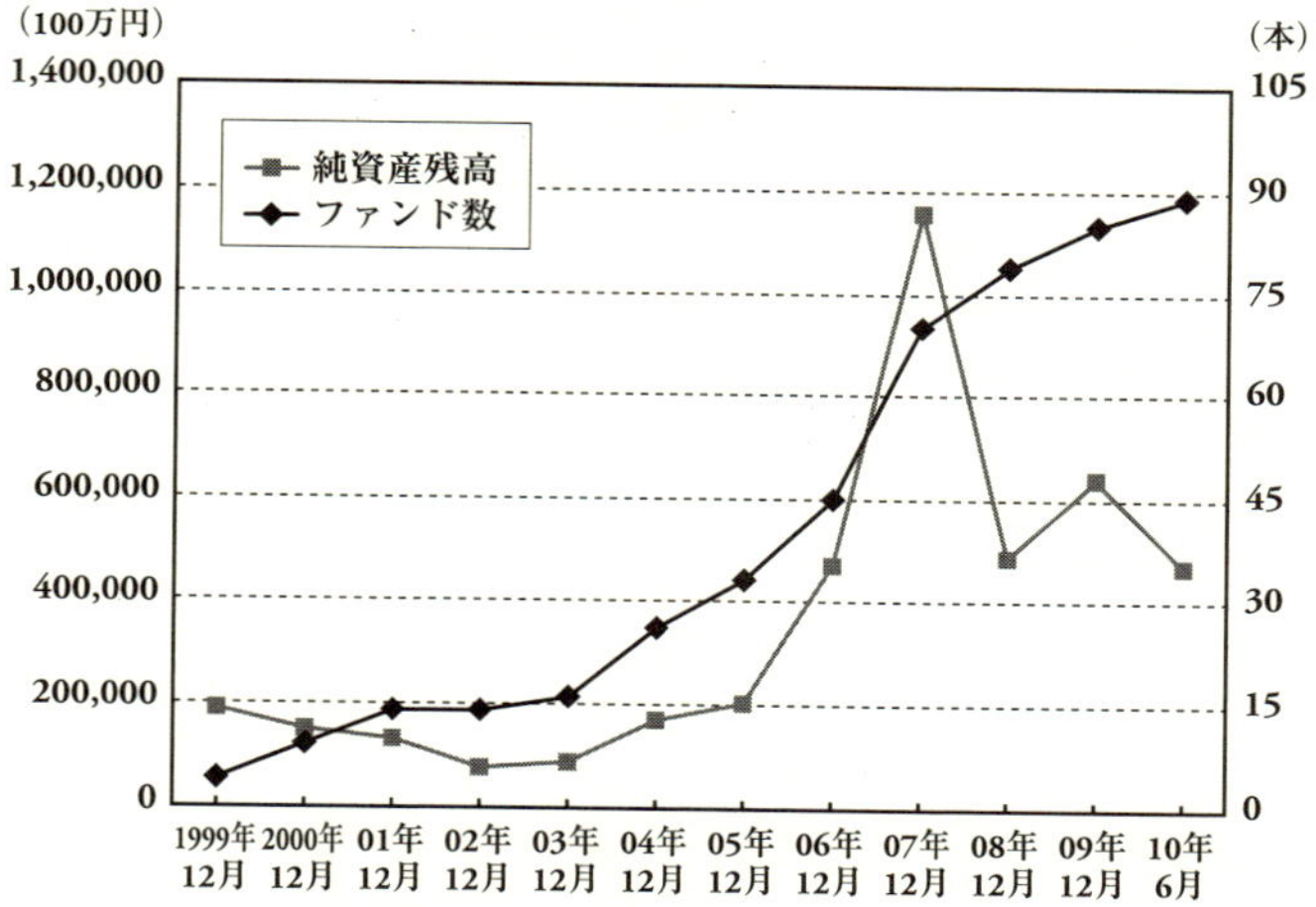

出所：NPO法人社会的責任投資フォーラム（SIF-Japan）ウェブサイト

リーマンブラザーズの経営破綻とその後の金融危機によって急減し、現在の純資産残高は、ピーク時の約四割程度の規模にまで低迷している。

金融機関はＳＲＩファンドを販売するだけでなく、自らもＣＳＲや環境配慮型経営に取り組むことでＳＲＩファンドに組み入れられることが期待できる。そのため金融機関は、外部評価機関によるＣＳＲに関するアンケートに対して、単に「実施できている」「実施できていない」ということのみならず、どこまで実施できているのかについて詳細な情報を回答することで、自行のＣＳＲをアピールするよう努めている。

このように環境配慮型融資やＳＲＩファンドの成果は、営業地域における環境意識の浸透の度合いや営業努力に大きく左右される。しかし、原油価格の高騰や環境保全への規制強化を背景に、環境事業は収益を生み出す分野であるという認識が高まりつつあることは、いずれの商品にとっても追い風となろう。

図2-2　環境会計を導入している企業の割合（業種別・2009年）

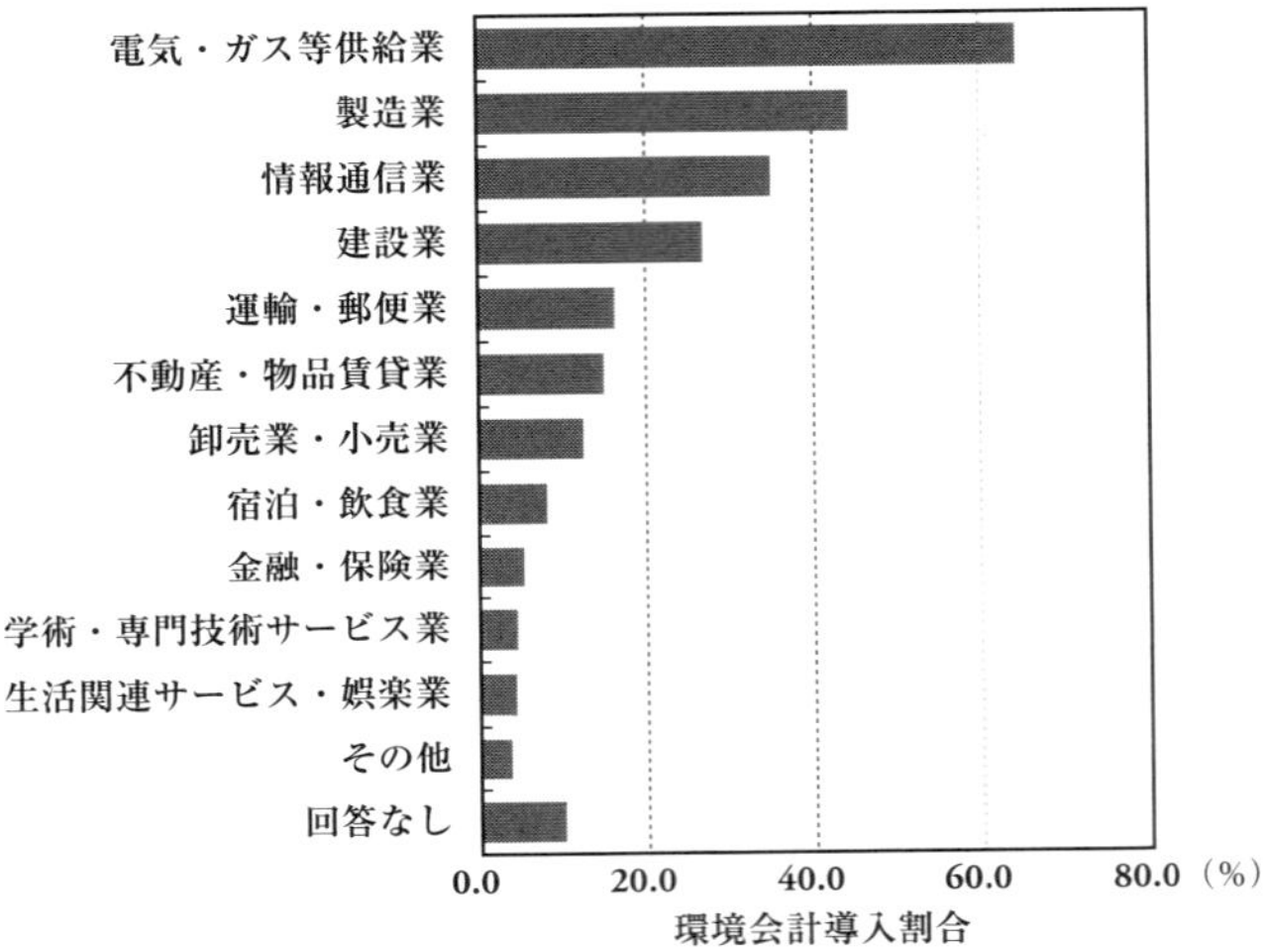

出所：環境省「平成20年度環境にやさしい企業行動調査結果」

またなかには、環境負荷低減活動を自行のコスト削減手段と捉えるだけでなく、環境配慮型経営を希望する企業を支援したり、ＩＳＯ１４００１の認証取得の体験談をセミナーで講演するなど、環境保全関連の事業を新たなビジネスチャンスとして展開させている地域金融機関もある。

ディスクロージャーへの取り組み

環境配慮型経営に取り組む企業が増加したことに伴い、そのディスクロージャー（情報公開）のあり方も議論されるようになった。一九九〇年代後半には環境報告書が注目を集め、環境配慮型経営を行う企業の環境負荷低減量を数値的に把握するだけでなく、それを金額に換算する「環境会計」の導入も図られた。環境会計は、環境庁（現・環境省）が『環境保全コストの把握及び公表に関するガイドライン（中間報告）』（九九年）や『環境会計システムの導入のためのガイドライン（二〇〇〇年報告）』などを公表したことで、導入する企業が飛躍的に増加した。これらのガイドラインはその後改訂が続けられている（『環境会計ガイドライン』は最新が二〇〇五年版）。**図2-2**は、環境省の調査による「環境会計を導入している企業の割合」を業種別にみたものである。これによれば、環境会計の導入割合は電気・ガス等供給業が六四・三％と最も高く、次いで製造業（四四・三％）、情報通信業（三五・〇％）、建設業（二六・八％）と続く。それに対して金融・保険業（五・二％）は環境会計の導入が進んでいない。

金融機関で環境会計の導入が進んでいない要因としては、金融機関側で①金融業は他産業と比較して相対的に環境負荷が少なく、環境負荷低減量を金額に換算しても少額であるため、あまり大きな意義が認められない、②そもそも環境会計には恣意性や不確実性があるとみなされている、などが考えられる。

したがって、地域金融機関の環境分野における主な情報公開は、グリーン購入率、紙ゴミのリサイクル率、電力使用量の削減量、環境配慮型融資の融資残高を中心とした実数の公表、環境保全を目的に開催したイベント等の広報などである。ただし、環境負荷低減活動は、積極的に行ってきた企業ほど低減効果が逓減するので、情報公開によって数値上はあたかも活動が滞っているような印象を与える可能性がある。そのため、今後は「維持の力」（活動の継続性）をより積極的に公表することでステークホルダーの理解を得たいと考えている金融機関もある。

なお、環境会計及びそれを応用したＣＳＲ会計の仕組みや導入状況については、ＣＳＲコミュニケーションの一環として第六章で詳しく検討する。

ＣＳＲとしての環境保全とその課題

政府が長期的な温室効果ガスの削減目標を提示している状況のもと、今後も環境ビジネスや環境配慮型金融の拡大に向けて積極的な促進策が講じられるであろう。しかし、環境配慮型金融には困難もある。環境配慮型商品を取り扱っているある信託銀行は、たとえば排出枠信託受益権（排出枠を信託商品に組み替えた金融商品）の販売は「収益に結び付くまで時間がかかる」など、事業化の難しさを指摘している。つまり、環境への関心の高まりとともに環境配慮型金融商品が多く開発されてきたが、まだ「品揃えの一つ」の域を脱していない商品も少なくないのである。環境負荷低減活動を実施するにあたっても、もともと環境負荷の少ない業種であるため、「やはり金融機関として環境問題に取り組むことには限度があり、深く関わることは難しい」と語るＣＳＲ担当者もいた。

このように環境配慮型金融の取り組みは、将来的には有望とみなされている反面、商品によっては必ずしもニーズが高まっていないものもあり、今後は取り組むべき商品の精査も必要になると思われる。一方、環境配慮型融資を実施するためには、金融機関自らも環境配慮型経営を行わなければ顧客に対して「説得力を欠く」ということにもなり、当初はこの点をあまり重視していなかった金融機関も、最近では環境配慮型経営を実践するようになってきている。

直接的な保全活動としては、地域にシンボルとなる河川や湖、山地がある場合に、植樹活動や河川の水質改善活動などを行うケースもみられる。その他、たとえば滋賀銀行は、新入行員に対するＣＳＲ研修として「環境学習」を実施している。植樹活動や除草作業などを通して、新人たちは「自行が環境保全に熱心である」ことを実感するという。肥後銀行では行員とその家族らが、ボランティアとして年二回、地域の下草刈りなどの作業に参加している。

以上、金融機関の環境保全への取り組みは、かつてはビジネスになるとは考えられておらず、経営トップの「思い入れ」から発し、社会貢献活動としてスタートしたケースも少なくなかった。そのため当初は、「金融機関がなぜ?」と顧客から不思議がられることもあったという。しかし、環境問題への関心も規制もグローバルなものとなるなかで、金融機関自らも環境に配慮した行動と経営を求められるようになった。それによって、社会貢献活動が、本業として取り組むべき事業へと展開したといえる。最近では、生物多様性保全への関心の高まりを受けて、日本政策投資銀行や滋賀銀行などが生物多様性保全に配慮した事業を行っている企業に優遇金利を適用するなど、さらに新たな取り組みも広がっている。

参考文献・資料
環境省地球温暖化対策課市場メカニズム室『国内排出量取引制度』
環境省、外務省、農林水産省、首相官邸、オフセット・クレジット（J‐VER）制度の各ウェブサイト
NPO法人社会的責任投資フォーラム（SIF‐Japan）ウェブサイト
厚生省『昭和四四年版公害白書』

ケーススタディ1　第四銀行のCSRと環境保全活動

新潟経済と第四銀行

明治政府は一八六八年（明治元年）、長崎、函館、横浜、神戸に次いで新潟を開港した。一八七〇年、水原県が廃されて新潟県（第二次）が設置され、新たに県庁所在地となった新潟町には新潟郵便役所、新潟病院、米商会所などが次々と設立され、同県は全国一の人口（一八八六年末時点：約一六三万人）を抱えるまでに発展した。鉄道網の発達と採油の本格化によって日本では珍しく石油産業が成長したが、戦後は東アジアの政治情勢の変化や産油量の減少などによって産業構造も大きく変化した。

現在では、日本有数の穀倉地帯であるほか、ハウスウェア・洋食器（燕市）、機械・作業工具（三条市）、機械・製紙（長岡市）、化学工業（上越市）などの製造業が盛んである。また、信濃川の豊富な水資源を利用したシリコンウェハー（高純度シリコン半導体素子）製造をはじめ、ＩＴ関連部品製造業が活発化している地域もある。

このような新潟経済の発展を明治期から支えてきた銀行の一つが、第四銀行の前身である第四国立銀行であった。現在の第四銀行は、日本で最も歴史のある銀行であり、県内約三割の預金・貸出シェアを誇っている。

地域貢献からCSRへ

第四銀行がCSR戦略に取り組み始めたのは二〇〇五年である。しかし同行の歴史をひもとけば、明治時代から新潟経済に深く関わるなかで、当時から地域産業の保護や地域活性化に取り組んでいたことがわかる。

こうした姿勢は社会貢献事業においても貫かれており、一九九二年一一月、同行はメセナの一環として「だいしホール」を開設した。このホールは、地域貢献を目的とした各種の催しなどに活用されるほか、地域住民に良質な音楽を提供する趣旨で同行が主催する「だいしライフアップコンサート」の会場としても利用されている。

第四銀行本店外観

このように第四銀行は「新潟県と共に歩む」という理念のもと、一世紀以上にわたって地域貢献に取り組んできた。そのため、〇五年に「地域振興、環境保全、地域社会貢献」をCSRの方針として改めて提示しようとした時、行内では「昔から行っている地域貢献活動を、なぜ今あえて公表する必要があるのか」という意見が出され、CSRとして戦略的に取り組む意義を行内で再確認することとなった。

まず、これまで行ってきた地域貢献活動（音楽支援活動、清掃活動等）について、①本部や営業店がそれぞれ独自に行っていたため、行としての統一性がなかった、②慈善的活動が主体で戦略性に欠けていた、という課題が指摘された。また、近年非財務資産の開示が重視されつつあるなか、もはや「不言実行」を美徳としているだけで評価される時代ではないという認識も共有された。

第四銀行ではこれらの議論をふまえた上で、従来の地域貢献活動をより戦略的に捉え直すため、「地域振興、環境保全、地域社会貢献」の三つの活動分野からなるＣＳＲ体制を整えた。

CSR体制の構築

第四銀行は全行レベルでＣＳＲに取り組むため、二〇〇五年四月、本部内に「ＣＳＲ連絡会」を、翌月、営業支店レベルでは「ＣＳＲ委員会」を設置した。ＣＳＲ連絡会は全行レベルの活動を担当し、広報室を主管部署とした。その企画業務は広報室（事務局・地域社会貢献活動）、地域振興室（地域振興）、営業統括部（ＣＳＲおよび関連商品開発など）、総務部（環境保全活動）で分担することとした。一方、ＣＳＲ委員会は、地域に根ざした活動を行うことを目的としている。委員会が設置された支店の支店長がＣＳＲ委員長を兼務し、自店のＣＳＲ推進に責任を持つ。また、各支店ごとに配置されたＣＳＲ委員がＣＳＲの実務に当たることとした（ＣＳＲ委員は全行で約二〇〇人）。

広報室は、全行にＣＳＲの理念を浸透させるため、従来の地域活動とＣＳＲの違いやＣＳＲの重要性などについて社内報・業務通達等で周知に努め、〇五年六月には「ＣＳＲキックオフセミナー」を開催し、行員への啓蒙活動を図った。また、実務面では、支店ごとに「地域振興」「環境保全」「地域社会貢献」のうち二つを半期の業務目標とし、各支店は本部に半期ごとに活動報告を提出することにした。こうして第四銀行のCSR活動は本格的にスタートした。

第四銀行のCSR戦略

(1) 地域振興活動

第四銀行は二〇〇四年一二月、地域振興活動を担う部署として「地域振興室」を設立したが、当時はその二か月前に起きた新潟県中越地震で地元に大きな被害がもたらされていた時期でもあった。そのため、設立当初は復興支援活動が中心的な取り組みとなった。具体的には「新潟県中越大震災復興応援定期預金」や復旧・支援を目的とした特別金利融資を実施することで金融面での支援を行うとともに、県内観光業の支援を目的に東京支店で「がんばってます!! 新潟 in NICOプラザ＃2」と題するイベントを新潟県等と共同で開催するなどした。

震災復興支援以外の活動としては、まず地元企業との連携強化があげられる。なかでも同行は従来から取引先企業の経営者らと「四交会」という組織をつくっていた。その後これを拡大した県内企業約一六〇〇社からなる「だいし経営者クラブ」を結成し、近年では地域振興の観点から経営問題に主眼をおいた講演会などを実施することで、地元企業の経営強化支援を試みている。

また、事業パートナーとの出会いを支援するビジネスマッチングにも注力しており、県内の農水畜産品生産者・加工業者と仕入業者との交流を目的とする「だいし食の交流会」はこれまでに開催一三回を数える。現在では「食」に加えて新たに「環境」の分野もカバーした「にいがた　食とエコの展示・商談会」を開催し、地域経済活性化に貢献している。

なお、地域振興室は「環境」「健康」「農業」「観光」などの成長分野の取り組みを強化するため、二〇一〇年六月に「ニュービジネス企画室」に再編されることになった。

金融機関による環境保全活動は、行内の省エネ、グリーン購入などによる環境負荷の低減と、預金金利のうち一定の割合を環境保全活動に寄付する定期預金や、環境配慮型経営を行う企業への低利融資など、事業を通じた活動とに分けることができる。

(2) 環境保全活動

金融機関は相対的に環境負荷が少ない業種であるため、当初第四銀行では、事業を通じて融資先企業に環境負荷軽減のインセンティブを与えることに重点を置いていた。そこで環境に配慮している企業を本業で支援する商品として、「事業安定化資金（環境配慮型企業向け特別融資）」と「環境配慮型企業向け私募債（エコロジー・ボンド）」を発売した。これらはＩＳＯ１４００１認定を取得した企業等を対象とし、金利及び財務代理手数料の面で優遇措置を設定した。個人向け融資としては、低排出ガス認定自動車を対象としたマイカーローン、環境対策設備を設置した住宅を対象とした住宅ローンがあり、これも優遇金利で対応した。

二〇〇六年には財団法人尾瀬保護財団へ信託報酬の一部を寄付する投資信託「自然環境ファンド（尾瀬紀行）」を発売、一〇年には環境省の「京都議定書目標達成特別支援無利子補給制度」の指定金融機関に選定されたことを受けて、「だいし環境格付」および「だいし環境格付融資制度」の取扱を開始した。

第四銀行はこうした環境商品の取扱の拡大に伴って、自行の環境配慮型経営も次第に積極化させるようになり、二〇〇五年からはクールビズ、業務紙ごみのリサイクル、電力使用量の削減といった一連の環境保全活動にも取り組んでいる。

また各支店レベルでは、CSRに取り組む以前から自主的に美化活動を行っていたが、全行レベルのCSR戦略が策定されてからは、二〇〇五年一〇月に「全行統一クリーン活動」を、翌年からは新潟県内の海岸清掃に取り組む「県内縦断クリーン活動」を実施、〇九年一〇月からは東蒲原郡阿賀町の「だいしの森」における植樹活動も開始した。

（3）地域社会貢献活動

第四銀行の地域社会貢献活動の中心は金融教育である。現在、小学生、中学生、高校生を対象に実施している（小・中学生については各支店ごとに必ず実施、高校生は適宜）。同行が金融教育に取り組むようになったきっかけは、一九九九年、ある小学生から夏休みの自由研究として銀行を見学したいという要望が寄せられたことであった。当時、銀行内見学は県内では珍しく、実施後大きな評判を呼んだ。現在では県内の小学生を対象としたイベントに発展し、毎年「夏休み！　親子銀行探検隊」（以下、銀行探検隊）として続けられている。銀行探検隊では、銀行の仕組みについての

（上）第四銀行の金融資料室
（下）中学生向け金融教育

質疑応答や行員へのインタビューの他、地下金庫や金融資料室、頭取室などの見学も行われる。参加者は一回に二〇名程度で、午前の部と午後の部に分けられ、二日間にわたり実施される。所要時間は一時間半から二時間程度である。応募総数は毎回定員の三倍近くの二〇〇名ほどにのぼり、先着順で受けつけている。

中学生の金融教育では、各支店の見学の他、本部が作成した資料を活用したセミナーなどが行われている。高校生の金融教育では「金融経済」「直接金融・間接金融」「お金の大切さ・恐さ」といったテーマで二時間程度の講義が行われている。中学生、高校生に対しては生徒の習熟度に応じて内容を変化させている。

このように第四銀行のCSR戦略は、従来からの地域への取り組みをベースとしつつ、新たな体制のもとで、地域経済活性化と環境保全を両立させるというビジョンに基づいている点が大きな特色である。明治時代中期、油田採掘によって繁栄を極めた新潟県であったが、その後は関東圏の経済成長に伴い縮少傾向をたどった。そうした状況のもとで行われている第四銀行のCSR活動と地域経済活性化への取り組みは、「運命共同体」として新潟県を元気づけつつ、自らも発展するための戦略といえよう。

参考資料

新潟県、第四銀行の各ウェブサイト

ケーススタディ2　滋賀銀行のCSRと環境保全活動

現代版「三方よし」としてのCSR戦略

「三方《さんぽう》よし」とは、「売り手よし、買い手よし、世間よし」の精神を表し、江戸から明治期にかけて繁栄した近江（現在の滋賀県）商人の経営哲学である。これは、事業を成功させるためには、売買当事者だけでなく、地域社会＝「世間」にも信頼されなくてはならない、そしてそのような事業こそが売り手・買い手・世間を共に利することになる、という理念である。滋賀銀行では、この近江商人の「三方よし」の現代版がCSRであると考え、環境配慮型経営を主軸としたCSR戦略に取り組んでいる。

「自らが実践しなければならない」

滋賀銀行は滋賀県内（一一三店）を中心に、京都府（一五店）、大阪府（四店）等に計一三七の支店を展開している（二〇一一年三月末現在）。二〇一〇年九月末の滋賀県内における預金残高シェア四四・八八％、貸出残高シェア四四・五％を誇っているが、京都、大阪への県外貸出が多いことも大きな特色である。

同行は一九九〇年代前半から環境保全に取り組んできた。九二年には預金者の受取利息（税引後）の

滋賀銀行外観

三％および自行の利益からもその同額を、琵琶湖の浄化運動を支援する財団法人に寄付する「愛のみずうみ口座」を開設。九四年には、不要書類を破砕処理し、ブロック状に圧縮固形化する分解破砕システムを導入し、メモ用紙などにリサイクルしている。こうした活動実績をふまえつつ、CSRの一環として環境保全に戦略的に取り組み始めたのは二〇〇〇年頃からであった。

滋賀銀行は、「銀行自らが環境保全を実践することによって初めて顧客に環境保全の実施を促すことができる」という明確なポリシーのもと、自行の環境負荷軽減活動と事業を通じての環境保全の双方に取り組んできた。

まず行内の環境負荷軽減策としては、消費電力の削減、紙の使用量削減、紙ゴミのリサイクル、グリーン購入などを実施しているが、そのなかでも興味深いのが、温室効果ガス（二酸化炭素）の排出量削減を長期経営計画（二〇〇七年四月～一〇年三月）に織り込んでいることである。具体的には、行内における二酸化炭素の削減、排出枠の購入、環境配慮型金融商品による削減分、植樹活動、エコカーへの切替などをすべて数値化して合算し、〇六年度を基準に三三・〇四％の削減を行った。最新の第四次長期経営計画（二〇一〇年四月～一三年三月）では、温室効果ガス削減量を〇六年度比で二五％とすることを目標に掲げている。

また同行では、金融機関としては珍しく環境会計を導入している。これは単に会計上の意義だけでなく、社会に対するアカウンタビリティ（説明責任）の一環として、情報公開に大きな意義を認めてのことで、二〇〇七年度から実施している。

ユニークな環境配慮型商品

一方、事業を通じての環境負荷低減活動は、企業・事業者向け融資から開始した。一九九八年、環境保全に取り組む企業等を対象とした低利融資「しがぎんエコ・クリーン資金」をスタート、「みずすまし」（水質汚濁防止の設備資金融資）、「ＩＳＯ」（ＩＳＯ取得のための資金融資）、「省エネ・温暖化ガス削減」、「リサイクル」、「土壌汚染防止」（それぞれ設備資金融資）の五プランを発売している。ただしこの「しがぎんエコ・クリーン資金」は個人顧客との取引には結びつきにくいこともあり、次に述べるように個人向けの環境配慮型金融商品も展開していった。

（1）環境配慮型個人向け商品

滋賀銀行は二〇〇三年から個人向け商品として「『しがぎん』エコプラス定期」を発売している。申込チャネルとしてインターネットを活用し、使わずにすんだ申込用紙の代金を七円とみなして、これを顧客からの用紙節約による寄付として同行が積み立てておき、貯まった金額を県内の環境保全団体「おうみＮＰＯ活動基金」に寄付した（〇五年一一月以降の取扱分より、県内の小学校の「学校ビオトープ」づくりの資金として寄付することに変更された）。一方で金利優遇として店頭表示金利に〇・〇三％（預入期間一年以上）を上乗せすることで、顧客にもメリットを付与した。

また、二〇〇五年八月からは「エコ住宅ローン」に「耐震」を取り入れた「エコ&耐震住宅ローン」

を開始した。利用条件は、①ガス（都市ガス・LPガス）利用、②オール電化、③太陽光発電システム導入、④耐震であり、金利の優遇等を行っている。「耐震」を条件に取り入れた理由は、滋賀県の立地環境にある。同県は琵琶湖西岸断層帯に位置しており、地震調査研究推進本部（文科省に設置された政府の特別機関）の「琵琶湖西岸断層帯の評価」によると、「琵琶湖西岸断層帯全体が一つの区間として活動し、マグニチュードは七・八程度、今後三〇年以内の地震発生確率は〇・〇九％から九％」（滋賀県ウェブサイト「琵琶湖西岸断層帯、東南海・南海地震等に関する情報」）とされているのである。このため同行は、顧客の生命と財産を守るという観点から耐震を条件に取り入れており、住宅ローンの約二割が「エコ＆耐震」となっている。

エコ関連商品はその後も次々と開発され、二〇〇八年には定期預金額に応じて温室効果ガス排出枠を滋賀銀行が購入する「カーボン・オフセット定期預金」（商品名「未来の種」）や、その定期預金を原資に環境配慮型経営に取り組む事業者に融資を行う「未来の芽」などが発売開始となった。

（2）ＰＬＢ格付

滋賀銀行は二〇〇五年一二月、「しがぎん琵琶湖原則（ＰＬＢ：Principles for Lake Biwa）支援資金」（ＰＬＢ資金）の取り扱いを開始した。これは同行が策定した琵琶湖の環境保全原則ＰＬＢに基づいて、企業のＣＳＲ経営を独自に格付し（ＰＬＢ格付）、ＣＳＲ促進事業に対して通常金利より最大〇・五％を優遇する融資制度である。ＰＬＢ格付はＩＳＯ１４００１等の認証取得、環境会計の導入、コンプライアンスなど一五項目を三段階で評価し、五ランクに区分するという仕組みをとっており、二〇一〇年三月末現在、融資件数累計七八五件（総額一六三億三三〇〇万円）となっている。

図2-3　しがぎんエコ・クリーン資金，PLB資金，「未来の芽」の実績（2010年3月末）

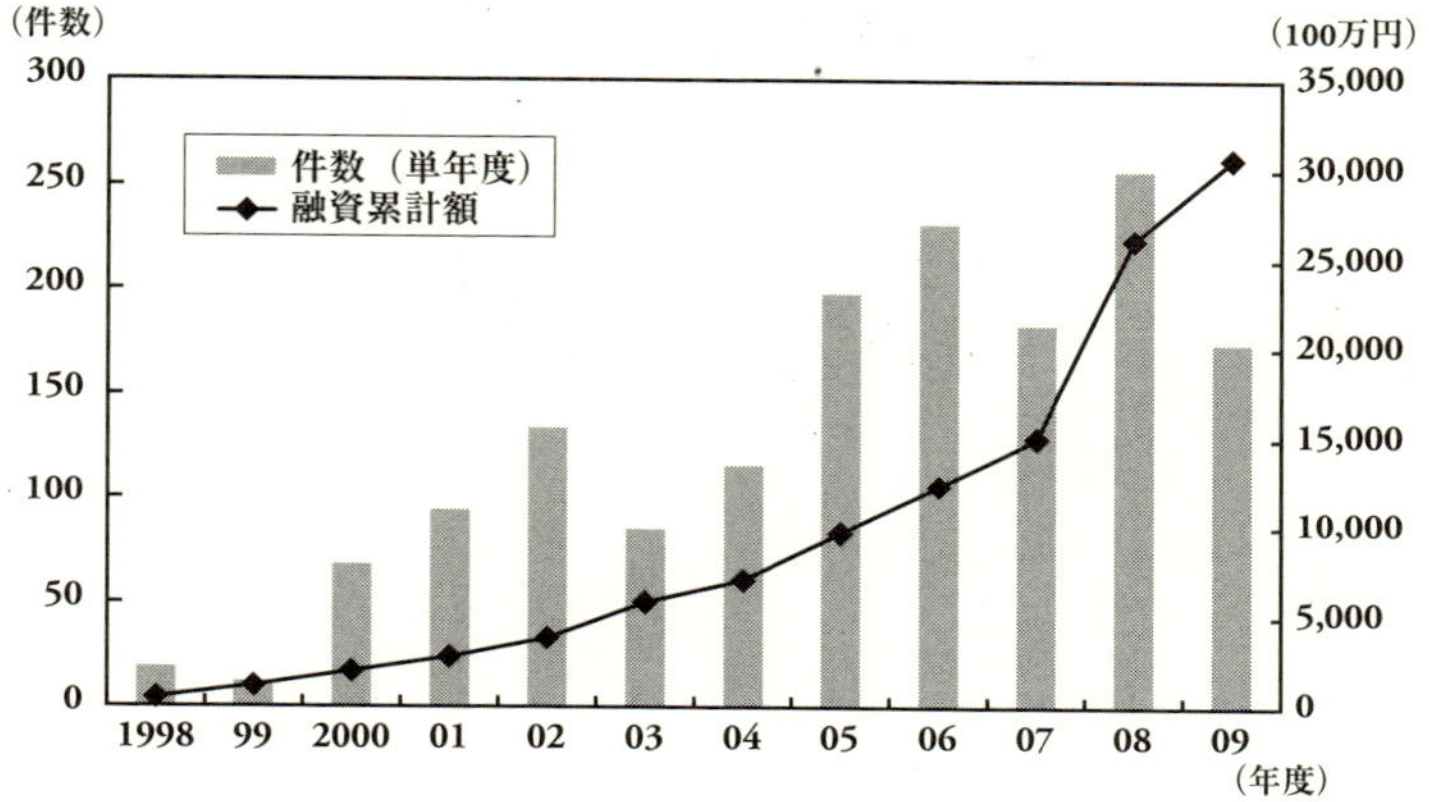

出所：滋賀銀行「CSRリポート2010」

そして〇九年一〇月にはこのＰＬＢ格付をベースに、環境省が地球温暖化対策を支援するために導入した制度を活用し、利子補給活用プランの取扱も開始した。

ＰＬＢ格付が地球環境サミットで採用された気候変動枠組条約への対応とすると、生物多様性保全に対応しているのがＰＬＢ格付ＢＤ（Biodiversity）である。二〇〇九年一一月に新設されたこの格付は、生物多様性保全への取り組みの状況や推進管理体制の構築状況など八項目を同行が評価し、生物多様性保全に配慮した経営を行っている企業に金利優遇融資を実施する仕組みである。

図2-3は、二〇一〇年三月末現在の滋賀銀行の事業者向け環境配慮型融資（エコ・クリーン資金、ＰＬＢ資金、「未来の芽」）の実績を示したものである。環境関連商品の融資残高が年々拡大していることがわかる。

滋賀銀行のＣＳＲの特徴

滋賀銀行のＣＳＲ戦略の特色の一つは、環境保全への取り組みに焦点を当て、トップダウンで実施していることである。CSR体制の整備に着手した当初から、高田紘一頭取（当時）は「環境問題への取り組みは当行の担うべき社会的責任である」というメッセージを行内にわかりやすく発信し続けてきた。

現在同行では、「クリーンバンクしがぎん」というスローガンのもと、CSR戦略に沿って環境保全活動を実施している。スローガン中の「クリーン」という言葉には、①省資源・省エネルギーの「エコオフィス」づくり、②環境配慮型金融商品・サービスの開発と提供を通じての地域に対する環境保全活動の働きかけ、③行員一人ひとりに倫理観をもって仕事に臨むよう教育すること、④透明度の高い情報開示、という意味が込められている。そしてCSR戦略の中心理念は環境保全であり、様々な活動にもそれが貫かれている。

また、豊かな水資源を供給している琵琶湖は地域にとって環境保全のシンボルでもある。二〇〇四年、高田前頭取が当時代表幹事を務めていた滋賀経済同友会は「三方よし」の精神に基づき、「滋賀CSR診断モデル」を発表した。これは「企業風土、経営者の理念および利益についての考え方」「倫理価値の共有と社内への浸透」「顧客、取引先との誠実な関係の創造と維持」「自然資本の有効活用と保全への関わり」など六つのカテゴリーから構成されており、CSR診断を中堅・中小企業が容易に実施できるようにしている。診断は六カテゴリーごとに設けられた質問に企業が回答し、それを四段階評価する形で行われる。質問事項は、たとえば「顧客、取引先との人間関係において、『尊敬の心』を基本としているか」「顧客、取引先との取引において、なあなあ主義を排除しているか」「滋賀の自然保全のための取り組みなどについて社内で共有を図る機会を持っているか」「水の保全・浄化を意識した事業活動を営んでいるか」などユニークなものとなっている。

同行ではまずこのＣＳＲ診断モデルで行内の意識調査を行ったところ、経営陣、支店長、男性行員、女性行員によって意見の相違が見られたが、環境保全に関連した項目については積極的に取り組むべきという点で全行で一致していた。このように同行の行員の環境保全への意識が高いのには、滋賀県が相対的に意識が高い地域であることに加え、行内で行われている環境学習等も重要な役割を果たしている。環境学習はＣＳＲ研修の一環として毎年新入行員を対象に行われており、植樹活動も実施される。新入行員はまずこの研修を通じて、自行が環境保全に熱心であることを実感し、自身の意識も高めていくのである。また、休日に開催される森づくりやヨシ刈りなどの環境ボランティア活動にも、毎回多数の行員が参加しており、同行内には環境保全の「環」が着実に広がっているといえる。

加えて、商品開発の場合などには各部が階層的に企画立案等を行うのではなく、横並びで水平的にアイデアを出し合っていることも同行の特色である。このような社内環境のもとで開発された商品の一つが先に述べた「エコ&耐震住宅ローン」であり、この商品開発の際には、審査部や営業統轄部の若手行員や支店長代理クラスの行員が集まって議論が行われた。さらに、ＣＳＲ室はどの部署の行員でも気軽に訪れることができるよう作られており、環境関連の研修には各部が協力して当たるなど、全行をあげて意識を高めるための仕組みがつくられている。

ＣＳＲを実施する場合、トップから現場の第一線までＣＳＲの重要性ができるだけ全社的に認識されていなければ、継続的な取り組みは難しい。金融機関の場合、たとえどれほど魅力的な環境配慮型金融商品を開発しても、この認識の共有がなければ次の展開につながらず、単なる「品揃え」の一つに過ぎなくなってしまう。この点、滋賀銀行はまずトップが組織内外に対して、「ＣＳＲは現代版『三方よし』である」「自らが実践しなければならない」など、明快に経営スタンスを発信し、実践に結びつけてきた。そして全行的な取り組みがステークホルダーの共感を得ている。まず同行のＣＳＲ経営、とりわけ環境保全への取り組みに賛同してくれたことがきっかけで取引が始まったケースも出てきている。滋賀銀行のＣＳＲは、ブランドイメージの向上を図る戦略の点でも注目に値する。

参考資料

滋賀銀行『ディスクロージャー誌』、『ＣＳＲリポート』及びＩＲ資料
滋賀県ウェブサイト
財団法人滋賀県産業支援プラザホームページ

ケーススタディ3　みちのく銀行のCSRと環境保全活動

環境保全への取り組み

　みちのく銀行は一九七六年、旧青和銀行と旧弘前相互銀行が合併して誕生した。同行は従来から、青森市の植林事業への協力（一九九二年以来）、本店外壁のイルミネーションや本店営業部ロビーに設置された大型テレビの電源に風力発電を用いるなど、ユニークな活動に取り組んできたが、環境保全を戦略的に経営に取り入れ始めたのは二〇〇〇年前後である。

　その直接の動機は経費節減であったが、その後、本部内に環境委員会を設置し、二〇〇〇年にＩＳＯ１４００１の認証取得を行った。ＩＳＯ１４００１の主な取り組みとしては「電気使用量の削減」「事務用紙使用量の削減」「紙ゴミの削減」を掲げ、この三項目を国内全店の統一活動とした。また、各支店でそれぞれ地域の特性に応じた独自の環境課題を設定することにした。

　ＩＳＯ１４００１の認証取得を目指す以前、現場では環境保全への意識がそれほど高くなかった。また、ＩＳＯは申請時にかなり詳細な資料を提出しなければならず、行内には「それほどの負担をしてまでＩＳＯを認証取得する必要があるのか」という意見もあった。

　そこで同行では、「職場＝マイホームのつもりで節電を!!」といった生活感のあるわかりやすいスローガンでコスト意識と環境保全意識を高めるように努め、「もったいない」を日常的に意識化していった。

電気、ガソリン、紙などの使用量とコストは、ガソリン価格の高騰、事務システムの変更、金融庁の臨店検査などの外部要因によって大きな影響を受けるため、常に一定した削減量を目標とすることが難しい。しかし、夜間や休日出勤時のデスクワークでは可能な限りフロア照明を消し、各自の机の電気スタンドで対応する、エコ頒布品を導入したり、グリーン購入として再生コピー用紙を使用する、ハイブリッド車に切り替えるなどを通じて、環境保全への取り組みを進めていった。

環境配慮型融資商品の開発

現在、みちのく銀行ではＩＳＯ１４００１の認証取得からすでに一一年が経過し、環境負荷低減に大きな成果をあげてきている。しかしその一方で、ＩＳＯ１４００１の実施のための実務（書類作成やその監査など）にかかる時間と労力がやや負担となってもいた。そこで同行では、書類作成などのＩＳＯ業務をできるだけ簡素化するとともに、自行の環境保全活動をステークホルダーに理解してもらうためのツールとして、環境配慮型融資商品の開発にも次第に注力していった。

同行ではすでにＩＳＯ取得時の二〇〇〇年に「エコカー優遇制度」を、〇一年に「エコ住宅金利優遇」を開始していた。現在の「エコカー優遇制度」の対象車は、①ハイブリッド自動車や電気自動車等の低公害車、②車検証に「平成二二年度（二〇一〇年度）燃費基準達成車」かつ「低排出ガス認定車」の記載があるもので、軽自動車はほとんど対象となる。

「エコ住宅金利優遇」の対象となるのはオール電化住宅で、①給湯部分は電気温水器を使用、②厨房にクッキングヒーターを設置、③暖房器具として電気暖房器、床暖房、ヒートポンプ式ルームエアコン、電気温水暖房システムのいずれかを導入、という条件が課されている。

一方、預金商品としては、定期預金残高に応じて一定金額を白神山地の自然保護活動等に寄付する「みちのく〈エコ〉定期預金」（二〇〇八年六月）、地元の森林を守り育てる活動に寄付する「エコ定期預金」（同年一二月）などを期間限定で発売した。

同行ではさらに、組織内外における環境保全に関するコミュニケーションを高めるため、環境保全活動やエコ関連ローンの獲得に特に貢献した支店を年一回表彰している。評価採点のための活動の数値化は自己申告で行われ、獲得点数が少ない支店へのペナルティは設けられない（現在では表彰制度は中止されている）。

みちのく銀行外観

なお、同行は環境負荷低減量や金額の記録化は行っているが、現時点では専門的なコスト・予算管理等は行っていない。また環境会計の意義を認めてはいるものの、今のところ環境負荷低減活動を金額に換算することよりも、低減できた量を正確に計測記録し、公表していくことに重点を置いている。

―ISO14001の二次的効果

ＩＳＯ１４００１には、環境負荷低減やコスト削減という一次的効果に加え、人材育成やビジネスチャンスの拡大といった二次的効果も期待できる。みちのく銀行のケースはその好例といえよう。

同行の環境保全活動では、各支店に配置された「環境リーダー」が重要な役割を果たしている。環境リーダーは主に入行二～三年目の行員が担当するが、現在では女性行員が約七割を占めている。環境リーダーの業務は、月次ごとの電力消費量等の集計、電力消費量・事務用紙使用量等の削減方法の提案など多岐にわたり、同行の多彩な環境負荷低減活動を支える「縁の下の力持ち」といえる。また、同行では二〇〇五年から環境保全活動記録のなかに環境リーダーが自由に記入できる欄を設けた。この欄には活動の改善提案や各支店の要望などが記入され、最終的に頭取にまで現場の意見が伝えられる仕組みとなっている。

ビジネスチャンスの拡大としては、環境配慮型経営を希望する企業等に対し、二〇〇〇年から本部環境委員会事務局が、〇二年からは各支店で支援活動を行っている。さらに、事業者向けに「CSR型私募債の引受」や「みちのく成長基盤応援ファンド」を開始するなど、環境保全をビジネスチャンスとしても捉え、新たな展開を図っている。

参考資料

みちのく銀行ウェブサイト及びIR資料

第三章　多重債務問題に立ち向かう地域金融機関

多重債務問題への対策

二〇〇六年一二月、内閣府内に多重債務者対策本部を設置することが閣議決定され、同本部は〇七年四月に「多重債務問題改善プログラム」を公表した。当時、消費者金融の利用者が少なくとも一四〇〇万人、多重債務者は二〇〇万人超といわれ、多重債務が大きな社会問題となるなかで、政府は本格的にその解決に向けた施策に着手したのである。同プログラムでは、自治体における相談窓口の整備強化、経済金融教育の強化、いわゆる「ヤミ金」の取締りの強化に加え、「高リスク者の受け皿となる消費者向けのセーフティネット貸付」として、多重債務者への融資を行う「日本版グラミン銀行」*も提案された。

＊　グラミン銀行は、バングラデシュの首都ダッカに本部を置く金融機関で、農村地域の貧困者に無担保の小口資金融資を行っている。ＣＳＲをめぐる議論で言及されることも多い。一九八三年、同国チッタゴン大学教授であっ

たムハマド・ユヌス氏によって設立された。二〇一一年七月現在、借主は八三七万人に上り、うち九七％が女性。同行の株式の九四％は借主によって所有され、四％は政府が所有している（グラミン銀行ウェブサイト）。〇六年、同行とユヌス氏はノーベル平和賞を授与された。一一年三月、ユヌス氏はバングラデシュ中央銀行によって総裁解任を命じられ、五月に辞任した。

多重債務者対策本部が設置されて間もなく、改正貸金業法が成立・公布され、以後貸金業者への規制が強化された。〇七年四月には、金融審議会金融分科会第二部会が「地域密着型金融の取り組みについての評価と今後の対応について――地域の情報集積を活用した持続可能なビジネスモデルの確立を」と題する報告を公表した。この報告では恒久的な枠組みのなかでリレーションシップバンキングを推進することが提言されたが、注目すべきは、多重債務問題の解決にあたっては、地域金融機関である協同組織金融機関が一定の役割を期待されたことであった。このように多重債務問題の深刻化を受けて、地域金融機関にもその解決に向けた努力が求められるようになったのだが、実はそれ以前からすでにＣＳＲの一環としてそれに取り組んできた金融機関が存在する。

本章では、まず一九八〇年代から今日までの多重債務問題を整理した上で、地域密着型の協同組織金融機関（労働金庫、信用金庫、信用組合）へのヒアリング調査をもとに、ＣＳＲとしての多重債務問題への対応を検討する。

一九八〇年代の「サラ金問題」

一九五〇年代後半以降、高度成長期を迎えた日本では洗濯機や冷蔵庫などの家電製品や自動車などが大量生産・大量消費されるようになった。これにより商品価格が低下し、それが対物信用の低下につながり、当時庶民金融において大きな役割を担っていた質屋業が低迷することになった。

このような状況に対して、高度成長を反映したサラリーマン等の将来の所得上昇や返済能力の向上が期待されるようになり、対人信用に基づく消費者金融業が注目されるようになった。六〇年代には武富士、アコム、プロミス、三洋信販（二〇一〇年にプロミスが吸収合併）、アイフルなどその後消費者金融大手となる会社が相次いで創業・開業し、まさに消費者金融業の黎明期となった。

七〇年代になると、クレジットカードのキャッシング利用者の増大などにより消費者金融市場は拡大したが、外資系企業が参入するなど競争も激化していった。当時の多くの消費者金融会社は、高金利で貸出を行うビジネスモデルを採用していた。金融庁・多重債務者対策本部有識者会議ウェブサイト（二〇〇七年一月二九日）によれば、一九八二年の大手五社の貸付上限金利は武富士が年四一・九七五％、アコムが同四七・四五〇％、プロミスが同四七・四五〇％、アイフルが同六五・七〇〇％（五月以降）、三洋信販が同四七・四五〇％であった。また利用者に必要以上の貸出を勧めたり、過酷な取り立てを行う業者もいた。これを苦に自殺や家出をする債務者が増え、いわゆる「サラ金問題」として顕在化した。

一九八三年にはこうした「サラ金問題」を受けて、貸金業者の登録制度、取り立て行為の規制、契約時の書面交付義務化などを主な内容とする「貸金業規制法（貸金業の規制等に関する法律）」が制定された。

図3−1　出資法と利息制限法の金利の推移

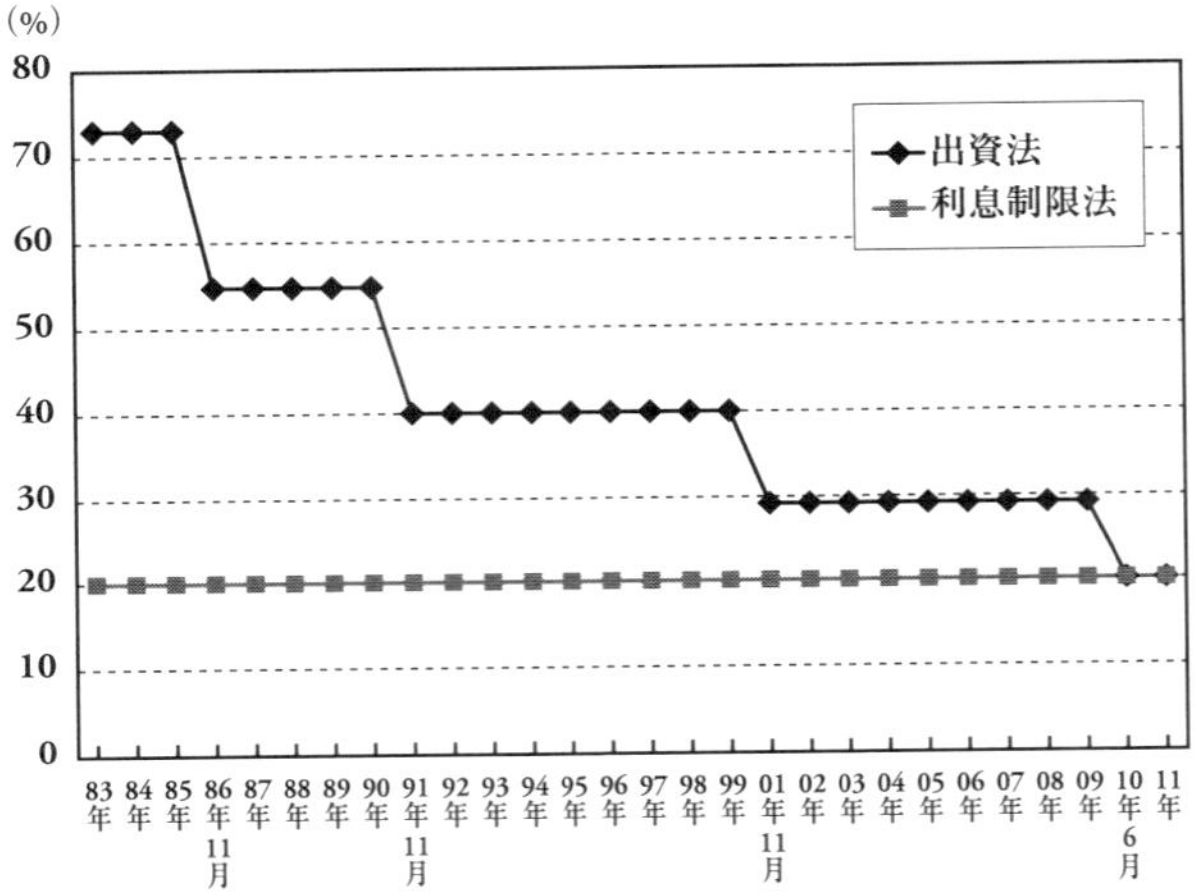

出所：金融庁資料

また貸出上限金利を年一〇九・五％から年四〇・〇〇四％に段階的に引き下げる出資法の改正も行われた。

この出資法改正によって、利息制限法（貸付額に応じて年一五〜二〇％を上限金利とする）との金利差は縮小した（**図3−1**）。しかし、貸金業規制法には「抜け道」があった。①債務者が「任意に」利息を支払い、②貸金業者が契約書面や利息受領証書の交付などの義務を満たした場合については利息制限法の例外とされ、貸金業者は利息制限法の貸出上限金利以上で出資法の貸出上限金利以下の金利、いわゆる「グレーゾーン金利」で貸付を行うことが認められたのである。これが「みなし弁済規定」である。しかしこのグレーゾーン金利による貸出は、後に多くの債務者から過剰利息分の「過払金請求」を求められることとなり、消費者金融各社の経営を揺るがす大きな要因となった。

一九八四年には、前年の貸金業規制法の制定や、旧大蔵省が各金融機関に消費者金融業者に対する融資の抑制

図3-2　自己破産（個人）申立件数

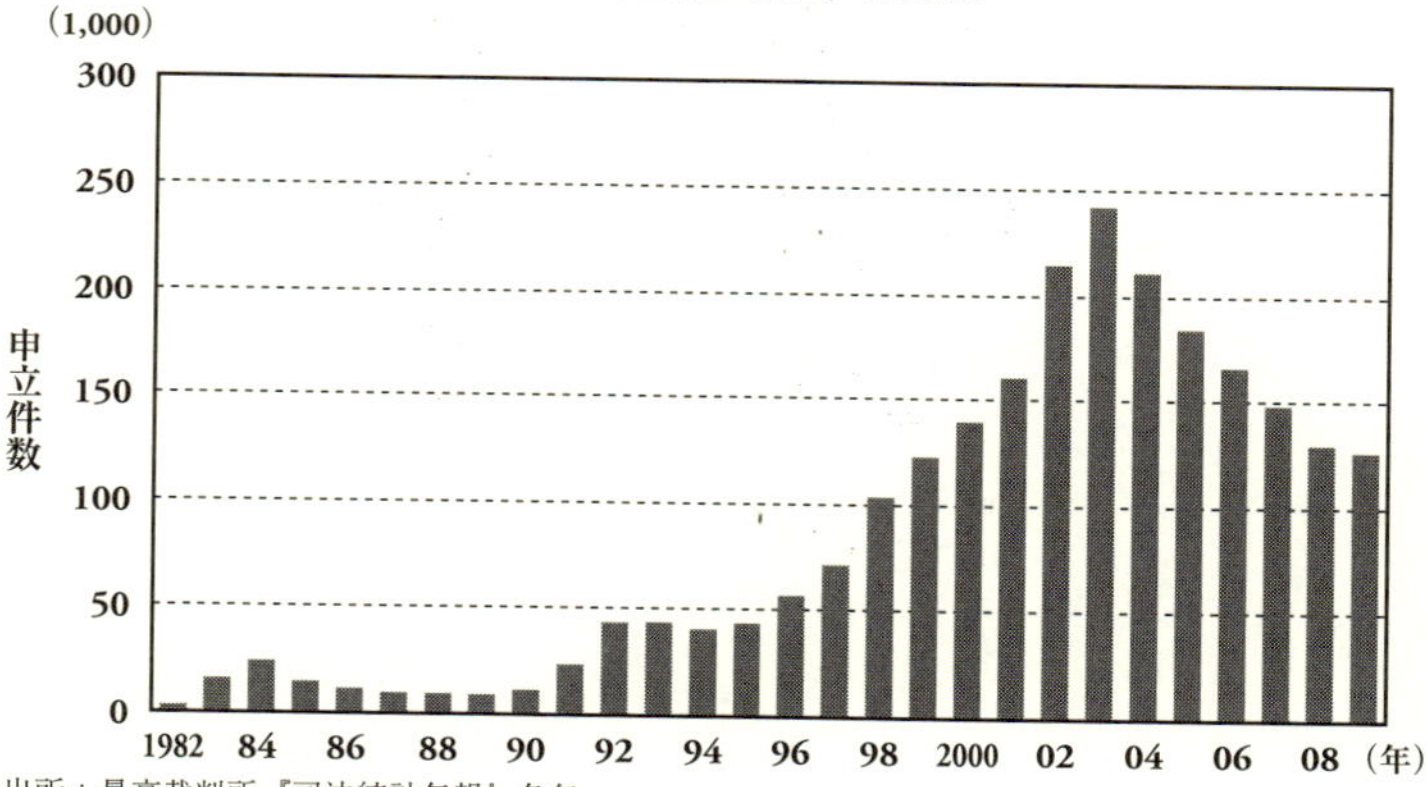

出所：最高裁判所『司法統計年報』各年

を指導したことが影響し、中堅のヤタガイクレジットが経営破綻するなど、サラ金業界は「冬の時代」を迎える。

一方、サラ金問題の深刻化を受けて、労働金庫業界では「サラ金対策キャンペーン」を実施（八三年八月～一〇月末）し、消費者金融業者から高金利で借り入れた債務を比較的低利の債務に借り換えるサービスを提供した。ただし、こうした個人向け借換ローンは、①利息制限法の上限金利を超えた利息についてサラ金業者に対して返還請求を行うわけではないので、借り換えによってグレーゾーン金利分が元本に加わってしまうこと、②多重債務者は借り換えによって信用情報機関の事故情報記録（いわゆる「ブラックリスト」）への記載を免れるため、生活設計が是正されることなく再びサラ金に走り、多重債務に陥ってしまうなど、根本的な課題も抱えていた。

そこで一部の労働金庫は、こうした借換ローンの課題を解決するために、八五年ごろから弁護士とのネットワークを構築するとともに、過払金の引き直し計算（返済済み過剰利息分の元金への充当）などに関するカウンセリングも実施しはじめた。

だが、当時はまだこのような取り組みを行う金融機関はまれであった。

一九九〇年代以降の自己破産増加と商工ローン問題

自己破産申立件数は、一九八〇年代後半には九〇〇〇件台で推移していたが、バブル崩壊後の九〇年代以降は所得の伸び悩みや失業などによって右肩上がりに上昇していった（図3-2）。

一方、消費者金融各社は九〇年代前半に非対面チャネルによる自動契約機を導入することで、消費者が借入時に感じる「煩わしさ」や「後ろめたさ」を和らげることに成功した。また「サラ金地獄」という言葉に象徴される負のイメージを払拭すべく、親しみやすくソフトなイメージをアピールする広告戦略を展開したことも、市場拡大に大きく貢献した。九三年にはプロミス、アコム、三洋信販が、九六年には武富士が日本証券業協会に株式の店頭登録を果たした。そして九六年にはプロミス、アコム、三洋信販が、九八年には武富士が東証第一部に上場し、社会的な認知度を高めることになった。

このような社会経済環境の変化のなかで、地域の協同組織金融機関も独自の取り組みに踏み出しはじめる。佐世保市に本店を置く長崎県民信用組合（以下「けんみん信組」）は、「生活者金融」を事業の中核として、不動産担保に頼らないビジネスモデルを構築し、九二年には多重債務者向けの「セーブマネー相談室」を開設した。

九〇年代後半になると、バブル崩壊後の長引く株価低迷と地価下落等を受けて、各金融機関は不良債権を増加させていく。日本長期信用銀行や北海道拓殖銀行などの大型金融機関の経営破綻も相次ぎ、各金融機関の経営体力は徐々に衰え、融資に対して消極的な姿勢を取るようになった。

このような状況のなかで、中小企業などに対する融資を拡大させたのが事業者金融、いわゆる「商工ローン」であった。しかし、一部の事業者金融会社による高い貸出金利、違法な取り立て行為、根保証（一定期間内に一定限度額内で行われる借入の全体を保証する）の保証人に対する説明不足などが問題化し、九九年に貸金業規制法が改正された。この改正では、「追加融資の際の保証人への書面交付の義務付け」、「保証契約締結前の書面交付の義務付け」、「取立行為規制に係る脱法行為等の防止のための措置」、「罰則の強化」等が定められた。また出資法における貸出上限金利も、四〇・〇〇四％から二九・二％に引き下げられることになった。

この頃になると、「生活者金融」を掲げ個人金融に特化したけんみん信組のビジネスモデルがメディアで注目されるようになった。北海道南西部の伊達市に本店を置く伊達信用金庫もこの時期に、けんみん信組のモデルを参考に、地域社会への貢献の一環として多重債務問題に取り組みはじめた。

二〇〇〇年代以降のヤミ金問題とその対策

二〇〇〇年前後からは、複数の消費者金融会社からの借入を一本化する個人向け借換ローンを商品化する金融機関も現れたが、八〇年代の労働金庫業界の経験と同様に、多重債務問題の根本的な解決には至らなかった。

商工ローン問題の後も、無登録営業の貸金業者、いわゆる「ヤミ金」の高金利による違法貸付や悪質な取り立てなどが社会問題となり、二〇〇三年七月にヤミ金対策法（貸金業規制法、出資法の一部改正）が成立、翌年一月に施行された（一部は前年九月に施行）。さらに同年一二月には、違法な年金担保融資が社会問題化。貸金業規制法が再び一部改正され、年金受給者などに対して借入意欲をそそるような表示や説明をしてはならないことなどを盛り込んだ「違法年金担保融資対策法」が成立した。

こうした状況のもと、最高裁判所第二小法廷が〇六年一月一三日に画期的な判決を示す。この判決では、「期限の利益喪失特約*の下で、債務者が、利息として、利息の制限額を超える額の金銭を支払った場合には」、特段の事情がない限り「債務者が自己の自由な意思によって制限超過部分を支払ったものということはできないと解するのが相当である」（最高裁ウェブサイト）とされ、「みなし弁済規定」の成立要件となる任意性が実質的に否定されることとなったのである（中島［二〇〇六］）。この判決以降、グレーゾーン金利は有効な弁済として認められなくなり、消費者金融業者への過払金請求が活発化し始めた。

＊　「期限の利益」とは、民法で定められた債務者側の利益で、期限が来るまでは債務の履行をしなくてもよいことを指す。「期限の利益の喪失」とは、債務者側の「期限の利益」を「喪失させる」ことによって、期限前でも債務の履行を請求することができるようにする措置で、債権者の利益を守るものといえる。たとえば現実のビジネスの場面においては、支払期限前に債務者が不渡りを出してしまうという事態が起こりうる。このような緊急事態においては、債務者の「期限の利益」を尊重することは債権者にとって不利益となる。そこで消費者金融業では、契約の際に「債務者は元本または利息の支払いが遅れた場合、直ちに債務を一括で返済しなければならない」という一括弁済特約の条項を設けるのが常である。

消費者金融業者に対する批判が高まるなか、政府与党は一連の法律改正に動き、〇六年一二月に改正貸金業法が成立・公布され、従来の「貸金業規制法」が「貸金業法」と改称された。同法についてはその後、罰則強化、取立規制の強化、貸金業者の財産的基礎要件の引き上げなどが段階的に施行され、二〇一〇年六月に完全施行された。

貸金業法は主として、①貸金業の参入条件の厳格化、②過剰貸付の抑制、③金利体系の適正化、④ヤミ金融対策の強化、などから構成されており、多重債務問題への対応に重点を置いているのが特徴である。

①「貸金業の参入条件の厳格化」では、貸金業者の最低純資産額を五〇〇〇万円以上に引き上げ、貸金業務取扱主任者の資格試験を導入し、営業所ごとに合格者を配置することが義務付けられている。

②「過剰貸付の抑制」では、適正な信用情報機関を内閣総理大臣が指定し（指定信用情報機関制度）、貸金業者が借り手の総借入残高を把握できるようにした上で、総借入残高が収入の三分の一を超えている場合など、返済能力を超える貸付を禁止した（いわゆる「総量規制」）。また③「金利体系の適正化」では、出資法における上限金利二九・二％を二〇％に引き下げ、長年の懸案とされてきたグレーゾーン金利の撤廃を定めた。さらに④「ヤミ金融対策の強化」では、超高金利貸付や無登録営業に対する罰則を懲役五年から一〇年に引き上げた。

一方、労働金庫業界では二〇〇七年三月、前年一二月の改正貸金業法の成立を受けて、㈳全国労働金庫協会内に「生活応援・多重債務対策本部」を設置し、組織的な対応に着手した。

図3-3　多重債務者対応フローの概略図

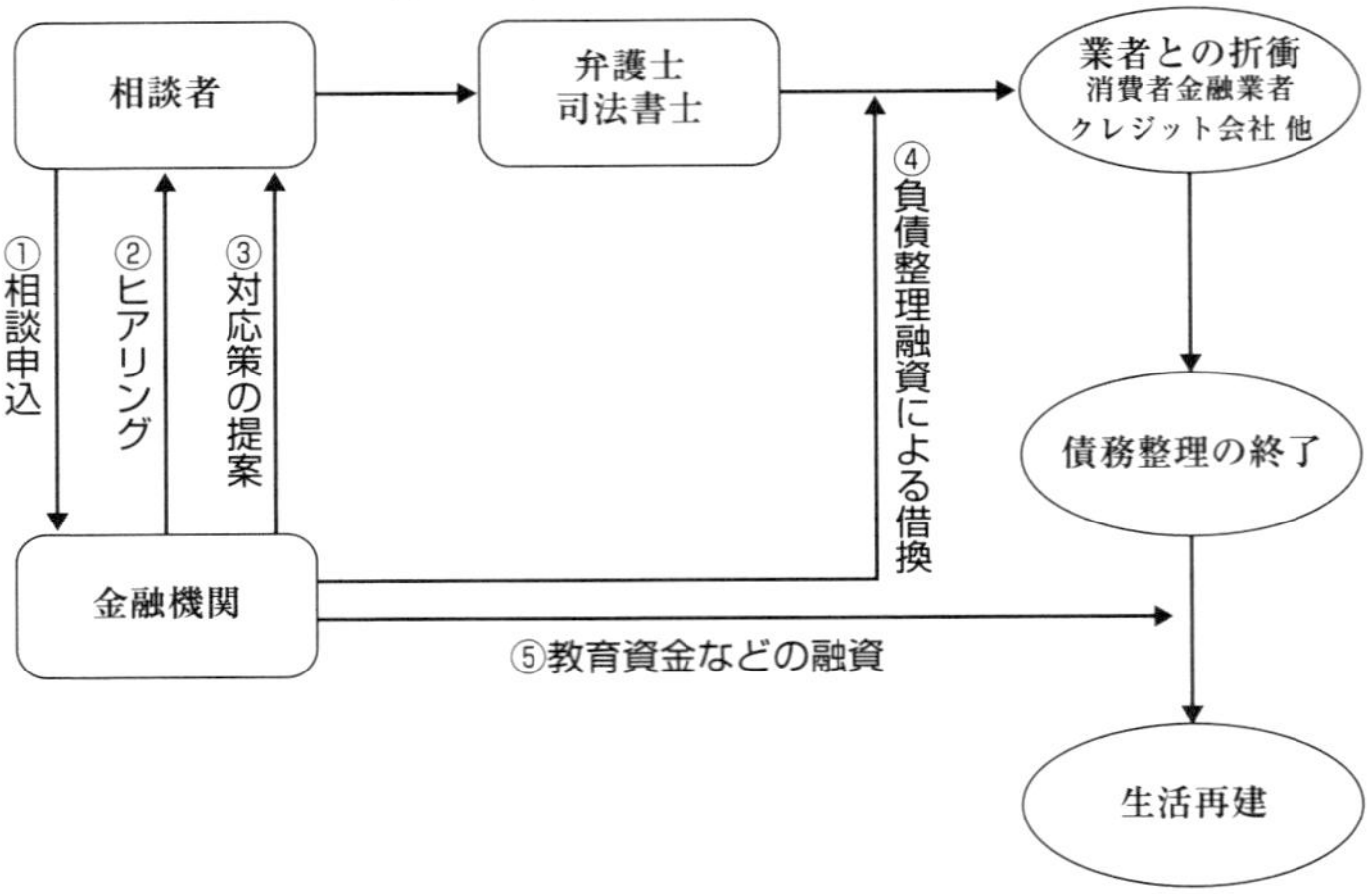

各地域金融機関の取り組み体制

前述したように、二〇〇〇年頃から、消費者金融会社からの借入を一本化する個人向け借換ローンを販売する地域金融機関が増加した。しかし、借換ローンはカウンセリング等を通じた貸付後の様々なフォローが無ければ、多重債務問題を根本的に解決する手段にはならない。一度生活再建に成功した人が再び多重債務に陥る割合は三〇～四〇%ともいわれている。

図3-3は、実際に多重債務問題に取り組んでいる協同組織金融機関の対応フローの概略を示したものである。まず相談者から相談申込を受けた金融機関は、プライバシー・ポリシーや個人情報に関する同意書等を相談者に交付または徴求し、ヒアリングを実施する（①②）。

ヒアリングには、本人の同意を得て配偶者や家族にも立ち会ってもらう。労働金庫では労働組合の役員が同席することもある。いずれも多重債務の根本的な解決を図り、生活を再建するためには、家族や職場の長期的な支援が不可欠であるとの判断による。

ヒアリングでは借入先、残高、多重債務に陥った原因、現在までの経過などが質問される。しかし、罪悪感や恥ずかしさから事実を隠したがる相談者も少なくない。そこで各金融機関は面接回数を増やすなどして、相談者との心理的な距離を縮めるよう努めている。

ヒアリングを通して債務残高などが確認できれば、過払金の引き直し計算を行い、生活再建に向けた具体策が提案される（③）。金融機関によっては、安定的な収入があることなどを条件に負債整理融資（プロパー融資＝信用保証会社等の保証なしで金融機関が独自に行う融資）を実施し、借換を行う。この場合、連帯保証人を求めることもあるが、労働金庫では業界内の㈳日本労働者信用基金協会が保証を行うこともある（④）。

一方、任意整理や「個人版民事再生法」*の手続など法的手続が必要な場合は、金融機関は弁護士や司法書士を紹介する。法的手続によって債務整理が実行されると、相談者は事故情報記録に記載されるため、新規借入が困難となる。そこで各金融機関は、学資ローンなど生活再建上必要で使途が明確な案件についてはプロパー融資等を行うこともある（⑤）。

＊　個人版民事再生法は、個人事業者やサラリーマンなど「個人」の救済再生を目的として二〇〇一年から施行された債務整理制度。申請の際、住宅ローン以外の債務が五〇〇〇万円以下である、安定した収入がある、などの諸条件をクリアしなければならない。手続には小規模個人事業者向けと給与所得者等向けの二つがあり、住宅ローンを除いた債務総額が五分の一にまで減額されることもある。ただし、この制度を利用した場合、信用情報機関に事故情報が登録される。

多重債務問題の根本的な解決のためには、債務整理後も相談者が再び多重債務に陥らないようフォローする必要がある。たとえば伊達信用金庫では、本人の同意を得て整理後も預金口座の動向を見守る態勢をとっている。給与が振り込まれているか、仕事を続けているかどうか、不審な入出金がないかなどをチェックすることで、再び多重債務に陥ることを防ぐための取り組みである。

職員教育と仕事のやりがい

(1) 職員教育

中国労働金庫では、多重債務相談の担当者の育成に特化した取り組みとしては、集合研修による知識の普及も行っているが、基本的には日常業務を通じた実務能力の向上と人材育成を重視している。また同労金では先に述べたように、自己破産等について本人申請を支援していることもあり、職員が相談者や労働組合役員とともに簡易裁判所の調停などに同席することもある。そこで得られた知識は集合研修では得がたい「現場」の知識であり、適切なカウンセリングを行うための実務能力向上の一環として捉えられている。

一方、けんみん信組ではカウンセリングで将来の生活設計に焦点を当てた対応を行っていることもあり、FP（フィナンシャル・プランナー）資格の取得を奨励している。さらに、多重債務相談に応じる職員には実務的な知識のほかにも、相談者との間に信頼関係を築く能力が求められる。とりわけ多重債務問題の場合、相談者の多くは困窮しきった状況で訪れるため、担当者には通常業務とは異なる配慮や気遣いが必要となるし、時には毅然とした態度を貫かなければならない。このような臨機応変の対応力には、現場で培われたノウハウが極めて重要であり、経験の積み重ねがカウンセリング能力を向上させるといえる。

(2) 職員のやりがい

これまで金融機関は基本的に、多重債務者への融資について極めて慎重な姿勢をとっていた。また多重債務問題は、債務を抱えた人の個人的な事情に踏み込まざるをえない非常にデリケートなものでもあるため、現在融資や相談を行っている金融機関においても、当初は取り組みに反対する職員も少なくなかった。しかし、実際に業務が実施されていくなかで、各営業店間で積極的な協力体制が構築されていった。ある金融機関で多重債務業務を立ち上げた担当者は、当初取り組みに反対した一人であった。しかし自分たちの取り組みが人の命をも救うことがあるという体験を重ねるなかで、多重債務相談にやりがいを見出し、退職の挨拶では「いい仕事をさせていただきました。幸せでした」と述べたという。

多重債務に陥った人の家庭は重いストレスを抱え、笑顔を失いがちである。本人は仕事に集中できず、職場の人間関係を悪化させることも多い。カウンセリングが進み、解決策が見つかれば、相談者と家族は笑顔をとり戻す。多くの人は相談窓口になってくれた職員に対し、感謝の言葉を惜しまない。なかには「(多重債務問題への取り組みは）消費者ローンに付随するサービスの一つであり、本業ではない」と考えている管理職もいるが、全般的に現場の人々はその業務に使命感と誇りを持っている。

こうした使命感ややりがいが、通常の金融商品販売だけではなかなか生まれない顧客との強固な絆づくりにつながっている。また、多重債務を解決できた顧客が、債務返済後はロイヤリティの高い優良顧客になったケースもある。

多重債務問題への取り組みの事業性とＣＳＲとしての意義

労働金庫、信金、信組などの協同組織金融機関は、リレーションシップバンキング機能の強化の一環として、また前述の「多重債務問題改善プログラム」において、多重債務問題の解決に一定の役割を期待されてきた。これを踏まえ、以下ではその役割の意義を、融資の事業性とＣＳＲの観点からまとめておこう。

（1）事業性の観点から

事業性の観点から多重債務問題への取り組みを検討すれば、負債整理融資は通常の融資よりも高い利ざやを確保でき、カウンセリングや貸出後のフォローを行うことによって貸倒れを防ぐこともできるという特色がある。また、いわき信用組合（本店：福島県いわき市）のように、個人融資の拡大をめざす過程で、独自の自動審査システムを開発し、消費者ローンに取り組んだ結果、多重債務相談が事業化されたというケースもある。

多重債務者への融資にあたっては、家族や職場との協力体制のもと、金融機関がカウンセリングや返済後の定期的な生活指導などをきめ細かく行うことが重要である。さらに、多重債務者への融資は、信用保証会社がなかなか承認しないこともあり、各金融機関がプロパー融資で対応するケースが少なくない。そのため、担当職員には相談者の抱える問題を素早く汲み取り、適切なカウンセリングを行う力が求められるとともに、相談者に生活再建への意思があるかどうかを見抜く洞察力も不可欠となる。また組織的には、専門的な知識に加えて、相談者への配慮や気遣いも含めたバランスの取れたカウンセリング能力を養う職員教育と、ノウハウを伝えるサポート体制の確立も要求される。このように、多重債務問題に取り組むにはまず何よりも人材育成が必要であり、一朝一夕に体制を整備するのが難しい面もある。

図3-4　日本の自殺者数の推移

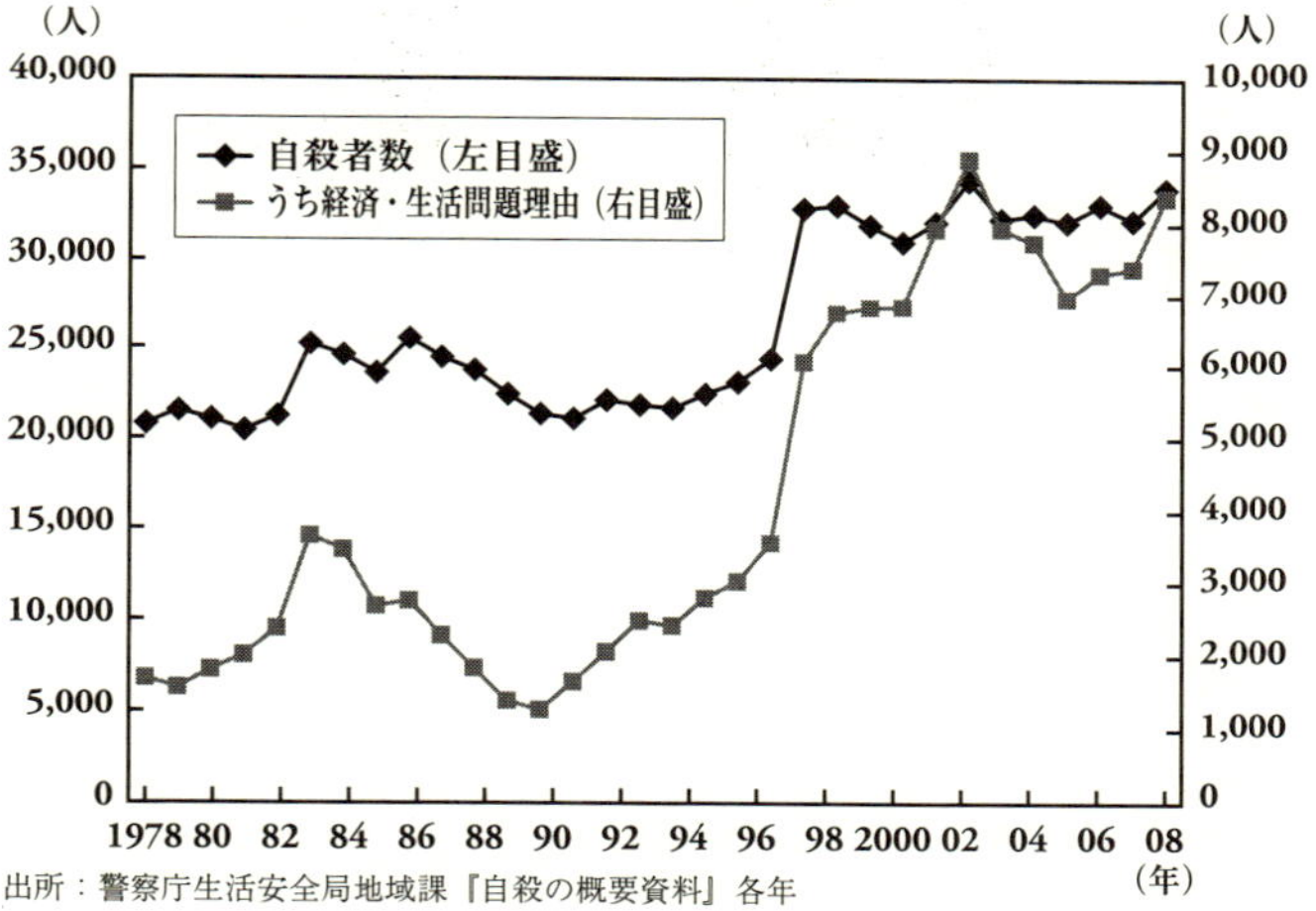

出所：警察庁生活安全局地域課『自殺の概要資料』各年

金融機関へのヒアリングを通して、多重債務問題への取り組みは、解決までに長い時間がかかり、事務コストも大きいため、本業として行うことは困難であるという意見もみられた。そのため、多重債務問題への取り組みを本業としてではなく、あくまでも社会貢献として位置づける金融機関もある。

（2）CSRの観点から　金融機関が多重債務問題に取り組むことで、相談者は金融上の破綻から脱し、生活再建への道を切り開くことができる。それによって家庭崩壊や自殺などを未然に防ぐことができる点で、重要な社会貢献でもあるといえる。**図3-4**は、一九七〇年代末以降の日本の自殺者数の推移である。周知のように九八年以降、毎年三万人を超えている。最近の傾向としては二〇〇六年以降「経済・生活問題」による自殺者が増加しており、長引く不況による失業や生活苦の影響をうかがわせる。多重債務もそうした「経済・生活問題」の大きな部分を占めていることはいうまでもない。

図3-5　無担保無保証の借入をしている人の数（2007～09年）

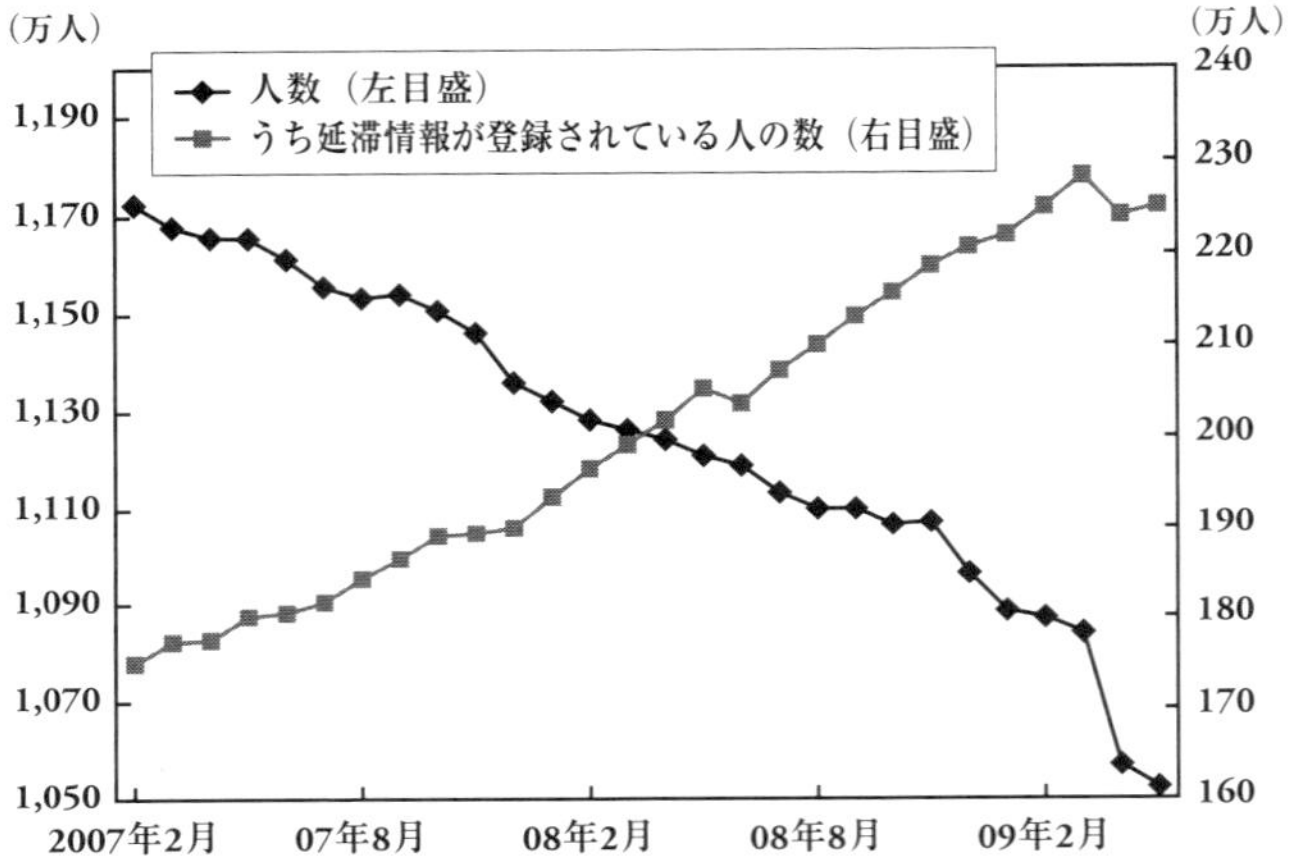

出所：金融庁ウェブサイト

多重債務による生活破綻が抑制されることは、債務者の家族や周辺の人々だけにとどまらず、地域経済・地域社会における様々な負の連鎖、有形無形のコスト発生を抑える効果がある。つまり多重債務問題への取り組みは、生活破綻の抑止や地域社会の持続性に貢献する点でCSRとしての意義が高いといえる。加えて、顧客の満足度《ロイヤリティ》向上とともに、職員の仕事の充実感にもつながっていることは前述したとおりである。

改正貸金業法の施行を受けて

前述の通り、二〇一〇年の改正貸金業法の施行によってグレーゾーン金利は撤廃されることとなり、多重債務をめぐる長年の懸案の一つが解決した。しかし、これで多重債務問題がすべて解消するわけではない。消費者金融会社は「総量規制」の導入を見据えて、ローン金利を利息制限法の上限金利内に引き下げ、融資審査を厳格化した。これにより新規借入申込に対する承認率が大きく低下し、改正貸

図3-6　無担保無保証の借入をしている人の数（2009～10年）

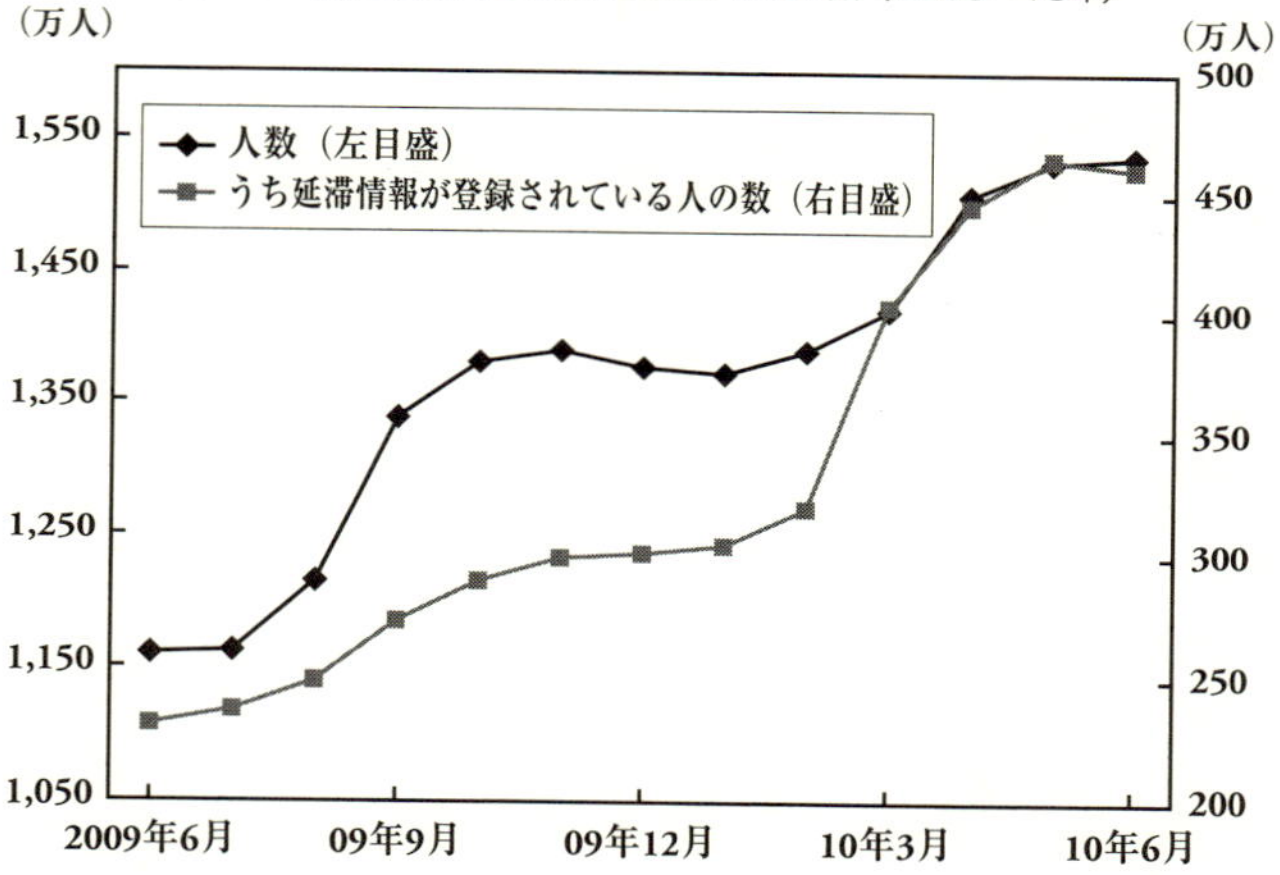

出所：金融庁ウェブサイト

金業法適用以前の七割が三～四割となった。

改正法施行後、統計上では自己破産申立件数や多重債務者数は減少している。個人の自己破産申立件数は、〇三年の二四万二三七七人をピークに、〇九年には一二万六二六五人にまで減少した（図３－２）。また、金融庁が公表している「無担保無保証借入の残高がある者の借入件数毎の登録状況」によれば、消費者金融などの無担保無保証の借入をしている人の数は着実に低下している（**図３－５**）。

しかし問題は、無担保無保証の借入をしている人のうち、「返済の延滞情報が信用情報機関に登録されている者」が、〇九年五月の二三一・二万人をピークにそれまで増加の一途を辿ってきたことである。この要因の一つは、これまで追加的な借入によって既存の債務を返済してきた債務者が、消費者金融会社の審査の厳格化、融資の絞り込みなどによって追加的な借入を行うことができなくなったために、既存の債務返済に支障を来たしたことである。

なお、総量規制の導入に際して、指定信用情報機関制度の整備（信用情報機関の事業継承や合併等）が行われ、二〇一〇年三月には㈱日本信用情報機構と㈱シー・アイ・シー（CIC：Credit Information Center）が指定信用情報機関として認定された。これによりデータ数が増加し、貸金業法が完全施行された二〇一〇年六月には四六〇・八万人の返済延滞者数を記録するまでになっている（**図3－6**）。

このような改正貸金業法の影響に加え、景気悪化による失業の増加で、多重債務者への負債整理融資を実行できなくなった金融機関もある。

一方、改正貸金業法の施行や過払金請求の増加によって消費者金融会社の経営は悪化し、経営破綻が相次いだ。最近では二〇〇九年九月にアイフルが事業再生ＡＤＲ手続*を、一〇年九月には武富士が会社更生法の適用を申請した。

＊　事業再生ＡＤＲ手続とは、私的整理の一種で、民事再生法や会社更生法などの法的整理に替えて、法務・経産大臣の認証を受けた中立の第三者機関であるＡＤＲ（Alternative Dispute Resolution：裁判外紛争解決手続）事業者を間に立てて債権者と債務者が話し合い、両者に益のある問題解決を図ることを指す。二〇〇九年一一月、日本航空がこれを申請し、ＡＤＲ事業者認定第一号の事業再生実務家協会が手続にあたった。

貸金業法の完全施行を受けて、無担保ローン市場の新たな担い手として金融機関に期待が高まっているが、期待通りに進んでいないのも事実である。その要因の一つは、無担保ローンの審査を信用保証会社に依存しすぎた金融機関の姿勢にあったといえる。自ら審査を行い、無担保ローン市場に取り組むためには、返済延滞者に対する相談業務が避けては通れない課題の一つとなるであろう。激変する無担保ローン市場の将来を見通すことは容易ではないが、多重債務問題に対処している金融機関のビジネスモデルを検討することは、健全な無担保ローン市場の育成にも意義があると思われる。

さらに近年、労働金庫業界がＣＳＲに基づく金融教育の一環として、多重債務問題を題材に「生活防衛としての金融教育」を実施していることは注目に値する。たとえば中国労働金庫では、高校や労組、企業でこのテーマの研修会を開催したり、一般市民を対象とした講演会を行っている。また北海道労働金庫では、労組が主催する学習会等でこうした金融教育を実施している。

ここまで、多重債務問題への金融機関の取り組みと、そのＣＳＲとしての意義を概観した。これらの取り組みには、多重債務者に負債整理融資を行うという本業の一部としての側面と、多重債務問題の解決を通じて家庭崩壊や自殺などの社会問題を抑止し、「家庭に笑顔を取り戻す」という社会貢献としての側面がある。また、本章で紹介した金融機関の多重債務カウンセリングは主に口コミで広がっており、着実に「頼れる金融機関」というイメージが高まりつつある。これは金融機関自身にとっても大きなメリットといえよう。

多重債務問題への取り組みは、ＣＳＲの観点からみて金融機関が継続的かつ真摯に臨むべき重要な課題であり、自社の基盤と理念に沿った事業として位置付けていくことが求められていると思われる。それを通じて多くのステークホルダーとの信頼関係を形成することは、金融機関の社会的評価の持続的向上にも役立つであろう。

参考文献・資料

多重債務者対策本部［二〇〇七］「多重債務問題改善プログラム」
金融庁ウェブサイト各種資料（「貸金業法が大きく変わりました！（改正貸金業法・多重債務者対策）」、「貸金業法等の改正について」、「多重債務者相談マニュアル」）
金融庁・貸金業制度等に関する懇談会ウェブサイト
金融庁・多重債務者対策本部有識者会議ウェブサイト
金融庁・金融審議会金融分科会第二部会「地域密着型金融の取り組みについての評価と今後の対応について――地域の情報集積を活用した持続可能なビジネスモデルの確立を」
首相官邸、最高裁判所、警視庁、グラミン銀行各ウェブサイト
警察庁生活安全局地域課『自殺の概要資料』各年
『司法統計年報』各年
中島遊［二〇〇六］「出資法上の上限金利の見直し～貸金業規制法等改正の論点～」『立法と調査』一〇月、No.261

ケーススタディ4　中国労働金庫の多重債務問題への取り組み

多重債務問題と労働金庫

労働金庫は一九五〇年代、労働者を高利貸しや質屋への高利の借金から解放することを目的として設立された協同組織金融機関である。当初は労働組合や生活協同組合の組合員に会員を限定していたが、現在は営業地域に在住または在勤している一般の勤労者も会員対象としている。

一九九〇年代以降、長期の景気低迷のもとで所得が伸び悩むとともに失業者が増大し、一方消費者金融業者が非対面型チャネル（自動契約機）を拡大したことで多重債務問題がより広範化かつ深刻化し、自己破産者も増加した。労働金庫業界ではこうした状況を受け、二〇〇七年三月に全国労働金庫協会（以下「労金協会」）内に「生活応援・多重債務対策本部」を設置して組織的な対応を図るとともに、各労金にも「多重債務対策本部」の設置を要請した。

サラ金問題が深刻化していた八三年、労働金庫業界では「サラ金対策キャンペーン」を実施（八月～一〇月末）したが、多重債務の根本的な解決には至らないケースが多かった（本章69頁参照）。とりわけ多重債務者が返済後に再び多重債務に陥る「再発率」は三〇～四〇％ともいわれ、債務整理を行っても三～五年後に再び相談に訪れる者も少なくなかった。さらに、多重債務者の増加は不良債権を増大させるため、金融機関の経営にとっても大きな課題となっていた。

このような経緯を踏まえ、広島市に本店を置く中国労働金庫（以下「中国労金」）では、多重債務問題の解決策として単に借換ローンを勧めるのではなく、根本的な生活再生に向けたカウンセリング主体の取り組みを始めた。

中国労金の取り組みの内容

現在中国労金では多重債務問題について、①金融知識の普及、②多重債務者相談、の二つを柱に取り組んでいる。

①金融知識の普及については、高校三年生や新入職員を対象に、多重債務防止を目的とした研修会を実施している。二〇〇六年度には、中国各県下の高校三一校（受講者三三九〇名）や労組・企業（計三一七回・受講者八三〇一名）での研修会に加え、一般市民を対象とした講演なども実施した。

②多重債務者相談については、各営業店窓口で相談を受け付けており、多重債務問題に対応できる職員を各営業店に一名から数名配置している。相談者は会員が中心であるが、最近では会員外の一般相談者も増加傾向にある。〇六年四月から〇七年三月までの多重債務相談受付件数は、組合経由のものが三五三件、組合を介さない直接の相談が三〇四件で、計六五七件に上った。

相談プロセス

中国労金では、相談者自身とその家族の生活再建を多重債務解決の主眼としており、営業店と本部の地域福祉支援室の連携によって組織的に対応している。相談は、①相談者からのヒアリング、②対応策の協議、③法的手続、という手順で行われる。

（1）ヒアリング　ヒアリングには相談者本人のほか、家族や職場の支援を得るため、本人の同意を得て配偶者や家族、労働組合役員等が立ち会う。場合によっては弁護士や司法書士が同席することもある。ヒアリングでは、借入先と残高、多重債務に陥った原因・経過等を中心に状況を把握し、面談書を作成する。その後この面談書の内容の裏付け確認が行われるが、その際、相談者本人が借入先の消費者金融業者に対して取引開示請求を行う。

（2）対応策の協議と法的手続　ヒアリングと裏付け確認を踏まえて、労金各営業店の担当者は本部の地域福祉支援室と協議して対応策を検討する。この段階で利息制限法に基づき利息の再計算を行い、「真の残高」が確定される。さらに、ヤミ金関係の債務であれば警察へ、詐欺商法等による債務については消費者センターへ問い合わせ・相談を行う。以上を踏まえて対策の方針を確定、法的手続等を始める。

個人の多重債務に関する法的手続は、①直接手続、②特定調停（簡易裁判所調停委員が借手・貸手間の和解交渉などを斡旋してくれる制度）、③任意整理（裁判所などが関与せず、弁護士や司法書士を通じて債権者と債務の減額等を交渉する制度）、④民事再生（75頁の注記参照）、⑤自己破産（地方裁判所に届出を行い、認められると債務を免除される制度）、に大別される。最近の傾向としては、消費者金融業者が過払金の返還請求に応じるようになっているため、直接手続を行うよう指導している。また中国労金では、①本人に反省してもらうことで多重債務の再発を防止し、②経費を節減する、という二つの目的から、特定調停や自己破産についてもできるだけ本人申請を優先して行ってもらうこととしている（民事再生や任意整理については司法書士や弁護士に依頼している）。

これらの法的手続を経ても返済残高が多額で、生活再建が困難と予測される相談者に対しては負債整理融資を行うこともある。また、そもそも多重債務解決にあたり、法的手段を前提としているため、相談者は事故記録情報（ブラックリスト）に登録され、金融機関からの新規の借入が困難となる。そのため、中国労金では場合に応じて、学資ローン等、生活再建に必要な資金を融資することもある。

融資が行われた後は、多重債務の再発防止に向けた生活指導を実施する。具体的には家計収支の改善をめざすカウンセリングで、相談者とその家族が真に立ち直るまでサポートを行う。

職員教育とモチベーション向上策

多重債務相談の担当者の育成については、中国労金では基本的には実践研修で対応している。担当職員は相談者の調停手続等に同席する機会などを経て、集合研修では得ることが難しい「現場」の経験を積み、適切なカウンセリングの能力を伸ばせるよう配慮されている。

個人的な事情に踏み込まざるを得ない多重債務のカウンセリングは、相談者との間に十分な信頼関係を築く必要がある上、生活再建に関して時に厳しい助言もせねばならず、重責であるといえる。しかし、相談者とその家族の人生を立て直す上で重要な役割を担うこと、また解決後に相談者から深く感謝されることが、担当職員の使命感や自信、意欲を高めている。さらに、従来の借換ローンを中心とした業務から、カウンセリング業務の強化へとシフトすることで、利用者の満足度が高まり、「頼れる金融機関」というイメージの向上にもつながっているという。

つまり中国労金において多重債務相談業務は、相談者の生活再建を通じた不良債権の低減という直接的な成果に加えて、職員教育やモチベーションの向上の観点からも大きな効果を生んでいるといえる。

中国労金は事前予防策として金融教育を実施し、事後対策として家族、職場、弁護士、司法書士と連携してのカウンセリングを行うことで、多重債務問題の根本的解決を目指している。筆者によるヒアリング当時（二〇〇七年五月）、同労金が行った多重債務者向け融資は、家族や職場などとの協力体制や融資後の生活指導が有効に働き、貸し倒れは発生していなかった。

中国労金の多重債務問題への取り組みは、相談者の生活再建に焦点を当て、きめ細かいカウンセリングを行っている点、またその業務を通じて職員のモチベーションを向上させている点が特徴といえよう。

参考資料

中国労働金庫資料
勝又長生監修［二〇一〇］『マネートラブルにかつ！［改訂第三版］』全国労働金庫協会発行

ケーススタディ5　長崎県民信用組合の多重債務問題への取り組み

けんみん信組の概要

佐世保市を中心に五市六町に一三店舗を展開する長崎県民信用組合（以下「けんみん信組」）は、一九八一年に旧佐世保市信用組合が旧大村信用組合と合併することで誕生した。

けんみん信組は八〇年代後半から、事業の中核を不動産担保に依存した事業者融資から、必ずしも担保に依存しない個人融資へと転換し、現在では貸出先残高の約七割が個人向けとなっている。また、個人取引においても富裕層との取引拡大に重きを置くのではなく、多重債務者を含めた一般の生活者との取引を重視した事業展開を行っている。

ビジネスモデルの模索

九〇年代以降の規制緩和によって、金融機関の業務は大きく拡大した。この時期に多くの金融機関は新たな金融商品を次々と導入し、フルラインサービス（法人融資、個人融資、投資信託、保険商品等の販売など多様なサービスを行うこと）を展開している。しかし、けんみん信組はこれらの動向とは一線を画し、自らの経営規模に合わせてむしろ業務の絞り込みを行ってきた。

合併前の旧大村信用組合は実質的な自己資本比率が低かったため、けんみん信組は誕生当初から新たなビジネスモデルの確立を主要な経営課題の一つとしていた。そのためバブル崩壊前後に自らのビジネスモデルの方向性を求めて、米国視察を行った。視察は五回にも及び、顧客のクレジットヒストリー（信用履歴）に関する考え方や与信業務のマニュアル化などを学び、それらをもとに個人リテールに関する独自のアイデアを業務に取り入れた。

一方、九〇年代初頭はバブル崩壊によって自己破産申立件数が増加した時期でもあった。そこでけんみん信組は主たる顧客について、自らの経営規模に合わせて「普通の生活者で、小金持ち、かつ小借金持ち」の人々に絞ってターゲティングを始める。九二年には、多重債務者救済のための「セーブマネー相談室」を開設。地域住民の「人生八〇年の生活資金繰りを預かる」という理念を掲げた。

他方で生活者金融に特化するため、九一年に地域金融機関の伝統的な業務である預金の集金業務を廃止し、九〇年代後半までには手形割引・手形貸付の原則廃止と当座借越の一本化、事業性資金の貸付業務や保証協会が保証を行う貸付業務の廃止ないしは大幅な縮小を行った。

ただし、生活者金融へのシフトは、当初から必ずしも順調に展開したわけではなかった。なかでも、個人情報を正確に把握できなかったことによる延滞率の上昇は大きな経営課題の一つとなった。さらに、多重債務を抱えた相談者は自らの状況を正確に開示しない傾向があり、借換ローンを行っても、他の消費者金融会社などからの新たな借入を増やし、再び多重債務に陥ることも少なくなかった。

相談業務の変遷

（1）ＦＰ手法の導入

このような経験から同信組では、独自に蓄積した顧客情報だけでなく、金融業界の信用情報などもあわせて参照することで、相談者の実情をより正確に把握できるようにした。また、返済が滞った顧客に入金を促す電話サービスを担当する部門（オートコールセンター）を設立した。

しかし、多重債務に陥った相談者の生活再建を支援するには返済督促だけでは不十分で、相談者の現状と将来の生活目標を的確に把握し、適切なカウンセリングを行う必要がある。そこで同信組では九八年頃から、ＦＰ（フィナンシャル・プランナー）の手法を取り入れ、カウンセリング時に必要に応じて将来の生活資金繰りキャッシュフローを作成する試みを始めた。

「将来」を意識させるこの試みは有効だった。たとえばカウンセリングで担当者が「将来の夢は」と問いかけることで、多くの相談者は「現在の借金生活から抜け出さなければ」と真剣に考えるようになり、個人情報の開示にも自発的に応じるようになった。そしてこうした自発的な情報開示はまた、延滞率の抑制にもつながった。

（2）個人版民事再生法と任意整理

けんみん信組はさらに、二〇〇一年四月に施行された「個人版民事再生法」を活用した提案を行うなど、多重債務への対応策を多様化させた。

〇三年四月には改正司法書士法が施行され、司法書士が簡易裁判所における訴訟代理等を行うことができるようになった（それまでは訴訟関連業務として許されていたのは書類作成のみ）。けんみん信組はこれを受けて、必要に応じて地元の司法書士を紹介し、任意整理の提案も行うようになった。〇六年にはこの方法で二五七人が任意整理を行い、その整理先数は延べ一三〇〇に及んだ。

任意整理を活用することで、相談者が自らの債務状況を積極的に開示することにもなり、なかには利息制限法の上限金利を超える過払金が返還されることで一転、預金者となるケースも見られた。

（3）現在の対応フローの概略

けんみん信組では、以下のような対応フローによって相談業務の質的向上を図っている（フロー概略図は74頁の**図3－3**を参照）。

まず、相談者は最寄りの営業店に来店して相談を申し込む。けんみん信組ではヒアリングや相談の際、家族に同席してもらうことを原則としている。相談者が二〇～三〇歳代の夫婦であれば、双方の両親にも参加してもらうよう要請する。これから多重債務に立ち向かう若い夫婦をサポートしてもらうためである。親に子供夫婦の状況を理解してもらうことで、親族内の慶弔出費や親戚付き合いを抑制し、さらなる借金を防ぐといった意図もある。

ヒアリング後、適切と思われる対応策が提案される。この際担当職員が、過払金の引き直し計算に加え、任意整理や特定調停などを選択した場合のシミュレーションを盛り込んだ生活資金繰りのキャッシュフロー表を作成する。相談者はこれをもとに債務整理の手段を自ら決定する。

整理の方法としては、相談者の債務状況に応じて、負債整理融資による借換、任意整理、特定調停、個人版民事再生手続、自己破産などを提案している。

負債整理融資についてはは信組が独自に対応するが、法的手続が絡む案件については地元の司法書士や弁護士を紹介する。負債整理融資は、基本的には無担保無保証で貸付を行うが、不動産がある場合はそれを担保とすることもある。

また、法的手続による債務整理を行ったことで事故記録情報が登録され、金融機関から融資を受けられなくなった相談者には、必要に応じて学資ローンなどを融資することもある。

推進体制と相談業務の「やりがい」

けんみん信組では、「融資推進協議会」を週二回開き、検討中の負債整理融資の案件について協議を行う。筆者がヒアリングを行った二〇〇七年の時点では年間の総貸出案件数が一〇〇〇件を超え（うち約九〇％が多重債務関連）、二〇数名もの融資担当者が対応していた。

現在、多重債務相談は一三店舗中六つの総合店舗で行っており、テラー（窓口担当者）を含め各店の全職員でポスティング（チラシ配布）やＤＭを行い、相談業務の周知に努めている。またオートコールセンターでも入会案内とともに相談業務を宣伝しているが、最近では口コミでの広がりもみられ、相談者数は増加傾向にある。

けんみん信組は現在、「ＫＦＰけんみん」というキャッチフレーズを掲げている。ＫＦＰとは「健康生活資金繰りファイナンシャルプラン」の略で、同信組の営業スタンスを表している。そのスタンスとは、「心、体、個人財務」が「健康」な状態であって人ははじめて充実した生活を送ることができるという考え方に基づき、地域住民の「人生八〇年の生活資金繰りを預かる」覚悟で、生活者金融を重視するというものである。

ここでいう「個人財務の健康」とは、家計収支のバランスを整えることである。多重債務を抱える家庭が家計収支のバランスを回復すれば、笑顔も取り戻される。ある担当者は「それまで多重債務とそれによるトラブルに苦しんでいた相談者とその家族が、返済や今後の生活に見通しがつくことで笑顔を見せてくれる。これほど仕事冥利に尽きることはない」と、業務のやりがいを語ってくれた。

けんみん信組は二〇〇六年、財務局の指摘事項を踏まえ、自己査定基準の改定を行った（『ディスクローズ誌』二〇〇七年一一月）。その結果、二〇〇七年三月期と〇八年三月期は貸倒引当金の積み増しなどから当期純損失となったが、一〇年三月期には一一二二・四万円の当期純利益を計上した。また、改正貸金業法の「総量規制」の導入などを見据え、〇九年には新たに「らいふぷらんセンター」を各店に設置し、多重債務を含めた相談体制のさらなる充実を図っている。

参考資料

中村堅太郎［一九九八］『長崎けんみん信組の新航路』ダイヤモンド社
高津成志［一九九九］『異常が正常』ビーケーシー
長崎県民信用組合ウェブサイトおよび各種資料
長崎県民信用組合『ディスクローズ誌』二〇〇七～二〇一一年
日本司法書士連合会ウェブサイト

ケーススタディ6　いわき信用組合の多重債務問題への取り組み

消費者ローン市場への本格参入

福島県いわき市に本店を置くいわき信用組合（以下「いわき信組」、第八章も参照）は、二〇〇〇年頃まで企業・事業者向け融資の割合が高く、個人利用者は少なかった。営業地域も限定されており、他金融機関との差別化は生存戦略上も喫緊の課題であった。こうした状況のなか、いわき信組は「地域の個人ニーズに対応した金融サービスの提供」を掲げた抜本的な経営改革を断行した。

今日の多くの地域金融機関は、大都市圏に与信（貸付・保証など）部署を集約させた信販会社や、信用保証業務等も併せて行う消費者金融会社と提携することで、リスクヘッジを行うとともに提携会社の審査ノウハウを活用し、消費者ローン業務の効率化を図っている。いわき信組も四つの信用保証会社と提携している。

しかし、同信組の総務部長（現理事長）は、顧客審査を提携する信用保証会社等にすべて委ねてしまうことに疑問を持ち、若手職員を集めて議論を開始、やがて「自らの顧客は自らで審査する」という方針を打ち立てた。このような経緯から、いわき信組は顧客データに基づく独自の自動審査システムを開発、二〇〇一年四月に稼働させ、消費者ローンの取り組みを本格化させた。

同信組が独自審査にこだわった背景には、大手信用保証会社等の審査システムは規格化・画一化されており、地域性を反映できないということがある。たとえば、大都市から地方に転職してきた人がマイカーローンを申請する場合、規格化した審査システムでは勤続年数の関係で融資を受けられないこともある。また、大都市圏と地方の所得格差や個々の家庭環境など、書面審査だけではわからない事情も多い。

いわき信組では、規格化した審査システムではこぼれ落ちてしまうが、独自の審査システムを使えばすくい上げられる顧客がいると判断したのである。独自審査でリスクが低いと判断されれば、保証人を付けることなどを条件にプロパー融資で対応することにしている。

いわき信用組合本店外観

消費者ローンの本格的な開始以降、複数の金融機関への債務を一本化する借換ローンのニーズが予想外に高かったこともあり、〇一年八月には「おとりまとめローン」をスタートさせた。

〇九年三月現在、いわき信組の消費者ローン（カードローン、証書貸付）のうち、プロパー比率は三〇％、その約七割が大手信用保証会社等の審査ではこぼれ落ちる案件であった。そして、「おとりまとめローン」開始後七年間の累積貸倒件数はわずか三四件という実績を誇っている。

図3－7は、いわき信組の証書貸付型ローンの融資額推移を表したものである。五年間の平均で、証書貸付型ローン全体に占める「おとりまとめロー

図3-7　いわき信組の証書貸付型ローンの融資額推移

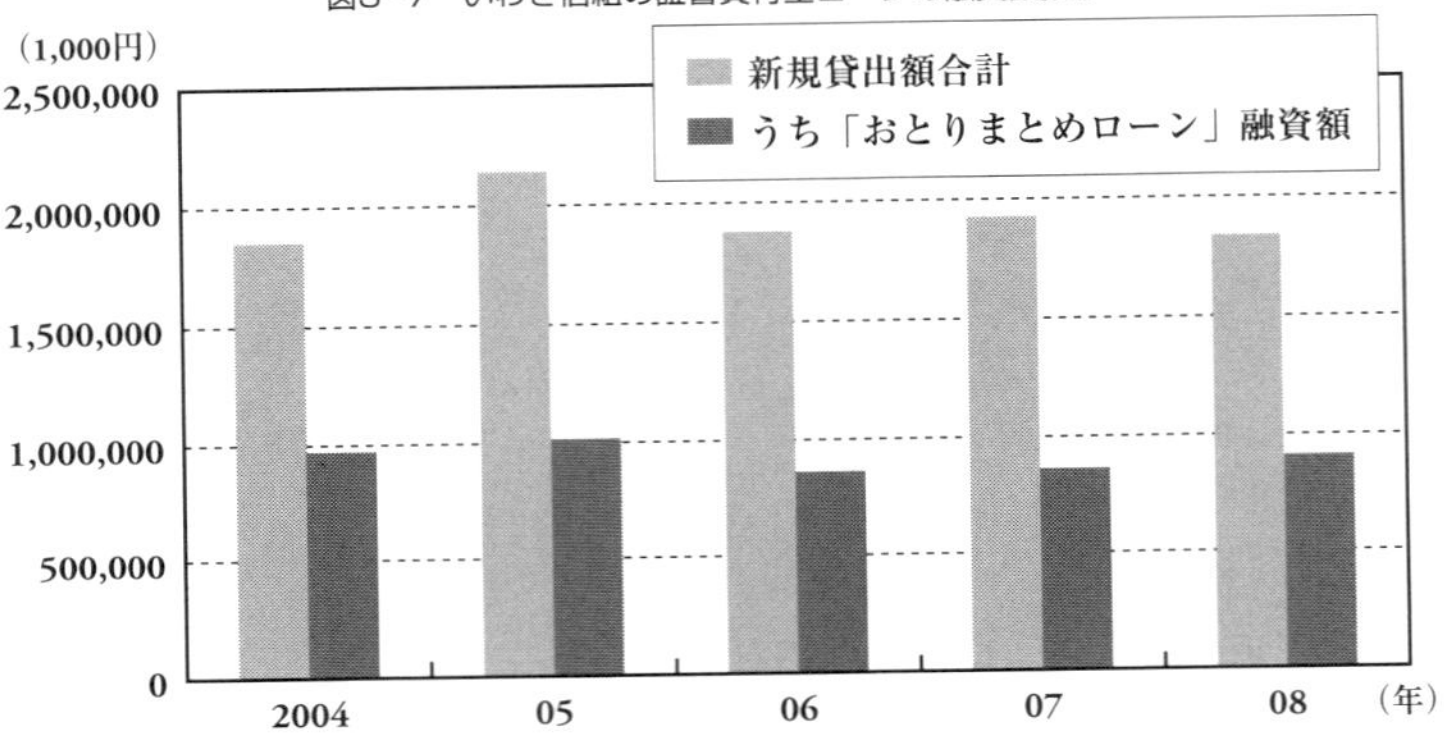

出所：いわき信用組合資料

ン」の融資額は約四八％に上っている。

ローンセンターの開設

現在、いわき信組では消費者ローンを扱う専門部署「個人業務課」を設置し、各営業店で受け付けられた案件はすべてそこに集約される体制をとっている。さらに二〇〇七年三月には、専従担当者を配置した「ローンセンター」を開設した。

このローンセンターは小口ローン、マイカーローン、教育ローン及び「おとりまとめローン」を専門としており、住宅ローンの取扱はほとんどない。店舗は旧鹿島街道の沿線道路沿いにあり、周辺には市内最大のニュータウンが位置し、消費者ローンの需要が見込める立地である。職員は正職員四名のほか、嘱託・パート職員を含め総勢七名が常駐する。

入店するとすぐに受付があり、その右側には子連れで訪れた相談者が子どもを遊ばせておけるキッズコーナーと相談カウンターがある。内装や什器は温かみのあるベージュ色で統一されている。キッズコーナーは月に二～三回程度しか利用がないが、玩具なども用意されており、子ども連れでもゆっくり落ち着いて相談ができるように配慮されている。初めて来店した顧客は相談カウンターでの応対となるが、多重債務相談の場合は個室ブースに案内される。

ローンセンター以外の全営業店で受け付けた消費者ローンの申込は、前述の個人業務課を経由してローンセンターに集約され、提携する信用保証会社等に対する審査依頼もセンターで一元管理されている。こうした業務の集約化による最大のメリットは、ローン申込書の記入漏れやミスが減ることであり、このことが信用保証会社の承認率の向上をもたらしてもいる。

また、金融機関は融資後も、返済を延滞した顧客に督促状を送付するなどの管理を行わなければならない。これらを怠ると後に信用保証会社に代位弁済*を否認されることになる。しかし現在ではローンセンターで業務を集約するようになったため、そうしたミスが防止されるとともに、各営業店の業務負担も軽減されている。

（上）いわき信組ローンセンター
（下）ローンセンター内のキッズコーナー

＊　代位弁済とは、信用保証会社の保証付き融資を受けて返済ができなくなった場合に、信用保証会社が債務者に代わって金融機関に借入金の全額を返済することをいう。これによって債権は信用保証会社に移るので、債務者の以後の返済先は信用保証会社ということになる。ただし金融機関は代位

弁済の請求の際、保証条件に逸脱があると、信用保証会社から代位弁済を否認されてしまうことがある。

顧客対応のモットー

消費者ローンに取り組む上でいわき信組が重視しているのは「顧客の希望を最優先すること」である。たとえば顧客が融資を申し込むと、一般的に信用保証会社等の審査結果には「融資可能額」が出てくるだけであり、それが希望額に満たなければ、顧客は他の金融機関で不足金額を借入し、結果的に多重債務につながることも少なくない。

いわき信組ではこのようなことを避け、顧客の希望を最大限汲むよう努めている。具体的には、たとえば顧客が希望額に多少欠けても保証人不要の迅速な融資を求めている場合は提携保証*を実施し、時間がかかっても希望する満額の借入を望む場合はプロパー融資を行うなど、臨機応変に対応している。

＊ 提携保証とは、金融機関が提携している信用保証会社の審査をクリアした顧客に対して保証決定を与えること。金融機関は信用保証会社の判断を受けて融資を決定ないし否決する。

提携保証型商品にはマイカーローン、フリーローンやカードローン等がある。いわき信組では消費者ローンの案内チラシの裏面をローン申込書にしている。本来ならば申込者には、各信用保証会社ごとの書式の審査申込書（つごう四通）に記入してもらわなければならないが、いわき信組ではその煩を避け、四社と事前に申し合わせた上で独自の「共通申込書」を用意することで、申込者の負担を軽減する工夫を行っているのである。また、審査結果は迅速に顧客とその担当者に伝達するよう徹底している。

プロパー融資、とりわけ「おとりまとめローン」については、来店してもらえればフェイス・トゥ・フェイスで、ファクスなどによる申込の場合でも、指定された連絡先に担当者から電話し、債務の借入時期や金額、借入の経緯などをヒアリングする。

ヒアリングに際しては、多重債務の再発を防ぐため、日を改めて配偶者や家族を交えた面談を行うこともある。過払金の返還が見込まれる場合は請求手続についてアドバイスしたり、債務整理などを行う必要がある場合には連携している司法書士を紹介する。

ヒアリングの結果に加え、提携する信用保証会社からの審査結果、個人情報センターの照会結果などを総合的に検討し、プロパー融資を実行するかどうかを決定する。その際、融資に条件（保証人を付けるなど）が付くこともあり、その場合は担当者が顧客に条件を提示する。

消費者ローンは高い利ざやを確保できるが、一方でリスクのコントロールが大きな課題であった。地域金融機関の多くはこの課題に対応するため、大手信用保証会社と提携するというビジネスモデルを採用した。しかし、地域によっては競合する金融機関が同じ信用保証会社と提携しているために、地元の顧客を奪い合うという事態も生じた。

このような「需給ギャップ」を解消し、地域の資金ニーズに応えていくには、各金融機関が地域の特性を踏まえてサービスを創出していくほかはない。いわき信組の担当者は、「ローンの審査では、地域に根づいた生活者の感覚が不可欠」と語ってくれた。そうした情報や感覚は、まさに地域金融機関の強みである。

改正貸金業法の完全施行と景気の低迷を受けて、最近では一〇〇万円未満の小口資金のニーズが高まっている。社会福祉協議会の貸付制度への申込が急増している地域もある。このような社会情勢のなかで、地域の生活者感覚を武器に、地域のローンのニーズを掘り起こすとともに多重債務問題の解決にも携わっているいわき信組のビジネスモデルは、地域金融機関の今後の針路について多くの示唆を与えるものといえる。

参考資料

いわき信用組合各種資料

第四章　バリアフリー店舗を中心とした来店誘致戦略

金融機関のバリアフリー店舗化

金融機関で初めて本格的なバリアフリー店舗*が導入されたのは、大分銀行「太陽の家支店」である。同支店は一九八〇年、別府市に本部を置く障がい者授産施設、社会福祉法人太陽の家（以下「太陽の家」）の敷地内に開設された。

＊　バリアフリー（barrier free）とは、「都市構造や建築物等の物理的な障壁を除去する」（『厚生白書平成四年版』）ことを意味する。一方、星加［二〇〇九］によれば、米国では「バリアフリーは障害者のみが使う仕様を意味するものとして否定的に捉えられている」ため、「アクセシビリティ（accessibility）」という用語が一般的だという。二〇〇六年一二月に国連で採択された障害者権利条約（日本は〇七年九月に署名）においてもこのアクセシビリティが用いられている。また関連する概念として、故ロナルド・メイス氏（米ノースカロライナ州立大学ユニバーサルセンター元所長）が唱えた「ユニバーサルデザイン（universal design）」がある。これは「年齢や能力に関

わりなく、全ての生活者に対して適合するデザイン」（経産省ウェブサイト）とされ、バリアフリーより広義の概念となっている。ただし本書では、英語のアクセシビリティの語義を表す語として日本語で一般的に用いられている「バリアフリー」を用いる。

「太陽の家」は、身体障がい者に働く機会を提供するため、一九六六年に授産施設を開所。現在は、オムロン（七二年）、ソニー（七八年）、ホンダ（八一年）、三菱商事（八三年）、デンソー（八四年）、富士通サポート&サービス（九五年）などとの共同出資会社を設立している。大分銀行は協力企業の一つとして、授産訓練のために「太陽の家」に仕事を提供してもいる。

大分銀行が「太陽の家支店」を開設した動機は、障がい者雇用の理念を経営に取り入れることであった。筆者が訪問した二〇〇八年当時、同支店の職員一〇名のうち二名（現在は職員一二名のうち一名）が身体障がい者で、テラー（窓口）業務とオペレーター業務を担当していた。

「太陽の家支店」は開設からすでに三〇年以上経ち、その間バリアフリー施設はかなり進展・多様化した。しかし同支店の設備は、段差のない幅広の通路、滑りにくい床、足元に車いすを収納できるテラーカウンター、身長の低い人に配慮した記帳台など、現在のバリアフリー施設と比較しても何ら遜色のない十全なものである。

「太陽の家」は一九八四年、自動車部品大手のデンソーの協力を得て愛知県蒲郡市に「愛知太陽の家」を設立した。その経営は「太陽の家」の愛知事業本部と、デンソーと「太陽の家」とデンソー太陽の家㈱（デンソーと「太陽の家」との共同出資会社）が担っている。前者は健康管理と生活指導を担当し、後者は自動車用コンビネーションメーターの組立などを行い、身体障がい者の自立支援に取り組んでいる。この「愛知太陽の家」の敷地内には、蒲郡信用金庫が一九八五年にやはりバリアフリー店舗の「太陽の家支店」を開設した。

大分銀行と蒲郡信金の「太陽の家」支店は、いずれも誰もが安心して来店できる本格的なバリアフリー店舗の先駆けであり、開設以来地域の人びとに親しまれている。その詳細は本章のケーススタディで紹介するが、八〇年代当時、両支店のような徹底したバリアフリー店舗は例外的であり、多くの金融機関は段差の解消やスロープの設置などにとどまっていた。

しかし近年、本格的なバリアフリー店舗が金融機関でも広くみられるようになってきた。入口にはスロープを設置し、ＡＴＭには目の不自由な人も音声ガイダンスに従って操作することができるようハンドセット（プッシュボタン付き受話器）を装備している店舗が増えた。また、かつて金融機関の店舗では一般的に、セキュリティの観点から顧客用トイレを設置していなかったのが、最近では多目的トイレ（身体障がい者や人工肛門・膀胱保有者も使用でき、乳幼児のケアにも適したトイレ）のある店舗も増加している。

このように金融機関がバリアフリー化を行うようになった背景には、①ＣＳＲに対する関心の高まり、②高齢化社会への対応、③「高齢者、障害者等の移動等の円滑化の促進に関する法律」（バリアフリー新法）の施行（二〇〇六年一二月）や、各地方自治体による「福祉のまちづくり条例」などの制定、などを挙げることができるだろう。しかし金融機関にとってバリアフリー化は、本業の個人リテール業務強化の観点からも重要性が高まっている課題である。

従来、金融機関は法人業務に重点を置くものとされ、個人リテール業務に中心的な役割を果たす店舗の設置は法律で厳しく規制されていた。しかし金融機関側からみれば、利益拡大の点で店舗の規制は妨げであった。このため金融業界では長らく、「銀行行政の歴史は店舗行政の歴史」とさえいわれていた。だがこれらの規制も八〇年代以降大幅に緩和され、今日では個人顧客向けの投資型金融商品の販売や資産運用相談業務に不可欠な店舗が数多く開設されるに至っている。そうしたなかで、店舗のバリアフリー化は個人顧客の来店誘致を図る重要な手段の一つと認識されるようになったのである。

本章ではまず金融機関の店舗規制緩和の歴史を概観する。その上で、近年のバリアフリー化による店舗戦略とＣＳＲとの関係を検討する。

戦後の店舗行政

戦後の店舗行政は銀行法第八条を根拠に、銀行法施行規則、銀行局長通達等によって設置場所、設置数、職員数、営業時間などが厳しく規制され、金融機関の店舗戦略は大きな制限を受けることとなった。店舗の開設が認可制とされたのには、主に次のような理由があった（小山［一九九五］）。

①開設を経営者の自由に委ねてしまうと、店舗が過度に増え、過当競争によって経営の健全性やサービスの質が損なわれる。

②金融機関は地域の資金供給に影響力を有するため、業務の的確性と公正性、効率的な運営を実現する義務があり、それらを満たさない店舗は開設させるべきでない。

③店舗が特定地域に集中した場合、地価や家賃の高騰を招く可能性がある。

だが一九八〇年代後半以降、こうした店舗に関する規制の緩和が急速に進展し、金融機関の店舗戦略は大きく変化していくことになる。金融機関の店舗に関する規制緩和の経緯は、おおよそ次の三つの時期に分けられる。

第一期：一九八〇年代から九七年の店舗規制に関する通達（発出：旧大蔵省）廃止まで　金融機関は個人預金の獲得に重点を置き、さらなる稠密なネットワークの構築をめざしていた。しかし、バブル崩壊による収益力の低下や、ＢＩＳ規制の適用で自己資本強化等を求められたことで、都銀、第二地銀等の店舗数は九三年をピークに減少に転じた。

第二期：金融ビッグバン（一九九六年）から二〇〇〇年まで　この時期にはチャネルの多様化と既存店舗の統廃合が進んだ。規制緩和による新たなキャッシュポイントの誕生によって、消費者はより金融機関にアクセスしやすくなった。一方で不良債権問題の深刻化により、主に大手金融機関が安定収益を確保するため、個人リテール業務に本格的に取り組み始める。

第三期：二〇〇一年から今日まで　二〇〇一年前後から、銀行、証券、保険の垣根を取り払う法改正が次々と実施された。この時期の規制緩和は、設置数などを中心とした店舗の規制ではなく、金融業への他業種からの新規参入や販売チャネルの拡大に関する規制を取り払うものだった。これにより金融機関の店舗戦略はさらなる展開を求められていく。

以下、この三期についてそれぞれ概観していこう。

店舗規制緩和の第一期――一九八〇年代～九七年

金融機関の発展の条件は、①良い取引先・顧客をもつこと、②良い店舗配置をもつこと、といわれる（佐竹・橋口［一九六七］）。しかし先に述べたように、戦後長らく金融機関の店舗開設は主に数と立地の面で厳しく規制されていた。それが一九八〇年代に入る頃から急速に緩和されていく。まず一九七九年には小型店舗や機械化店舗が、八六年には消費者金融店舗が認められた。* しかし当時は預金、個人・法人貸付、為替など金融業務全般を行うフルバンキング型店舗が主流であり、小型・機械化店舗はまだ少なかった。

＊　小型店舗と機械化店舗は、一般店舗よりも投資額を抑制する上、きめ細かなサービスを可能にするとの観点から認められた。その際小型店舗は取扱業務には制限がないものの、人員数は当初原則一〇名以内とされた。機械化店舗は預貯金、消費者金融に限定した貸付業務、内国為替業務およびこれらの付随業務のみ取り扱えるものとし、ATMが主体となった。人員数は原則四名以内とされ、出張所扱いとされた。設置場所には制限がなかった（『第二八回銀行局金融年報昭和五四年版』より）。

消費者金融店舗の大きな特色の一つは、デパートやスーパーの建物内で消費者金融業務（消費者ローン、住宅ローンなど）を営むことができることにあった。窓口で預金業務を行うことはできないが（CD・ATMの設置は可能）、入っているデパートやスーパーと同じ営業時間が許され、土日営業も可能な点が有利であった。しかし、一九八〇年代末以降、各金融機関が次々にサンデーバンキング（CD・ATMの日曜稼働）を導入したことで閉店が相次ぎ、一九九三年の店舗規制に関する通達により機械化店舗に統一された（『第三五回銀行局金融年報昭和六一年版』より）。

店舗行政のより重要な規制緩和は、一九八一年のいわゆる「三〇〇メートル行政」の導入と、八五年の容積率基準の導入である。* この規制緩和を受けて、金融機関は都心部・郊外ターミナル駅周辺にフルバンキングの有人店舗を新規出店することが可能となった。

＊ それまで金融機関の一般店舗の新設は、周囲五〇〇メートル以内に立地する同種の金融機関が二店未満、かつ同種・異種の金融機関が合わせて四店未満の場所に限られるとされていた。この「周囲五〇〇メートル」という範囲が一九八一年に三〇〇メートルに緩和され、店舗の新設が容易となった。また小型店舗の設置基準も、一般店舗にならうものとされた（『第三〇回銀行局金融年報昭和五六年版』より）。
また八五年の規制緩和では、三大都市圏（東京都区内、大阪市内、名古屋市内）の特に経済集積度の高い場所に一般店舗を新設する場合は、周囲一五〇メートル以内に中小金融機関が四店未満であることが条件とされた。ここでいう「経済集積度の高い場所」とは容積率（敷地面積に対する建築延べ面積の割合）が九〇〇％以上の場所をさす。この緩和で大都市圏での出店が従来に比して容易になった（『第三四回銀行局金融年報昭和六〇年版』より）。

八七年度には、普通銀行の店舗外ＣＤ・ＡＴＭの設置数規制が企業内に設置する場合を除き、原則撤廃された（なお、当時の相銀・信金は八六年度に店舗外ＣＤ・ＡＴＭ設置数規制が撤廃された）。これを受けて金融機関は店舗とＡＴＭによる稠密なネットワーク網を構築することが可能となった。加えてビル内の一・二階以外ならば自由に出店できる法人取引店舗の設置（いわゆる空中店舗）が認められた。そして九〇年代初頭には、主に大手金融機関が日曜日にＣＤ・ＡＴＭを稼働させるサンデーバンキングを開始し、顧客の利便性はさらに高まった。

規制緩和はその後も進み、九三年には地銀、第二地銀、信金、九五年には都市銀行等の一般店舗および小型店舗の設置数規制が完全撤廃された。

表4－1　業態別金融機関の支店数の変化

（単位：店）

年	都銀	地銀	第二地銀	信託銀行	信金	信組	農協
1990	2,976	6,518	4,318	371	7,255	2,945	16,321
1991	3,042	6,632	4,402	379	7,452	2,982	16,218
1992	3,073	6,810	4,489	386	7,556	2,989	16,164
1993	3,079	6,925	4,505	389	7,696	3,012	16,046
1994	3,011	7,059	4,444	382	7,785	3,008	15,974
1995	2,985	7,082	4,453	380	7,860	2,984	15,875
1996	2,968	7,097	4,443	378	7,944	2,904	15,714
1997	2,946	7,090	4,421	357	7,990	2,872	15,568
1998	2,901	7,057	4,364	346	8,031	2,822	15,368
1999	2,632	7,014	4,337	399	8,050	2,677	14,951
2000	2,530	6,938	4,255	389	8,004	2,575	14,642
2001	2,409	7,044	3,931	367	7,842	2,265	14,346
2002	2,358	6,913	3,772	321	7,781	2,327	13,836
2003	2,147	6,747	3,513	242	7,673	2,008	13,358
2004	2,104	6,689	3,315	233	7,471	1,973	12,542
2005	2,056	6,712	3,128	228	7,312	1,943	11,750
2006	1,948	6,652	3,082	229	7,196	1,901	11,213
2007	1,916	6,607	3,044	227	7,172	1,858	10,110
2008	1,956	6,620	3,025	227	7,128	1,826	9,587
2009	1,966	6,627	3,019	226	7,126	1,785	9,173
2010	1,984	6,678	2,915	211	7,089	1,765	8,948
減少率	35.6%	5.9%	35.3%	47.1%	11.9%	41.4%	45.2%

注：●網掛けは1990年以降のピークを表す。
●信組と農協は本店，支店，出張所を合わせた数値。
●「減少率」はピーク時と2010年3月末との比較で算出した。
出所：（財）金融情報システムセンター編『金融情報システム白書』各年度

九七年には人口集中地域にほぼ自由な店舗展開が可能となり、人員基準、出張所の業務取扱基準が緩和されるとともに、店舗新設の際に旧大蔵省へ事前届出を行う内示制度も廃止された。さらに、支店、ＡＴＭ、インターネットバンキングの営業時間の届出制が廃止され、ＡＴＭの二四時間化が容易になった。

九七年、店舗規制に関する通達が廃止されたことで、金融機関の新規出店の自由度は飛躍的に増した。しかし、都銀、第二地銀、信組の支店数は九三年三月末をピークに減少を続けた（**表4－1**）。この時期の金融機関はバブル崩壊に伴う多額の不良債権の処理に追われていた上、

ＢＩＳ規制*の適用によって自己資本比率の強化等を求められており、新規出店を抑制する傾向にあった。また、店舗の数量規制が撤廃された九〇年代半ばは、来店顧客の八～九割をＡＴＭ利用が占め（福原［一九九五］）、店舗の役割が相対的に低下していた。そのため、各金融機関は出店・維持コストの高い店舗チャネルを削減し、ＡＴＭを増加させることでキャッシュポイントのネットワーク網を補完していった。

＊　ＢＩＳ規制とは銀行の自己資本比率規制を意味し、バーゼル合意とも呼ばれている。一九八八年、バーゼル銀行監督委員会によって導入が決定されたもので、「国際銀行システムの健全性と安全性の強化」「国際業務に携わる銀行内の競争上の不平等の要因軽減」を目的に、自己資本比率が八％を下回る銀行が国際業務を行うことを禁じた。バーゼル銀行監督委員会は七四年、当時の西独・ヘルシュタット銀行の経営破綻に伴う市場の混乱を契機に設立された、先進一〇カ国中央銀行総裁から成る委員会で、通貨および金融の安定化を目的に各国中央銀行間の協力促進などを行う。事務局は各国中央銀行から預金の受入などを行う国際決済銀行（ＢＩＳ：Bank for International Settlements）内に設置されている。八〇年代後半、日本の銀行は積極的な海外展開を行っていたが、このＢＩＳ規制が八八年以降の移行期間を過ぎ九二年度末から本格適用されたことを受け、その多くが自己資本増強に向けて融資抑制をはじめ経営戦略を見直すこととなった。
　なおバーゼル銀行監督委員会は二〇〇四年六月、「自己資本の測定と基準に関する国際的統一化・改定された枠組」を公表した。いわゆる「バーゼルⅡ」と呼ばれるもので、〇七年三月末に実施された（先進的リスク計測手法を採用していた銀行に対しては〇八年三月適用）。また〇八年のリーマンショック以降は、新たな自己資本比率規則（バーゼルⅢ）が議論されている。

店舗規制緩和の第二期――金融ビッグバン（一九九六年）から二〇〇〇年まで

（1）規制緩和と店舗統廃合

第二期における規制緩和の特色は、店舗形態の自由化によってインストアブランチやインブランチストアなど、多様な店舗展開が可能となったことである。「インストアブランチ」とは、金融機関が商業施設内等に支店や出張所を開設する店舗形態で、九〇年代半ば以降の規制緩和を受けて誕生した。九七年、旧阪神銀行（現みなと銀行）が神戸市内のショッピングセンターに出店したことが始まりといわれ、今日では多くの金融機関が主に個人顧客の獲得、投資型金融商品の販売、新規口座の開設や書類の受け渡しをはじめとした一般店舗の業務内容を補完する目的で、各地にインストアブランチを開設している。

九八年六月には、店舗建物の第三者への賃貸を規制していた「営業用不動産の有効活用に関する通達」が廃止された（『ニッキン』一九九八年五月一五日）。これによって店舗スペースの有効活用策として、コンビニやドラッグストア、カフェ、ファストフード店などを誘致する「インブランチストア」が可能となった。

こうした一連の規制緩和によって金融機関の店舗は多様化し、従来よりも利用者に密着した店舗展開が可能となったが、一方で支店数は各行の大規模な統廃合により大きく減少していった。前掲表4－1にある通り、二〇一〇年三月末にはピーク時と比べて都銀三五・六％、地銀五・九％、第二地銀三五・三％、信託銀行四七・一％、信金一一・九％、信組四一・四％、農協四五・二％と、地銀・信金を除けば軒並み三〜四割前後減少している。なかでも都銀、信託銀行、信組、農協の削減率は著しい。都銀と信託銀行の支店削減の主な要因は、早期是正措置の導入（九八年）に対応して資本効率を向上させる必要があったことで、信組の場合は合併や経営破綻等によるものであった。一方、地銀は、地域密着型経営の観点から支店網を維持する方向に向かったため、減少率は低くなっている。

さらに、九〇年代後半は、金融機関が安定収益を確保するためリテール業務を本格化し、店舗機能の見直しや店舗網の再編に着手した時期でもあった。各金融機関は、営業地域をエリアごとに区切り、法人業務を母店（フルバンキング型支店）に集約する一方で、個人リテール業務をサテライト店（主に個人顧客を対象に預金業務や投資型商品の販売等を行う店舗）に移管することで、全支店がすべての業務を行う従来のフルバンキング体制から、より機動力のある営業体制への転換を図った。またインストアブランチやインブランチストアも、リテール強化策の一環として位置づけられた。

（2）金融機関ATMからコンビニATMへ　九〇年代後半にはまた、維持コストの高い店舗よりも、低コストのテレフォンバンキングやインターネットバンキング等のダイレクトチャネルが次世代チャネルとして注目された。店舗においてはCD・ATM設置台数が増加し、二〇〇〇年前後にピークを迎える。

だがその後、CD・ATMの設置台数は徐々に減少に転じていった（**表4－2**）。二〇一〇年三月末におけるCD・ATMの設置台数はピーク時と比較し、都銀一八・八%、地銀一・七%、第二地銀一・一%、信託銀行五〇・三%、信組二六・五%、農協六・一%の減少となっている。それに対して信金は、微減した年もあるが全体として増加の傾向にある。

CD・ATMの設置台数が減少した背景には、先に述べたチャネルの多様化とともに、コンビニエンスストア内ATMの増加がある。

表4－2　業態別金融機関のCD・ATM設置台数の推移　（単位：台）

年	都銀	地銀	第二地銀	信託銀行	信金	信組	農協
1990	19,724	20,681	8,290	906	11,915	2,432	10,840
1991	22,218	23,182	8,974	937	12,790	2,668	11,374
1992	24,980	25,065	9,558	970	13,498	2,879	11,735
1993	27,256	26,986	10,074	998	14,293	3,001	11,989
1994	28,780	28,766	10,493	971	14,752	3,045	12,227
1995	29,892	30,200	10,964	992	15,712	3,111	12,447
1996	30,976	31,870	11,502	996	16,458	3,065	12,572
1997	31,452	33,243	12,149	976	17,234	3,090	12,744
1998	31,908	34,564	12,491	963	18,107	3,106	12,864
1999	30,634	35,584	13,555	1,120	18,577	2,980	12,998
2000	30,652	36,269	13,625	1,113	19,136	2,934	13,097
2001	29,553	34,926	13,153	1,060	19,416	2,871	13,159
2002	28,958	35,635	12,917	933	19,653	2,795	13,116
2003	27,499	35,146	12,518	796	19,656	2,485	12,997
2004	26,464	34,635	11,971	675	19,381	2,401	12,773
2005	25,806	35,111	11,634	591	19,223	2,370	12,241
2006	25,515	34,991	11,804	580	19,341	2,348	12,398
2007	25,289	35,544	13,269	575	19,596	2,324	12,546
2008	25,215	35,669	13,419	554	19,797	2,303	12,347
2009	25,917	35,640	13,473	557	19,927	2,286	12,351
2010	25,758	35,575	13,148	554	19,940	2,269	12,299
減少率	18.8%	1.7%	1.1%	50.3%	——	26.5%	6.1%

注：●網掛けはピークを表す。
　　●「減少率」はピーク時と2010年3月末との比較で算出した。
出所：（財）金融情報システムセンター編『金融情報システム白書』各年度

一般的に店舗外ＡＴＭは駅前周辺などの繁華街に多く設置され、住宅街には少なかった。住宅街にも多く立地しているコンビニエンスストア内に設置されることで、消費者のアクセスの点で有力なチャネルとなった。また二四時間営業であることがサービス面でも消費者のニーズに応えることができる上、店舗外ＡＴＭよりも低コストで設置できるため、コンビニＡＴＭは急速に広がっていった。

図４－１、４－２は、セブン銀行（二〇〇一年開業、旧アイワイバンク銀行）とイーネット（一九九九年開業、コンビニＡＴＭ運営企業）のＡＴＭ設置台数の推移を表したものである。両社とも、金融機関が店舗外ＡＴＭ設置台数

図4－1　セブン銀行のATM設置台数推移

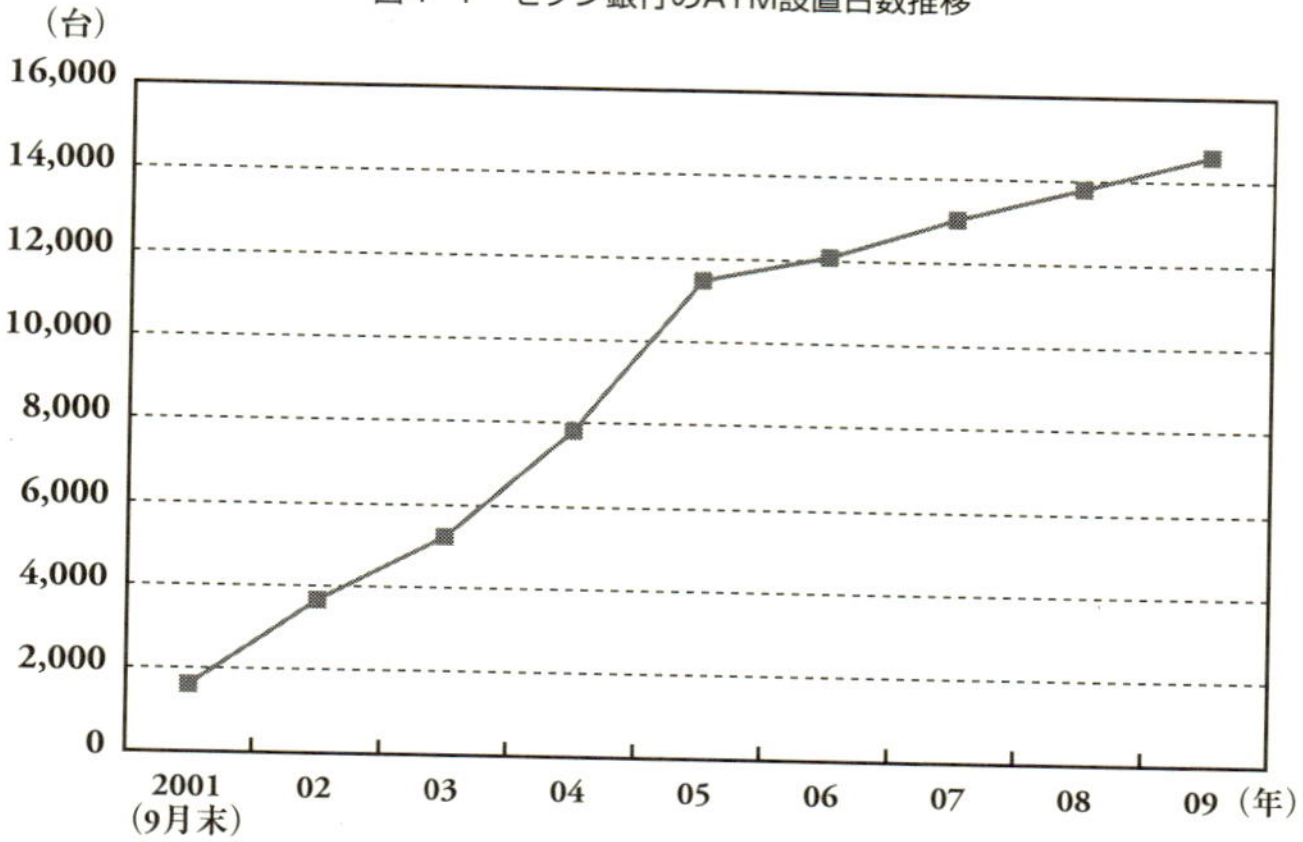

出所：セブン銀行ウェブサイト

図4－2　イーネットによるATM設置台数推移

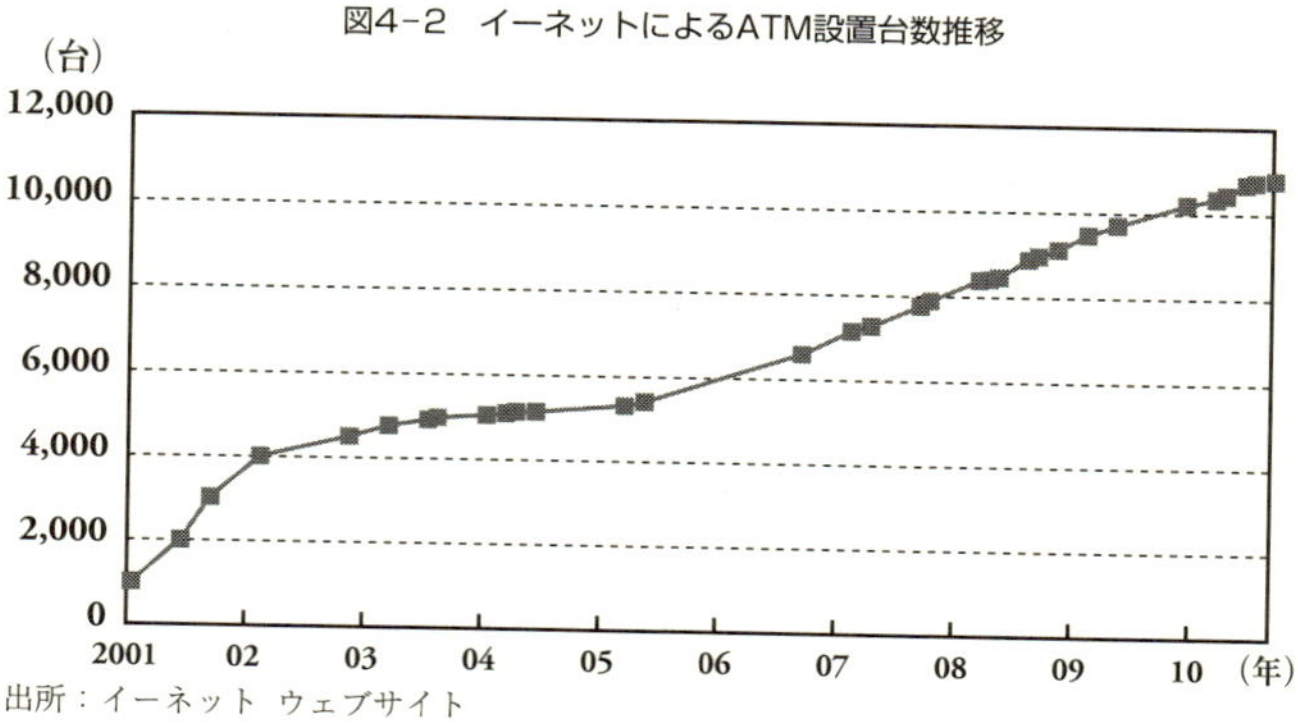

出所：イーネット ウェブサイト

を削減していった時期に設置台数を着実に増加させていることがわかる。

ただし、コンビニＡＴＭには、コンビニの開店・閉店によってキャッシュポイントが変化するというデメリットもある。**図4－3**は国内店舗数第二位（二〇一〇年現在）のコンビニ大手ローソンの店舗数推移を表したものである。毎年三〇〇～七〇〇店前後の開・閉店があることになり、コンビニの動向に合わせてキャッシュポイントが短

図4-3　ローソン店舗数の推移

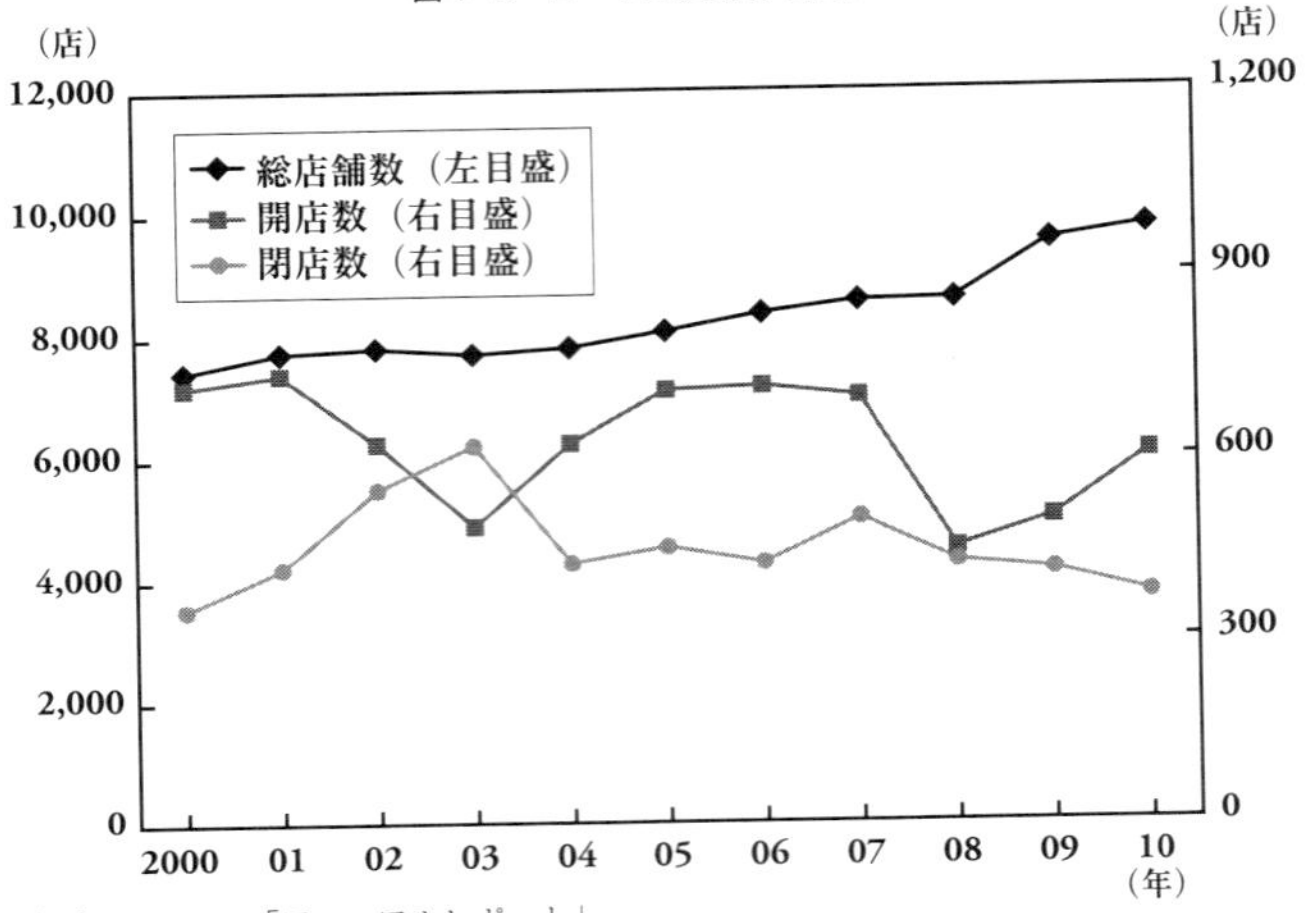

出所：ローソン「アニュアルレポート」

期間に変化する可能性があることを示唆している。

また、現在では多くの金融機関が店舗外ATMの削減を行っているが、その一方で、より利用頻度の高い場所にATMを新たに配置する傾向もある。その一つが駅構内の「ステーションATM」である。二〇〇〇年、地銀の旧池田銀行（現在は泉州銀行と合併、池田泉州銀行と改称）が阪急電鉄と共同で駅構内にATMを設置したのを皮切りに、関西アーバン銀行（阪急）、三菱東京UFJ銀行（阪急）、新生銀行（京急）、横浜銀行（小田急、相模）などもステーションATMを設置している（『日本経済新聞』二〇〇四年一〇月一七日）。

店舗規制緩和の第三期——二〇〇一年から今日まで

第三期の規制緩和の特徴は、二〇〇一年から今日まで続くワンストップ化の流れである。一九九六年一一月、橋本内閣は「我が国金融システムの改革——二〇〇一年東京市場の再生に向けて」と題する金融システム改革構想（いわゆる「金融ビックバン構想」）を公表した。これを受けて九八年には、個人投資家の資金を市場に呼び込むため、銀行、証券、保険各分野の垣根を取り払い、多種多様な金融商品・サービスを投資家や消費者に提供するための「金融システム改革法」をはじめ、抜本的な金融関連法が次々と成立した。これにより銀行、信金、信組、農協の窓口や保険会社でも投資信託の販売ができるようになり（〇五年以降は郵便局での販売も解禁）、競争が激化するとともに、金融商品の販売チャネルの多様化がもたらされた。つまりこの時期の規制緩和は、もはや第一期・第二期のように店舗の形態をめぐるものではなく、金融業界を質的に大きく変化させるものだったといえる。

二〇〇一年以降には、さらなる規制緩和により金融機関におけるワンストップ・ショッピング化（銀行、保険、証券各分野のあらゆる金融サービスを一つの店舗で販売できるようにすること）の流れが始まる。〇三年からは証券優遇税制が施行され、小泉首相（当時）は同年の施政方針演説で「『貯蓄から投資へ』の流れを加速する」と述べている。政府の目的としては、投資を促すことで、新産業や新企業を資金調達面で支援するほか、株価対策上の期待もあったといわれる。

こうした状況のもとで金融機関の店舗は、単に預金その他の事務処理を行うだけの場所ではなく、顧客のニーズに総合的に対応し、多様な金融サービスを提供する場として意識されていくことになる。

図4－4は、投資信託の純資産残高（契約型公募と私募の合計）の販売態別割合の推移を表したものである。九九年には、証券会社が全体の八九％を占め、銀行等は六・三％に過ぎなかった。しかし、〇九年には証券会社が四六・二％と大幅に減少しているのに対して、銀行等が五一・三％へと拡大し、投資信託

図4-4　投資信託（契約型公募・私募合計）の純資産残高の販売態別割合

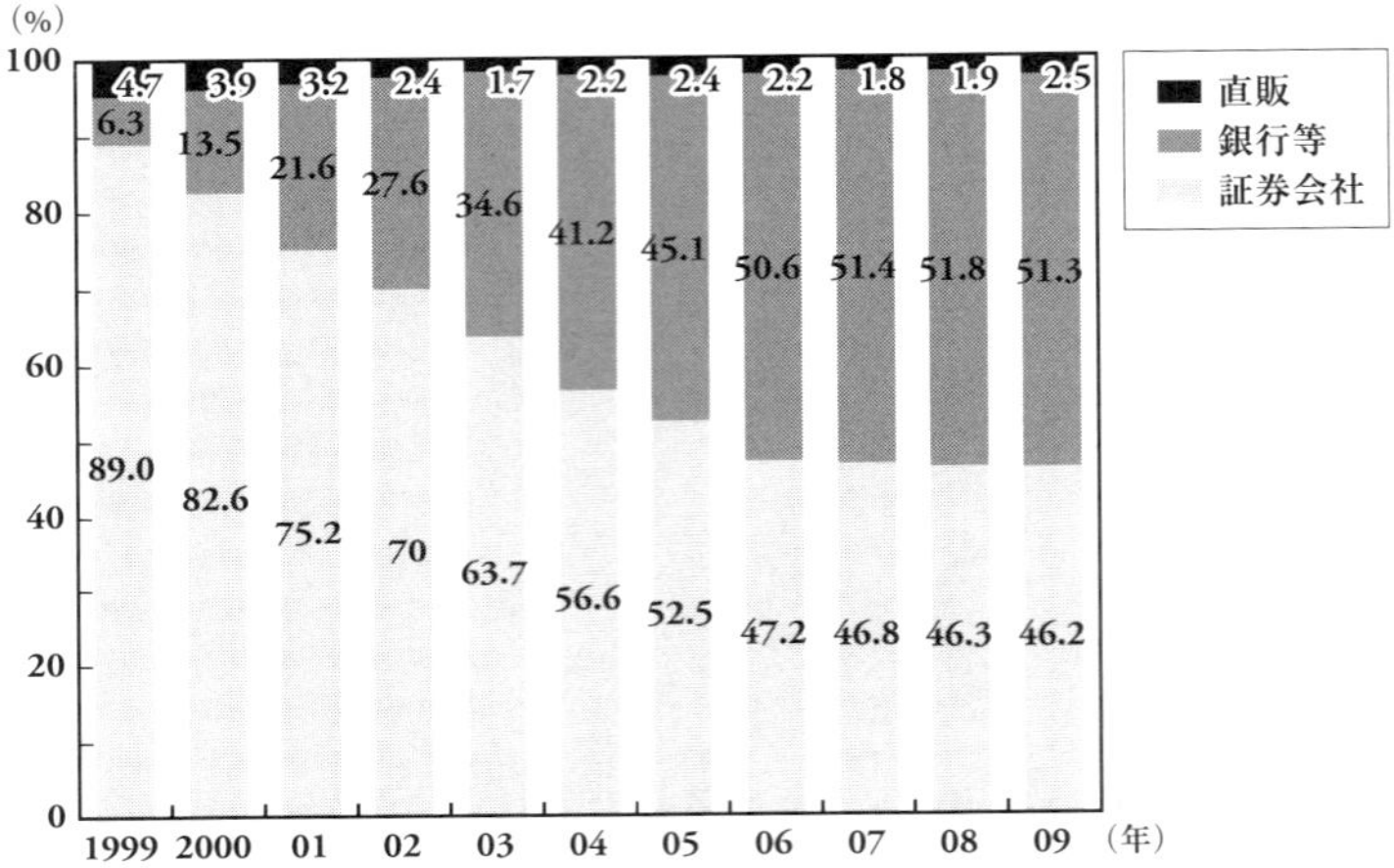

出所：（社）投資信託協会ウェブサイト

の販売チャネルが逆転していることがうかがえる。〇二年には「銀行法等の一部を改正する法律」により、今まで認可制とされていた支店等の設置が事前届出制とされ、リテール戦略の自由度がさらに増し、銀行等の金融機関はワンストップ・ショッピング化への動きを加速させていく。

以下では、金融機関の販売チャネルの多様化を促した規制緩和を、分野別に簡単にまとめておこう。

(1) 証券業務関係の規制緩和　金融庁が〇二年に公表した「証券市場の改革促進プログラム」により、系列関係にある銀行と証券会社が同じフロアで営業する共同店舗の出店が可能となった。

この規制緩和を受けてみずほ銀行は子会社のみずほインベスターズ証券との共同店舗を出店し、〇四年には旧三菱東京フィナンシャル・グループが系列の銀行、証券、信託銀行各社との共同店舗「所沢プラザ」を出店した。こうした共同店舗には、それまで証券になじみの薄かった顧客も訪れ、株式や債券を購入するようになったという。

また〇四年一二月からは「証券仲介業の解禁」により、銀行が顧客からの株式等の売買注文を証券会社に取り次ぐことができるようになった。

（2）信託業務関係の規制緩和　九三年、金融機関が信託銀行に業務を取り次ぐ（顧客を紹介するなど）ことを認めた信託契約代理店制度が地域金融機関にも適用されることとなったが、都銀のみ除外されていた。そこで〇二年、「金融機関の信託業務の兼営等に関する法律」が改正され、都銀にも信託契約代理店業務を認めるとともに、旧大和銀行以外の金融機関本体が信託業務を行うことが認可された。また、〇四年には改正信託業法が成立し、金融業のみならず一般事業会社も信託業務を行うことが可能となった。

（3）保険業務関係の規制緩和　保険商品の窓口販売については、〇一年に住宅ローン関連の信用生命保険・長期火災保険・返済支援保険や海外旅行傷害保険が、〇二年には個人年金保険、財形保険、年金払積立傷害保険、財形傷害保険が解禁された。その後、〇五年末に一時払養老保険や一時払終身保険など貯蓄性の高い商品、〇七年末には医療、ガン、自動車各保険も解禁された。

ただし、公益財団法人生命保険文化センターが〇九年九月に実施した「生命保険に関する全国実態調査〈速報版〉」によれば、〇四年以降の民間保険会社の直近加入契約（かんぽ生命を除く）の加入チャネルは、「銀行を通して」が二・六％（うち都銀一・一％、地銀・信金・信組合計一・一％、信託銀行〇・四％）と、金融機関の占める割合は低い水準にとどまっている。こうしたなか、金融庁は二〇一一年七月、金融機関が融資先の中小企業等（従業員数五〇人以下）の従業員に対し、一時払終身保険、一時払養老保険等の窓口販売ができるよう見直しを行った。これは内閣府令等を経て、二〇一二年四月に実施される予定である（金融庁ウェブサイト）。

ＣＳＲとしてのバリアフリー化

ここまで見てきたように、八〇年代から相次いだ規制緩和によって、金融機関の店舗はもはや単に事務処理を行うだけの場ではなく、顧客のニーズに総合的に応え、あらゆる金融相談に応じるための場として認識されていった。二〇〇〇年代半ばになると、各社が店舗のリニューアルを実施する。多くの金融機関が、相談業務に対応するためローカウンターやブースを配置し、それぞれのコーポレートカラーに彩られたスタイリッシュな内装・外観の店舗へと改装していった。

個人リテール市場における競争が激化するなかで、都市部に配置された店舗は今後も相談機能を重視した形態にシフトしていくと考えられるが、その一方で、誰もが安心して来店できる店舗でなければ相談機能も十分に発揮することができない。そこで、バリアフリーやユニバーサル・デザインを取り入れ、すべての人に使いやすく安全な店舗づくりが広く目指されるようになった。とりわけ資産運用相談に訪れる顧客の多くは高齢者であり、バリアフリー店舗はリテール戦略を強化するうえでも重要性が高まりつつある。これは高齢者や身体障がい者の社会参加を促進するとともに来店顧客数を増加させる点で、「本業を通じたＣＳＲ」であるといえる。また、最近では顧客満足度の向上といった観点もバリアフリー化を後押ししている。

金融機関を訪れる顧客は一般的に「早く用事を済ませて帰りたい」人が多く、滞店時間も短いのが普通である。しかし相談業務が重視されることでそれが長時間化することもあるため、授乳施設、トイレ、キッズコーナーなどが店内に設置されるようになった。全般的にこれらの施設の利用率は今のところそれほど高くはないが、個人リテール事業に注力し、顧客満足度に配慮している姿勢を表すシンボルとしても重要な意味を持っている。

トイレやエレベーターの設置などには大がかりな改修が必要となるが、都市部の店舗では設置スペースがない場合も少なくない。しかし、そうした大規模な設備の導入のみがバリアフリー化ではない。ＡＴＭの横に手すりを付けたり、杖置き場を設置するだけでも身体障がい者や高齢者にとっては格段に安全が増し、操作がしやすくなる。

たとえば多摩信用金庫では、振込用紙をＡ５サイズで統一していたが、「小さくて見づらい」という顧客の指摘を受けて倍のＡ４サイズに変更し、視認性の確保に努めている。同様に、最近ではＡＴＭの高機能化によってメイン画面の機能ボタンが小さくなっているが、多摩信金では使用頻度が高い機能ボタンのみをメイン画面に配置し、文字を拡大するなど操作性を追求している。これも重要なバリアフリーである。

ただし、店舗のバリアフリー化が行われても、こまやかな接客サービスや職員のチームワークの質的向上が伴わなければ、顧客の満足度を高めることはできない。そこで、店舗のバリアフリー化というハード面に加えて、接客サービスの向上をはじめとするソフト面の強化にも取り組み始める金融機関も増加しており、職員にサービス介助士《ケアフィッター》（高齢者や体の不自由な人が施設や設備を安心して利用できるようサポートする介助の専門家）の資格取得を奨励するなどの動きも高まっている。

また二〇一〇年からは視覚障がい者に対する振込手数料の見直しも進んでいる。最近では顧客をＡＴＭへと誘導するため、ＡＴＭの振込手数料が窓口のそれよりも低く設定されている。また近年ではハンドセットを装備したＡＴＭも増加し、音声ガイダンスによって操作性も向上している。しかしこれらのサービスは、入力操作を行うことができない視覚障がい者にとっては無意味であり、料金が割高でも窓口を利用する以外にない（選択の余地がない）という状況が続いていた。これを是正するため、視覚障がい者については窓口振込手数料をＡＴＭと同額にする動きが、とりわけ地域金融機関の間で広がっている（『毎日新聞』二〇一〇年三月二六日、同年一二月二〇日）。これはノーマライゼーション*の観点からも重要な取り組みといえる。

＊　ノーマライゼーションないしノーマリゼーション（normalization）とは、元デンマーク社会省行政官、故Ｎ・Ｅ・バンク－ミケルセン氏によって一九五〇年代から提唱されたもので、今日の社会福祉の基本理念の一つとして国際的に認知されている。七一年の第二六回国連総会で採択された「知的障害者の権利宣言」で初めて国際的に使用された。バンク－ミケルセン氏によれば、「たとえ障害があっても、その人を平等に受け入れ、同時に、その人たちの生活条件を普通の生活条件と同じものとするよう努める」考え方である（花村［一九九八］一五五頁）。

本章では、一九八〇年代から今日までの金融機関の店舗規制緩和の流れと、店舗のバリアフリー化の動向を概観した。従来、金融機関の店舗は多くの顧客にとってどちらかといえば敷居が高く、用事が済めば早々に立ち去るといった場所であった。しかし一連の規制緩和によってより自由な店舗展開が可能となり、各金融機関はワンストップ・ショッピング化のための金融サービスの充実とともに、それに即した来店誘致戦略をも求められるようになった。

このような動きは、「貯蓄から投資へ」という流れを受け、金融機関店舗で投資型金融商品が扱われるようになるとさらに加速し、多くの金融機関が投資を中心とした相談業務に力点を置くことになった。店舗のバリアフリー化による来店誘致もこの流れの中に位置づけることができるが、同時にそれは、誰もが安心して参加できる地域社会づくりの一環としての意義も大きく、金融機関にとって「本業を通じたCSR」であるといえる。CSRの発展という観点からみれば、今後は施設や設備などハード面のバリアフリーだけでなく、サービスの質の向上などソフト面のバリアフリーの一層の充実が重要となろう。

参考文献・資料

小山嘉昭［一九九五］『全訂銀行法』（財）大蔵財務協会

佐竹浩・橋口収［一九六七］『新銀行実務講座　第一三巻　銀行行政と銀行法』有斐閣

大蔵省銀行局金融年報編集委員会編［各年度］『銀行局金融年報』金融財政事情研究会

厚生省『厚生白書（平成四年版）』

全国銀行協会［一九九六］「店舗規制の推移（昭和六〇年度以降）」、『金融』五九七号、一二月

福原正弘［一九九五］「小規模多店舗展開による店舗網強化は続く」、『金融財政事情』六月五日

金融審議会金融分科会第二部会［二〇〇四］「銀行等による保険販売規制の見直しについて」三月三一日

（財）金融情報システムセンター編［各年度］『金融情報システム白書』

セブン銀行、イーネット、ローソン、(社)投資信託協会、厚生労働省、外務省、経済産業省、金融庁、日本銀行、国際決済銀行各ウェブサイト
生命保険文化センター〔二〇〇九〕「生命保険に関する全国実態調査〈速報版〉」九月
星加節夫〔二〇〇九〕「重度身体障害者のアクセシビリティ改善による雇用促進に関する研究」、資料シリーズNo.47、四月、独立行政法人高齢・障害者雇用支援機構障害者職業総合センター
花村春樹〔一九九八〕『「ノーマリゼーションの父」N・Eバンク－ミケルセン〔増補改訂版〕』ミネルヴァ書房

ケーススタディ7　大分銀行のバリアフリー対策

大分銀行のCSRへの取り組みと店舗のバリアフリー化

大分県を中心に一〇三店舗（本店・出張所、二〇一一年三月時点）を展開する大分銀行は、二〇〇八年四月～一一年三月末を期間とする新中期経営計画において全行的なCSRへの取り組み強化を打ち出した。同行のCSRの特色は、①環境問題、②少子高齢化、③女性の活躍推進・支援をテーマに掲げていることであり、新設・既存店舗のバリアフリー化については②の一環と位置づけている。

ただし、同行のCSRへの取り組みはすでに三〇年以上の歴史を持つ。後述するように身体障がい者への配慮からバリアフリー化された「太陽の家支店」は一九八〇年に開設されており、バリアフリー店舗の先駆けとなった。

同行の店舗のバリアフリー化は、多目的トイレやスロープの設置が中心であり、既存店舗についてはリニューアル時に実施している。本店を訪ねると、出入口にはスロープが設置されており、そのすぐ右手には多目的トイレがあった。トイレ出入口の横にはオストメイト、車いす利用者、乳幼児連れの人を示すプレートのみが掲示され、「トイレ」の表示はない。これはこれらの人々の優先利用を促す措置で、通常のトイレは店内に別途設置されている。

多目的トイレは相談ブースがあった場所に〇三年末に設置された。内部は車いすの方向転換がスムーズにできるように広々としている（図4－5）。入室後、ドアのすぐ左脇に設置されたセンサーに手をかざせば施錠できるようになっている。

（上）大分銀行本店出入口
（下）多目的トイレ

「太陽の家支店」開設の経緯と業務内容

大分銀行が一九八〇年に別府市に「太陽の家支店」を開設した動機は、当時の頭取・小尾《おび》知愛《ともちか》氏が、社会福祉法人太陽の家の理事長を務めていた故中村裕《ゆたか》氏の次の言葉に心を動かされたことだったといわれる。「世界中どこを探しても、車いすの重度障がい者が銀行の窓口係をやっている国は無い。大分銀行は世界で最初にそれをやらないか。銀行は障がい者にとって最も遠い職場だ。それが実現したら、障がい者の社会進出にどれほど希望と勇気を与えるか計り知れない」（高橋靖周「小尾頭取を動かしたこの一言」、『金融ジャーナル』二〇〇〇年一一月）。つまり「太陽の家支店」は、障がい者雇用の理念から誕生したものであり、そのバリアフリー化は職員と顧客の両方に配慮したものである。したがって近年の来店誘致および顧客満足度向上を目的としたバリアフリー化とは本質的に異なっているといえる。

「太陽の家支店」は当初フルバンキング機能を有しており、「太陽の家」との共同出資会社や協力会社

図4-5　大分銀行本店・多目的トイレの見取り図

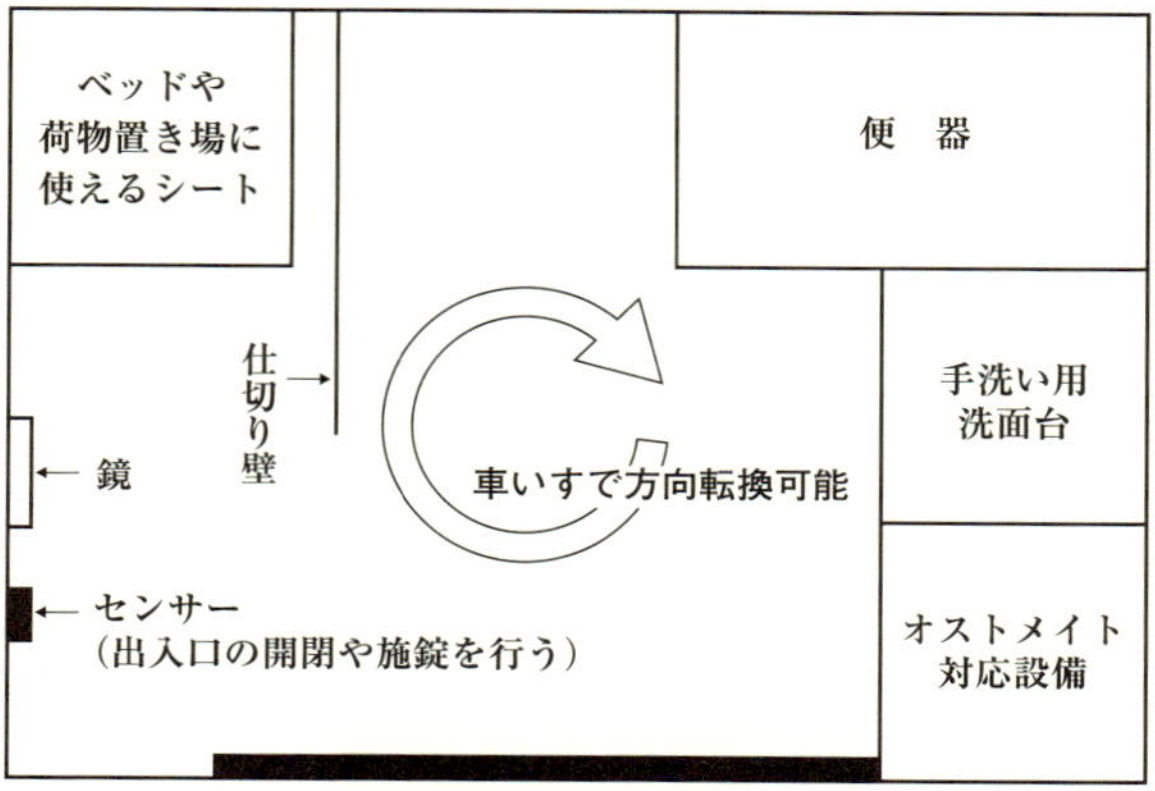

をはじめ、主たる営業区域である別府市亀川浜田町地区の法人取引先などにも融資を行っていた。

しかし二〇〇六年以降、大分銀行は県内を一四ブロックに分割して店舗体制の再編を図った。まず融資・対企業業務はフルバンキング型の「集約店」と「単独店」のみが担い、他の店舗は個人リテール業務に特化した「店頭特化店」とされた。「集約店」は複数の「店頭特化店」を統轄し、各店の個人リテール業務の集約も行う。また一四のブロックごとに「集約店」のなかから「ブロック長店」を決め、各ブロックの統轄業務を担当することになった。これにより「太陽の家」支店は「店頭特化店」とされ、融資業務等は「集約店」である亀川支店へと移管した。

個人リテール業務が中心となった「太陽の家支店」の一日の平均来店者数は五五〇名。うち約七割が身体障がい者であり、さらにその約二割が車いすを利用している。支店としては「障がい者の自立に対して何ができるのか」というスタンスに立ち、顧客からのあらゆる相談に対応できるよう心がけている。

取材当時、職員一〇名のうち二名が身体障がい者で、テラー業務とオペレーター業務を担当していた（現在は職員一二名のうち一名が身体障がい者）。

設備の特徴と利便性

「太陽の家支店」は、「太陽の家」が収益事業として運営しているスーパーマーケット「サンストア」に隣接しており、車いす利用者もその軒下を通れば降雨時でも濡れずに入店することができる。また最寄りの集約店である亀川支店が県道645号線に面しており、駐車スペースが狭いこともあって、車通りが比較的少なく、買い物のついでに立ち寄ることができる「太陽の家支店」を利用する一般客も多い。

出入口は二か所あり、いずれも車いすで通ることができる。サンストア側の出入口を入るとすぐ左側にATMが二台設置されており、うち一台は車いす正面対応タイプ機である。これは足元に乗り入れのためのスペースが設けられているので、車いすに座ったまま正面を向いて操作することができる（通常のATMだと車いすを横付けしないと手が操作画面に届かない）。さらに、紙幣の挿入・取出口に鏡がセットされているため、身を乗り出さなくても紙幣の取り忘れがないか確認することができる。ほかにもハンドセットによる音声ガイダンスや、点字表示付の固定キーボード操作盤も備え付けられており、視覚障がい者も安心して利用することができる。この車いす正面対応タイプのATMは「太陽の家支店」の特別仕様機である。

店内のドアはすべて手動の引き戸となっており、床は雨に濡れても滑りにくい加工が施されている。テラーカウンターも、車いすに座ったまま利用できるよう、通常よりも低めに設計され、足元部分にはスペースが作られている。

記帳台は通常の高さのものと、車いす利用に適した低いものの二種類が設置されている。低い方は記入作業がしやすいよう天板もやや広めに作られている。

顧客用トイレは車いすでも方向転換ができるように広々としており、便器付近には手すりが設置され、個室ドアは開閉しやすいアコーディオン式になっている。照明はオートタイマー機能付きである。前述した本店の多機能トイレと比較すればやや旧式の設備ではあるが、八〇年の開設当時は最新のバリアフリー設計であり、その利便性は現在も十分発揮されている。

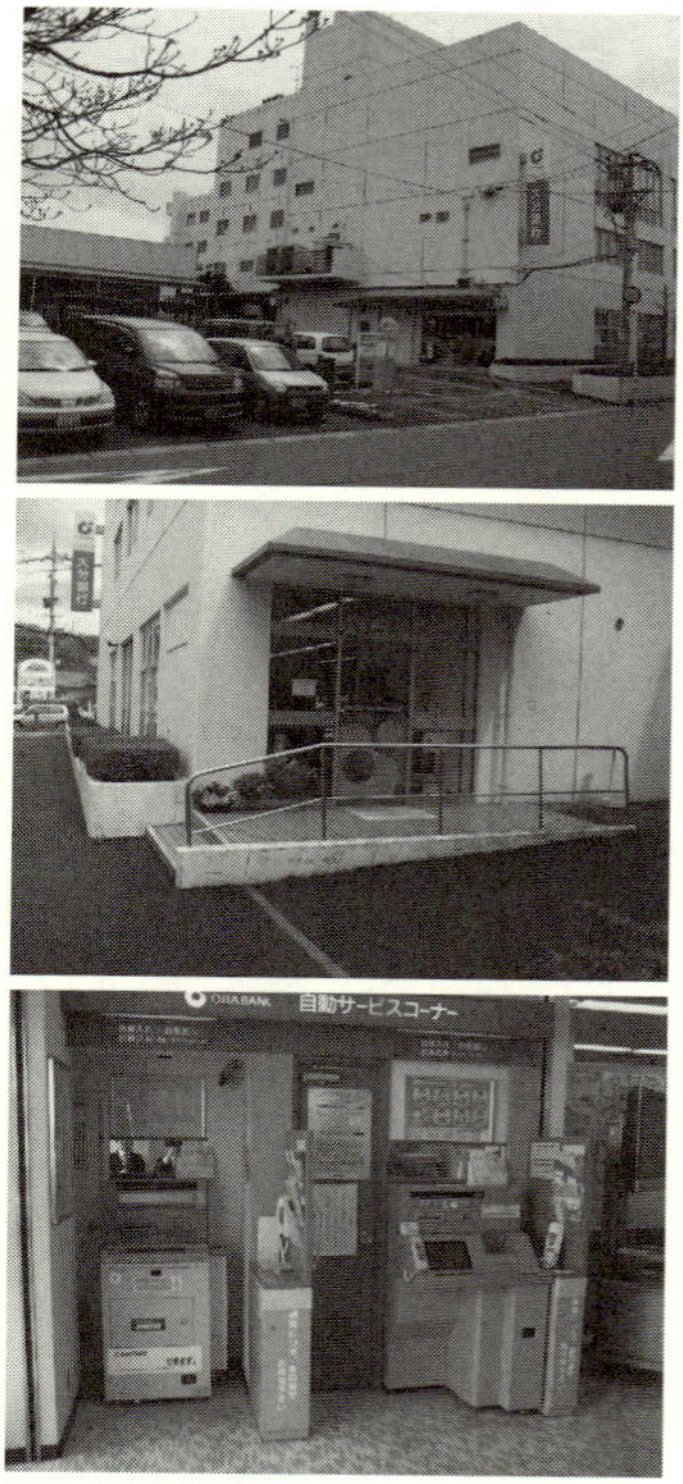

（上）大分銀行「太陽の家支店」外観
（中）出入口は2か所ともに車いす利用が可能
（下）ATMコーナーには車いす正面対応タイプ機（右）も

（上・中）車いすでも利用しやすいテラーカウンターと記帳台
（下）バリアフリー設計の顧客用トイレ

パブリシティ戦略

一方で「太陽の家支店」は、車いすの接触などによって一般の店舗に比べ相対的に設備・什器の消耗が激しい。これは同支店の採算性が相対的に低くなる要因の一つとなっている。

しかし、同支店の障がい者雇用の理念とバリアフリー店舗は、これまで「地域のすべての人の社会参加を応援する金融機関」、「すべての人が安心して利用できる金融機関」というブランドイメージを蓄積し、大分銀行の非財務的価値の向上に大きく貢献してきた。バリアフリー店舗の先駆例として年間三〇〇〇人もの人が同支店を視察に訪れ、地元紙や金融専門紙でたびたび紹介されてもいる。大分銀行にとって同支店の取り組みは、ＣＳＲの面からも、企業イメージや顧客満足度向上の面からも、引きつづき重要な意義を持つと思われる。

バリアフリー化については、本店の多機能トイレや「太陽の家支店」の車いす正面対応タイプＡＴＭなどは、店舗によってはスペースやコストの面で導入が難しい場合もあるかもしれない。しかし、このように「入店しやすさ」「店内の安全性・利便性」をきめこまかく追求した店舗づくりに学ぶ点は多いと思われる。

また、すでに店舗のバリアフリー化を行っている場合でも、実際の利用度がいまだ低いケースも散見される。その要因の一つとして、パブリシティが十分でないことが挙げられよう。ＣＳＲとしてのバリアフリーへの取り組みを顧客満足度の向上につなげる上で、各金融機関はどの店舗にどの設備があるかなどの情報に関して、より積極的・効果的なパブリシティ戦略を展開する必要があろう。その意味でも大分銀行と「太陽の家支店」の事例は示唆に富むと思われる。

ケーススタディ8　蒲郡信用金庫のバリアフリー対策

蒲郡信金の店舗展開と営業戦略

蒲郡信用金庫（以下「蒲郡信金」）が本店を置く愛知県蒲郡市は繊維産業を中心に発展した都市であり、繊維ロープの生産量はシェア約四〇％と全国一位を誇る。しかし一九七〇年代頃からは、海外からの安価な繊維製品の流入などにより、繊維産業は長期的な低迷に陥っていった。

そうした状況のなか、三河湾を挟んで近接する田原市で、一九七九年にトヨタ自動車田原工場が操業を開始。以後自動車関連産業が東三河地域の経済を牽引するようになった。蒲郡信金も八〇年代前半から、自動車関連の工業団地の開設などが集中した地区を中心に店舗を展開していった。現在は蒲郡市、豊橋市、豊川市、田原市など東三河地域および西三河地域、名古屋市を主な営業エリアとしている。事業所が主な顧客だったため基本的には全店フルバンキング業務を行ってきたが、二〇一〇年より、母店が複数の衛星店を管理統轄し、フルバンキング業務を一手に担うサテライト方式を一部導入している。

インターネットバンキングやモバイルバンキングなどのダイレクトチャネルも導入しているが、営業エリアが限定されており、かつ顧客開拓に力点を置いていること、また地域密着度を高めるコミュニケーション手段として有効であることから、渉外活動も重視している。渉外担当者は約一七〇名を数え、熟練職員との帯同訪問を通じて人材育成にも努めている。

東三河地域は県内で比較的高齢化率が高い。そのため蒲郡信金では九〇年代半ばから年金振替口座の獲得に向けた営業戦略を本格化させ、リレーションシップ向上策の一環として新春寄席や民謡教室、「おいしいコーヒーの入れ方」などの生活・文化講座を主体とした「暮らしの学校」を年四回程度の割合で開催してきた。

同時に、店舗改装時のスロープ設置など、高齢者や身体障がい者に配慮したバリアフリー化も行ってきたが、そのモデルとされているのが「太陽の家支店」である。

蒲郡信金「太陽の家支店」外観

「太陽の家支店」開設の経緯と業務内容

蒲郡信金「太陽の家支店」は一九八五年、身体障がい者の自立を支援する環境整備の一環として、地域社会の要請を受け、「愛知太陽の家」の敷地内のコミュニティセンター一階に開設された（同フロアにはほかに喫茶店と市立図書館「太陽の家分室」が入っている）。授産施設に隣接していること、身体障がい者二名を職員として採用したことなどで、地域の注目を集めた。

開設されたのが蒲郡信金の本店と形原《かたはら》支店の営業エリア内であったため、「太陽の家支店」の営業エリアは住宅地中心の狭域（北浜・春日浦地区）とされた。主な取引先は「太陽の家」のほか、デンソー太陽の家㈱（自動車部品大手デンソーと「太陽の家」との共同出資会社）の役員および従業員、北浜・春日浦地区の個人顧客である。この地域は高齢化が進んでいるため、同支店では個人預金だけでなく年金受給口座の獲得にも力を入れている。職員は現在、支店長、次長、渉外担当者、窓口担当者、後方事務担当者の総勢六名で、小規模な支店のため全員が協力しあう体制をとっている。

大通りに面した立地とバリアフリー店舗であることから、他支店の顧客も来店する。平日の一日平均来店者数は三〇人程度。前述の通り蒲郡信金は営業戦略として渉外活動を重視しており、「太陽の家支店」でも渉外担当者は毎週火・木曜日の昼休み時間に「愛知太陽の家」の食堂に出向き、渉外活動を行っている。食堂には「太陽の家支店」の渉外用に机が常設されており、住宅や自動車のローンから将来の目的に備えた資産形成まで、各種の金融相談に応じている。

バリアフリー設備の特徴

「太陽の家支店」の正面入口には、車いす利用者のために緩やかなスロープが設置されている。入るとすぐ右側に、下部が丸くへこんだＡＴＭが一台設置されている。このへこみは車いす利用者が車いすを横付けできるように設計されたものである。音声ガイダンス用のハンドセットも備え付けられている。機械の左側には手すりが付いている。これは顧客の要望に応えたもので、高齢者や杖利用者が体を支えることができる。

ＡＴＭの向かい側には等身大の鏡が設置されている。この鏡によって職員はテラーカウンターの中にいてもＡＴＭ付近の様子を窺うことができ、操作に戸惑っている顧客がいれば素早く対応できるようになっている。

店舗内は車いす利用者が方向転換をしやすいよう広々と設計されている。扉もすべて手動式引き戸で、車いす利用者でも開閉が容易にできるように工夫されている。テラーカウンターは通常の高さと車いす対応の低いものと二種類あり、低い方には椅子を常置していない。低いカウンターの足元部分には車いすを乗り入れられるようへこみが設けられている。カウンター上には高齢者への配慮として老眼鏡と助聴器が用意されている。

助聴器は二〇〇八年七月から蒲郡信金の全営業店で導入されたもので、高齢者や耳の不自由な人にとって便利であるだけでなく、店頭で大声を出さずに相談や説明ができるため、店舗内を静謐に保つのにも役立っている。

テラーカウンターの向かい側にはやはり高さを変えた二種類の記帳台が設置されており、低い方は車いすに座ったままで利用できる。筆者が訪問した当時、記帳台の右手には金利・相場を示す掲示板が設置されていた。その場所には元々車いす利用者にも配慮したトイレがあったのだが、最新設

（上）「太陽の家支店」の正面入口
（下）車いす利用も可能なATM

車いす対応のテラーカウンター（上）と記帳台

備設置と配置変えのための改装工事中とのことだった。工事中は顧客にはコミュニティセンター内のバリアフリー・トイレを利用してもらうことにしていた。

接客姿勢と地元でのコミュニケーション

「太陽の家支店」では接客の基本として「相手の身になって親身に対応すること」を重視している。開設当初はこれが行き過ぎてしまい、「手を出し過ぎる」こともしばしばあった。身体障がい者の自立支援を目的に活動している「愛知太陽の家」の理念にならい、同支店は接客姿勢について再考し、親切丁寧を基本としながらも、「できない部分を手伝う」ことを心がけ、自立へのサポートに主眼を置くこととした。

また「愛知太陽の家」では、従業員のスポーツ・文化活動の振興と地域との交流を目的に「むぎの会」を組織しており、例年同会の主催で地元納涼大会などが開催されている。「太陽の家支店」からも全職員がこれらのイベントに参加し、地域住民とのコミュニケーション促進を図っている。

「太陽の家支店」の意義

蒲郡信金「太陽の家支店」は、他の一般的な店舗と比較して設備費用が相対的に高いこと、営業エリアが限定されていることなどから、採算性は必ずしも高くない。しかし、①地域社会の要請を受けて設立されたという経緯、②福祉店舗としての役割、③地域金融機関のＣＳＲとしての意義の重要性、などによって、蒲郡信金のフラッグシップ店（旗艦店）として位置づけられている。

店舗のバリアフリー化に関しては、同支店の車いす利用者や高齢者に配慮した諸設備はモデルとなりうる事例であろう。また蒲郡信金が重視している渉外活動、なかでも「愛知太陽の家」におけるいわば「金融相談サービスの宅配」は、体の不自由な人や高齢者など、来店が難しい顧客を対象としたコミュニケーション向上やチャネル戦略を考える上で多くの示唆を与えてくれる。

高齢者や身体障がい者の社会参加の促進が望まれるなか、誰もが金融サービスを利用できる店舗とチャネルを構築していくことは、金融機関にとってＣＳＲと店舗戦略の両面で重要な課題となっている。蒲郡信金「太陽の家支店」の取り組みは、この課題に関する重要な先駆例といえる。

参考資料

蒲郡市ウェブサイト
蒲郡信用金庫・社団法人東三河地域研究センター［二〇〇七］「東三河地域産業の持続的な成長に関する実態調査」

ケーススタディ9　福岡銀行のバリアフリー対策

福岡銀行における店舗バリアフリー化への取り組み

二〇〇五年一一月、福岡銀行は〇六～〇八年度の中期経営計画の主要施策の一つとして店舗リニューアル案を公表した。その具体的な内容は、①老朽化店舗等の建て替えや改修、②バリアフリーへの対応、③本店営業部（福岡市中央区天神）のリニューアルと本部機能移転であった。また同計画には人材育成強化策として研修施設の充実が盛り込まれるなど、ハード（設備）とソフト（サービス）の両面から店舗チャネルの強化が目指された。

福岡銀行が店舗リニューアルへの投資を決断したのは、基幹系システム対応をはじめとしたＩＴ投資がほぼ終了したために投資余力ができたこともあったが、誰もが安心して来店できる店舗づくりを実施することで顧客サービス向上と来店誘致の強化を図りたいという経営判断にも拠っていた。

同行は店舗リニューアルの実施に際してバリアフリー・ガイドラインを作成した。ガイドラインでは「出入口の自動ドアの設置」や「段差の解消」などの必須項目に加え、エレベーターのボタンの位置や大きさなど細かい設備仕様も標準化され、全行統一のバリアフリー化が目指された。さらに各設備付近には「みんなにやさしい」というキャッチフレーズとハートマークを組み合わせた独自のユニバーサルデザイン・サインを表示し、顧客への周知に努めている。

ソフト面としては、一五七店舗（出張所を除く全店舗）にサービス介助士（１２１頁参照）の資格を取得した職員を配置している。また顧客に郵送する取引移動明細書や定期預金満期の案内などを要望に合わせて点字化するサービスなども行っている。

そのほか、各支店ごとに顧客の目線に立った現場の改善活動を展開、これまでにウェルカムボードの作成、花などによる店内装飾、「月間混雑予想カレンダー」の作成などの取り組みが行われている。

博多支店の取り組み

博多座の向かいに位置する博多支店の場所には、福岡銀行創立当時は本店が所在していた（現在の本店は中央区天神）。同支店は二〇〇八年五月に社屋を「ふくぎん博多ビル」としてリニューアルし、一階にＡＴＭコーナー、二階に預金カウンターなどを配置している。

一階入口には視覚障がい者誘導用ブロックと車いす利用者のためのスロープが設置され、段差も解消されている。入店するとすぐ右側に、触地図（凹凸や点字でテラーカウンターやＡＴＭの位置が示してあり、手で触れて確認できる）による店舗内案内図が設置されている。その向かい側はＡＴＭコーナーで、うち一台はハンドセットと点字表示付きの視覚障がい者対応ＡＴＭである。このＡＴＭには手すりも付いており、通常よりも幅広に設計されているため車いす利用者にも使いやすくなっている。

二階へ上がるには階段とエレベーターがある。階段には「波形手すり」が採用されている。これは人

（左上から時計回りに）博多支店外観，触地図による店舗内案内図，波形手すり，エレベーター前に設置されたポール型ボタン，視覚障がい者対応ATM

間工学に基づいた新しいデザインで、取っ手として使える垂直部分と杖として使える水平部分が波のように連なった形をしている。通常の手すりに比べて手首の負担が少なく、滑りにくい上、より少ない力で上り下りができる。またエレベーターの手前には、車いす利用者の手が届きやすいよう「ポール型ボタン」が設置されている。

二階には大通りに面した窓側に沿って、テラー業務を行うカウンターと、資産運用アドバイスやローンなどの相談業務を中心に行うブース化されたカウンターが配置されている。テラーカウンターは通常の高さと車いす対応の低いものと二種類あり、後者の足元部分には車いす用のスペースが作られている。

テラーカウンターの向かい側に設置された記帳台も、通常のものと車いす対応の二種が用意されている。車いす対応の方にはキャスター付きチェアが備えつけられている。

二階のエレベーターの近くには多目的トイレと授乳室が設置されている。多目的トイレの個室は広々と作られており、センサーに手をかざせば施解錠できるようになっている。授乳室にはベビーシート、授乳用ソファ、乳幼児用椅子、おむつ交換や着せ替えに使える収納式の台が併設されている。ただ、多目的トイレや授乳室の利用者は現在一日数人程度で、多機能設備であるため使い慣れていない人には操作が難しい場合もあるようだ。今後はより多くの顧客に多目的トイレや授乳室の存在や使用法を認知してもらい、利用を促進することが課題となるだろう。

福岡銀行の親会社であるふくおかフィナンシャルグループは、今後は傘下の他行（熊本ファミリー銀

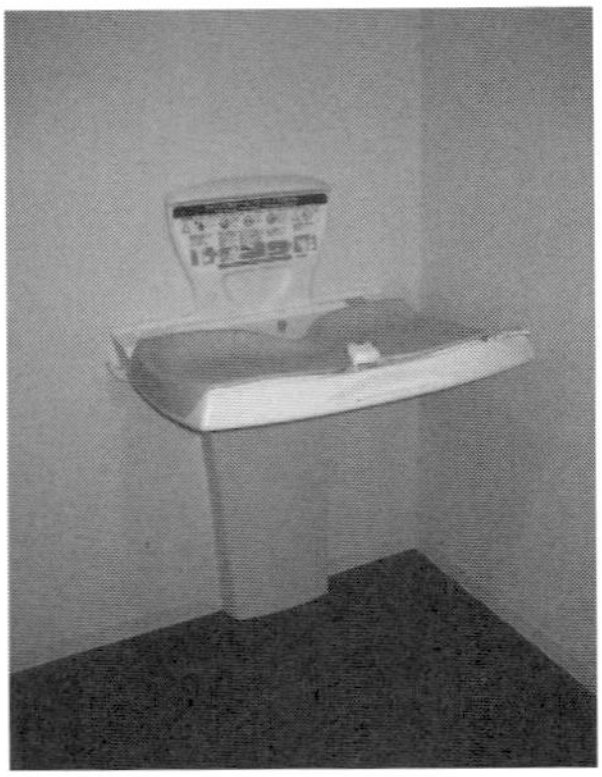

（左上から時計回りに）博多支店のテラーカウンター，
記帳台，授乳室のベビーシート，多目的トイレ，
ロビーに設けられた伝承細工作品の展示コーナー

行、親和銀行）についてもバリアフリー化を含めた店舗リニューアルを実施し、グループのブランド・スローガン「あなたのいちばんに。」を軸とした来店誘致戦略を進めたいと考えている。店舗のバリアフリー化は、顧客満足度の向上だけでなく、ＣＳＲとして重要な「地域に住むすべての人の社会参加を支える環境づくり」に大きく貢献する事業である。その意味で福岡銀行の事例は、多くの金融機関にとって「本業を通じたＣＳＲ」を模索する上で示唆に富むものであろう。

ケーススタディ10　多摩信用金庫の高齢者に配慮した店舗戦略

多摩信金の誕生と価値創造事業部の設置

立川市に本店を置く多摩信用金庫（以下「多摩信金」）は二〇〇六年一月、旧多摩中央信用金庫（本店：立川市）、旧太平信用金庫（本店：武蔵野市）、旧八王子信用金庫（本店：八王子市）が合併して誕生した。旧三信金が合併した背景には、①合併前には三つの信金が多摩地域で棲み分けをしていたため、合併しても大幅な店舗統廃合を行うことなく多摩地域全体を網羅できること、②それによって顧客サービスの質が高まることなどがあった。

多摩地域では一九六〇年代後半、増大する都区部人口の住宅難解消などを目的に、大規模な開発が始まった。六五年以降、八王子市、町田市、多摩市、稲城市にまたがる多摩丘陵エリアで多摩ニュータウンの造成が開始（現在も継続中）。七四年には小田急多摩線（新百合ヶ丘～永山間）、九〇年には京王相模線（調布～橋本間）と小田急多摩線延長（新百合ヶ丘～唐木田間）、二〇〇〇年には多摩モノレールが全線開通するなど、交通網の整備も進んだ。

これにより地域の人口は飛躍的に増加したが、近年では高齢化が顕著となった地区も少なくない。**図4－6**は東京都の市部（多摩地域）*における六五歳以上人口と市部総人口に占めるその割合の推移を示

図4-6　東京都・市部における65歳以上人口の推移

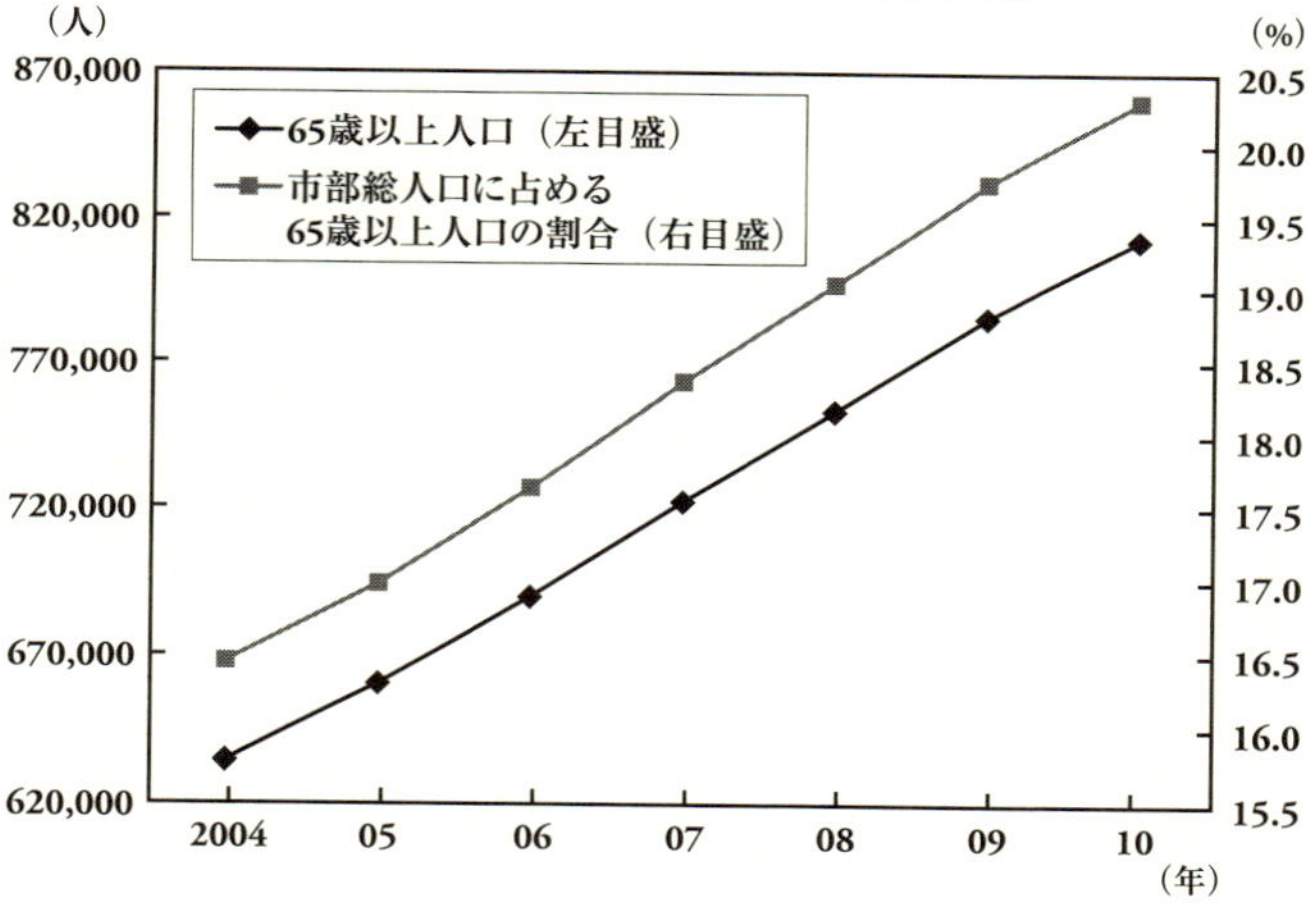

出所：東京都ウェブサイト「住民基本台帳による東京都の世帯と人口」

したものである。その数は年々増加し、二〇一〇年には八一万二七三八人と市部総人口の二〇・三%を占めるに至っている。

＊　八王子市、立川市、武蔵野市、三鷹市、青梅市、府中市、昭島市、調布市、町田市、小金井市、小平市、日野市、東村山市、国分寺市、国立市、福生市、狛江市、東大和市、清瀬市、東久留米市、武蔵村山市、多摩市、稲城市、羽村市、あきる野市、西東京市。

今後さらなる高齢化の進展が予測されるなかで、多摩信金は高齢者の顧客に配慮しつつ、「一〇年、二〇年後の地域価値」をいかに高めていくかという視点から、合併を契機に「価値創造事業部」を設置した。同事業部は高齢者への対応に加え、異業種間提携の推進やNPO法人支援など、金融サービスの枠にとらわれない多彩な活動を展開している。現在は約一五〇名の職員が所属し、営業店支援、個人支援、法人支援、地域支援、企画の各部門から構成されている。

多摩信金本店外観

「多摩らいふ倶楽部」の創設

地域金融機関の多くは、定期積金*契約者や年金受給口座指定者など主にシニア世代の顧客を対象に「友の会」を組織している。同様の組織は合併以前の旧多摩中央信金にもあり、団体旅行を中心に活動していた。しかし一九九〇年代頃から、団体旅行の企画があまり人気を集めなくなっていく。その要因としては、①顧客ニーズが夫婦・家族旅行へと変化したこと、②歴史や文化など旅行にテーマ性が求められるようになったことが挙げられる。これはシニア層のライフスタイルや嗜好の多様化を反映していると考えられ、従来の画一的な発想からの脱却が求められた。

＊　定期積金は、顧客が契約期間中掛金を定期的に払い込み、満期日に掛金の累計額と利息に相当する給付補填金の合計である満期給付契約金を受け取る。顧客が積立期間、給付契約金の額などを自由に設定することができる点が特徴で、住宅や自動車の購入、学費の積立に利用される。

これを受けて旧多摩中央信金は九七年、「健康」「学ぶ」「遊ぶ」「地域」をテーマに旅行や講座を企画する「多摩らいふ倶楽部」を立ち上げ、合併後も継続されている。定期積金契約や年金受給口座指定の顧客が会員の中核であるが、催し物には非会員も参加できる点が大きな特色となっている。会員数は現在約三万人を数え、企画内容は地域散策、オリーブオイルを使ったレシピの紹介やワイナリー訪問など、生活と趣味の分野が多い。

「ここにこも活動」

多摩信金では各営業店での接客に関しても高齢者とシニアを意識した取り組みを行っている。その一つが「ここにこも活動」である。

「ここにこも」とは「こころのこもった対応」を略したもので、高齢者やシニア世代の顧客満足度向上を主な目的としている。多摩信金では二〇〇七年、発足一周年を契機に、価値創造事業部を中心に「ここにこも活動会議」を開催した。この会議で、まず各部署ごとに課題の洗い出しを行い、その課題に対する取り組みを三カ年計画に盛り込むこととした。この時に提案・実施された活動として、「自動ドアとスロープの設置」、「サービス介助士資格取得費用の補助」、「ＡＴＭメイン画面の改良」などがある。

とりわけＡＴＭについては、多機能化に伴いメイン画面の機能ボタンや文字が小さくなる傾向がある。そこで多摩信金では、メイン画面には使用頻度の高い機能ボタンのみを配置して文字を拡大し、使用頻度の低い機能ボタンは「その他の取引」としてまとめ、それを押せば各機能の一覧が出るようにした。また目が不自由な人のためにハンドセットも備え付けた。

店舗レベルでは、各営業店ごとに「ここにこも担当者」を決め、各店独自のテーマを設定して事業計画に織り込み、本部と連携しながら活動を行っている。それらの活動のなかから、毎年一〇月に役員会の選考で店舗を対象とした「ここにこも大賞」が選ばれる。選考基準の一つとして、「特定の営業店だけでなく、全営業店に広げることができる活動であること」が挙げられている。受賞店には表彰状と金一封が授与され、活動意欲を高める一つの要素となっている。

これまでに実施されてきた「こここも活動」としては次のようなものがある。

●ある営業店から、杖を使っている高齢の顧客がその置き場に困っているという課題が提起された。調査したところ、杖置き場は特に設けておらず傘立てなどで代用している店舗が多かった。そこで全営業店に杖ホルダーを導入、ＡＴＭコーナーなどに設置することとした。

●複数の営業店で、顧客から「振込用紙が小さくて見づらい」という指摘があった。これを受けて、全営業店で振込用紙をＡ５サイズからＡ４サイズに変更、視認性を確保した。その他の書類も全面的にサイズを見直し、顧客が記入しやすい大きさに変更した。また、記入例を記したサンプルが手ずれて見づらくなるのを防ぐため、ラミネート加工して耐久性を高めるようにした。

●金融商品の多様化に伴う業務拡大で、職員間のコミュニケーションが不足するケースが散見された。そこで、そうした連絡不足によって顧客満足度の向上が阻害されないよう、各担当の業務を紹介する店内報を作成し、職員間で互いの業務を把握することで顧客への業務案内をスムーズに行えるようにした。

●金融機関で顧客が感じる最大のストレスは待ち時間の長さである。そこで、店舗内で待ち時間を表示したり、五十日《ごとおび》（五、一〇、一五、二〇、二五日および月末）周辺など給与振込や決済で混雑が予想される日の前日にアナウンスを行ったり、混雑予想カレンダーを掲示するなどして利便性の向上に努めている。

国立支店の授乳室

多摩信金国立《くにたち》支店はＪＲ国立駅南口に位置し、一階はテラーカウンターやＡＴＭ、二階と三階には「すまいるプラザ」などが設置されている。「すまいるプラザ」とはコンサルティング業務に特化したコーナーで、三階の「すまいるラウンジ」には顧客用にソファやインターネット設備が常設されている。エレベーターがあるので車いす利用者もこの「すまいるプラザ」と「すまいるラウンジ」を利用することができる。

国立支店は約四〇名の職員が所属する大規模店舗で、「ここ も活動」は営業や窓口など各担当の若手職員を中心に組織された「ここも委員会」が担っている。委員会では窓口、渉外営業、融資などの各担当者から出される「通常業務の中で気になったこと」や顧客アンケートをもとに、さまざまな課題についての改善案が検討される。たとえば国立支店では、高齢者にもわかりやすい店内表示を心がけているが、顧客の反応を確かめてフィードバックさせ、さらにわかりやすく改善するなどしている。

同支店の授乳室も、「ここも活動」によって支えられている。授乳室は子育て支援の一環として、二〇〇八年五月に開設された。顧客だけでなく近隣の商店街へ買い物に訪れた人々も利用することができ、一日平均四人ほど、多い時には七人程度の利用がある。

授乳室内部はＬ字型になっており、入口ドアを開けるとすぐにおむつ交換台が設置されている。奥にはソファが設置され、ゆっくり乳幼児のケアができるようになっている。

（上から）国立支店外観，授乳室入口，おむつ交換台，ソファなどの設備

テーブルにはウェット・ティッシュが用意されているが、おむつ交換などで出るゴミは利用者に持ち帰ってもらうこととしている。顧客からは「授乳室があると助かる」「子ども連れでも安心して来店できる」といった声が寄せられている。国立支店では今後さらに認知度を高め、より多くの人に利用してもらうことを目指している。

多摩信金では、シニア層・高齢者層のライフスタイルや嗜好の多様化に応じてきめこまかい顧客サービスを心がけ、「こここも活動」などを通じて顧客満足度の向上に努めている。とりわけ「こここも活動」における身近な課題に即応した活動は注目に値する。バリアフリー化といっても、必ずしも大がかりな設備投資を要する改修改築だけを意味しない。顧客の目線に立って店頭でのさまざまな課題を発見し解決していくことが、バリアフリーの考え方の基本であるともいえよう。

最近では少子化への取り組みとして「子育て応援定期預金」といった商品を販売する金融機関も増えているが、では乳幼児連れの人が銀行に気がねなく訪れることができるかといえばそうではない。ミルク、おむつ交換、泣き声などがネックになって来店できない人も多い。多摩信金の授乳室はこの点で来店誘致戦略としても意義が大きく、また顧客以外の地域住民にも開放されている点で地域社会への貢献度が高い。高齢化する多摩地域において、顧客のニーズに即したサービスを店舗単位で考える姿勢、子育ての面で地域社会に貢献する姿勢は、「本業を通じたＣＳＲ」の好例といえよう。

参考資料

多摩信用金庫［二〇一二］『たましんレポート二〇一二』（ディスクロージャー誌）およびウェブサイト
葛西沙緒里［二〇〇八］「バリアフリー化への取り組み事例②多摩信用金庫」、『近代セールス』八月一五日号

第五章　障がい者雇用に取り組む地域金融機関

障がい者雇用の変遷と現状

近年、一部の金融機関では障がい者の雇用促進への取り組みを強化する動きが見られる。障がい者雇用については「障害者の雇用の促進等に関する法律」（以下「障害者雇用促進法」）によって法定雇用率*が定められているが、最近ではCSRへの関心の高まりなどを受けて、法定雇用率を達成するという目的だけでなく、独自のビジネスモデルを確立し、身体障がい者と比べてさらに雇用機会が少ない知的障がい者にも雇用機会を広げている金融機関もある。本章では、まず障害者雇用促進法の変遷と現状を整理した上で、金融機関のCSRとしての障がい者雇用への取り組みを検討する。

＊　身体障がい者または知的障がい者の雇用に関する法定雇用率は以下の通り。常用労働者数五六人以上の規模の一

般民間企業一・八％、同四八人以上の規模の特殊法人二・一％、国と地方公共団体（職員数四八人以上）二・一％、都道府県等の教育委員会（同五〇人以上）二・〇％。重度身体障がい者または重度知的障がい者については、それぞれ一人の雇用をもって二人の身体障がい者または知的障がい者を雇用しているものとみなされる。

（1）「身体障害者雇用促進法」の制定　一九六〇年、身体障がい者の民間企業等への雇用促進を目的に「身体障害者雇用促進法」が制定された。しかし雇用は努力義務とされ、雇うか否かは事業主の任意であったため、実質的な促進の効果はあまりなかった。そこで七六年の改正によって、法的義務とするとともに「障害者雇用率制度」と「障害者雇用納付金制度」が定められた。

「障害者雇用率制度」とは、常用労働者数に対する障がい者数の割合を規定し、企業等に達成義務を課す制度である。しかし障がい者を雇用するにあたり、企業は作業スペースのバリアフリー化など職場環境の整備に一定のコストを負担しなければならない場合もあり、障がい者雇用に積極的な企業と消極的な企業との間で不公平が生じることとなる。そこでそうした不公平を調整し、障がい者雇用の水準を引き上げることを目的に併せて制定されたのが「障害者雇用納付金制度」である。

図5－1は同制度の概要を示したものである。今日のこの制度の基本的なスキームは、厚労省所管の独立行政法人「高齢・障害者雇用支援機構」（以下「支援機構」）を介しての①納付金の徴収、②調整金の支給、③報奨金の支給、④助成金の支給、で構成されている。

①雇用率が達成できていない企業（常用労働者二〇〇人超）は、不足人数×一人当たり月額五万円を支援機構から徴収される。

図5－1　障害者雇用納付金制度の概要

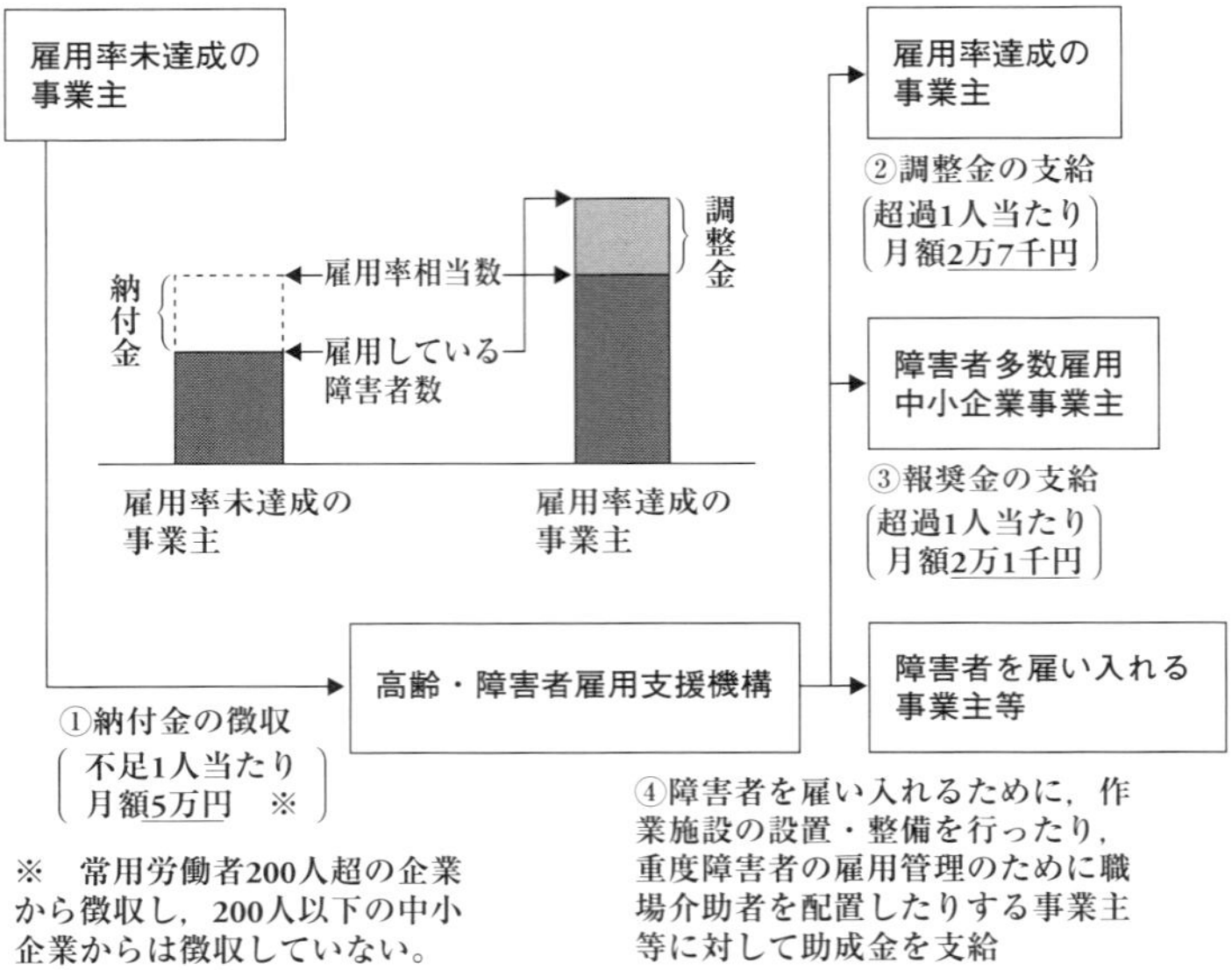

出所：厚労省「障害者雇用納付金の概要」（ウェブサイト2011年8月閲覧，一部修正）

②一方、法定雇用率を超えて障がい者を雇用した企業（常用労働者二〇〇人超）には、超過人数×一人当たり月額二万七〇〇〇円の調整金が支給される。①と②によって、企業間における不公平の調整が図られる。

③さらに、障がい者を多数雇用している中小企業（常用労働者二〇〇人以下で、障がい者をその四%または六人以上雇用）には、超過人数×一人当たり月額二万一〇〇〇円の報奨金が支給される。

④また障がい者雇用のために種々の整備を行う企業に対しては助成金が支給される。

障がい者雇用に消極的な企業に対しては、厚労大臣が「障害者雇入れ計画作成命令」および「雇入れ計画の適正実施勧告」を行うことができるとし、改善が見られない場合には企業名を公表するといったペナルティも設けられている。

一九七六年には、労働省職業安定局通達により「特例子会社制度」が認められた。これは、親会社が子会社の株主総会などの意思決定機関を支配し、役員を派遣していること、子会社は五名以上の障がい者を雇用し、全従業員に占めるその割合が二〇％以上であること、障がい者のうち重度身体障がい者、知的障がい者、精神障がい者の割合が三〇％以上であること、などの一定の要件を満たした場合は、親会社は子会社の雇用状況を自社の雇用率に計上できることを認めたものである（厚生労働省ウェブサイト「『特例子会社』制度の概要」より）。七七年にシャープ特選工業株式会社が第一号として認定され、二〇一〇年四月末現在、二八一社が制度適用を認められている。この制度は八七年の法改正によって障害者雇用促進法に盛り込まれることとなった（八八年から施行）。

（2）「障害者雇用促進法」の適用拡大

国連は一九八一年を「国際障害者年」と定め、八二年には国連総会が予防、社会復帰、機会均等化の三つの優先目標を掲げた「障害者に関する世界行動計画」および「障害者に関する世界行動計画の実施」を採択するとともに、八三～九二年を「国連障害者の一〇年」と宣言し、加盟国に積極的に取り組むよう呼びかけた（総理府編『障害者白書平成一一年版』六頁）。このような国連の活動によって「障害のある人々も障害のない人々も同じように社会の一員として社会活動に参加し、自立して生活することを目指す」ノーマライゼーションの理念が普及するとともに、日本における障がい者施策も大きな転機を迎える（前掲書、三頁）。

なかでも一九八六年には国民年金法の改正を受けて障害基礎年金制度が創設され、九〇年には在宅福祉サービスの積極的な推進や、在宅サービス等の実施権限を市町村に一元化することなどを内容とした、いわゆる「福祉関係八法」の改正（平成二年法律58号）により、従来の施設入所を中心とした福祉施策から、地域や在宅を重視する福祉サービスへの転換が図られるようになった（内閣府『障害者白書平成一四年版』）。

一方一九八七年には、身体障がい者とともに知的障がい者も適用対象となり、名称も「障害者雇用促進法」と変更された。そして九七年四月には、知的障がい者の雇用が法定雇用率の算定に加えられるようになり、一般民間企業（常用労働者数五六以上）の法定雇用率が一・六％から一・八％に引き上げられた（九八年七月に施行）。さらに二〇〇五年には精神障がい者（精神障害者保健福祉手帳所持者）も法定雇用率の対象となり、在宅就業支援制度なども創設された（〇六年四月施行）。

このように主に八〇年代以降、障がい者雇用の促進を図るために様々な法改正が行われてきたが、実雇用率は企業規模によって差がある。厚労省による「障害者雇用状況の集計結果」（二〇〇七年六月調査）によれば、一〇〇〇人以上規模の企業の実雇用率は一・七四％（二〇一〇年一・九〇％）であるのに対して、一〇〇〜二九九人規模は一・三〇％（二〇一〇年一・四二％）と、中小企業の実雇用率は低い傾向にある。二〇〇八年にはそうした状況を改善するため、障害者雇用納付金制度の対象範囲を拡大する法改正が行われている。これにより納付金を納める義務のある企業の規模が、元の「常用労働者三〇〇人超」から、二〇一〇年七月以降は「二〇〇人以上三〇〇人以下」に、一五年四月以降は「一〇〇人以上二〇〇人以下」に、段階的に拡大されることになった（ただしそれぞれ適用から五年間は一人当たり五万円の納付金額が四万円に減額されることとなっている）。

図5－2　民間企業における障がい者の雇用状況

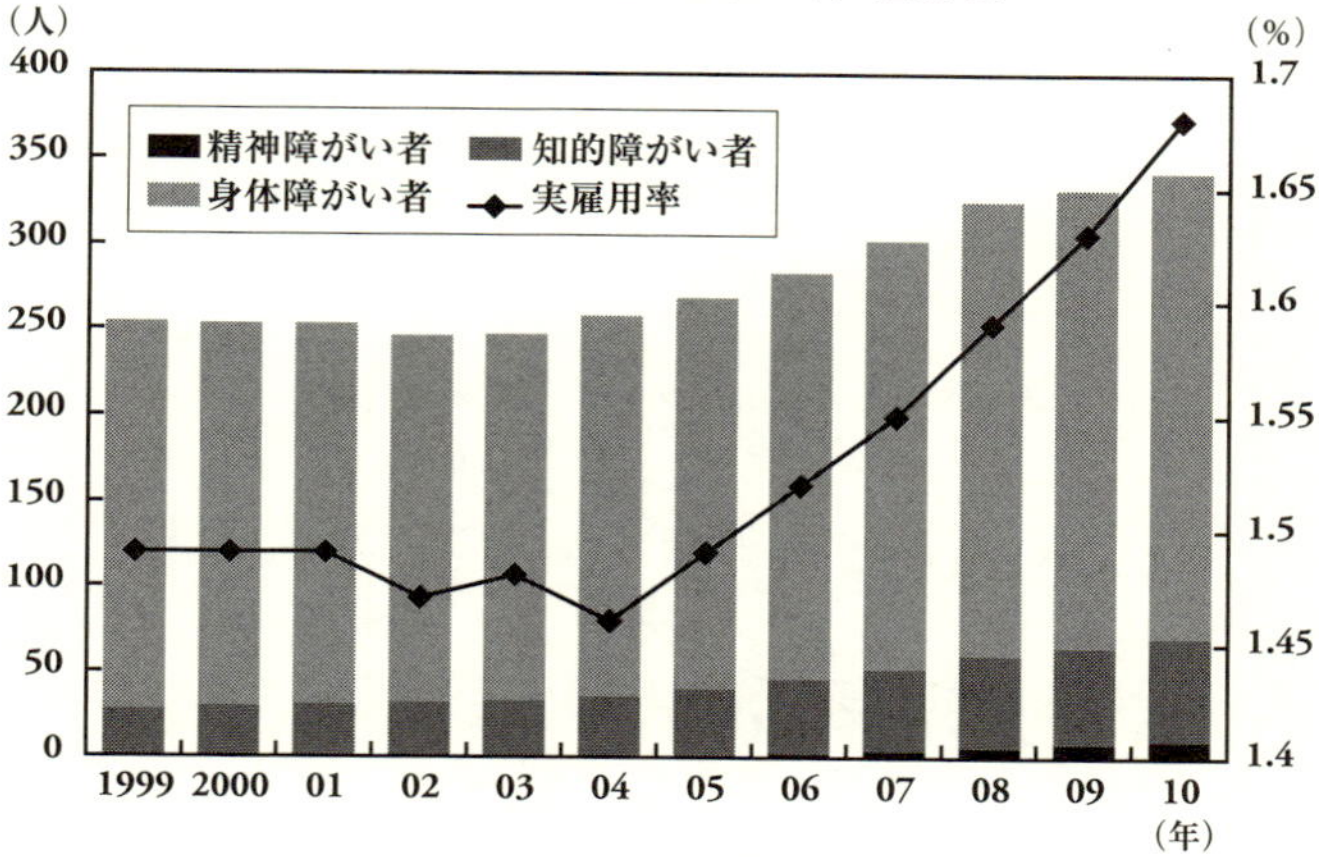

出所：厚労省ウェブサイト「平成22年障害者雇用状況の集計結果（2010年6月1日現在）」

また〇八年の改正では、一〇年七月から短時間労働（週所定労働時間二〇～三〇時間未満）も障がい者雇用率制度の対象とすることや、企業グループ算定特例、事業協同組合等算定特例など、障がい者雇用率の算定における各種の特例が創設された（〇九年四月から段階的に施行）。

金融機関の障がい者雇用への取り組み

現行の障害者雇用促進法では、一般民間企業（五六人以上の規模）の事業主は法定雇用率一・八％に相当する人数の身体障がい者・知的障がい者の雇用を義務づけられている。

図5－2は民間企業における障がい者雇用の状況を示したものである。二〇一〇年の実雇用率（全体）は依然として法定雇用率を下回っているが、過去最高の一・六八％を記録した。また次頁の**図5－3**は、産業別の雇用状況を表したものである。「金融・保険業」は〇八年まで産業全体平均を下回っていたが、〇九年以降は上回るようになり、

図5－3　産業別にみた障がい者実雇用率の推移

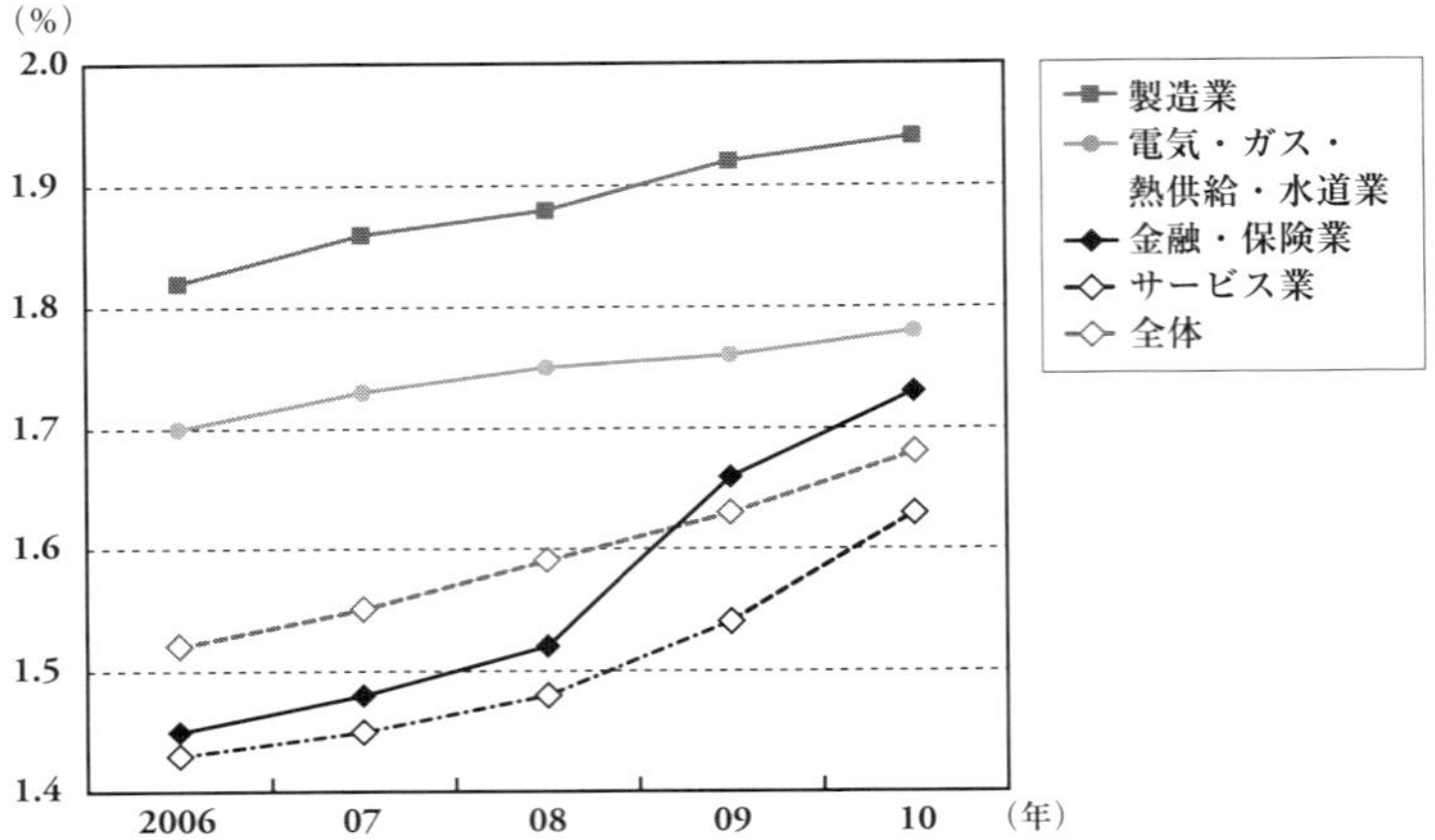

出所：厚労省「障害者雇用状況の集計結果」各年

一〇年には一・七三%となっている。

このように近年、金融・保険業界で障がい者雇用が拡大している背景には、障がい者の就労意欲の高まりに加え、CSRや「ダイバーシティ・マネジメント」への関心の高まりがある。

日本経営者団体連盟（日経連）は「ダイバーシティ・マネジメント」を「多様な人材を活かす戦略」とし、「従来の企業内や社会におけるスタンダードにとらわれず、多様な属性（性別、年齢、国籍など）や価値・発想をとり入れることで、ビジネス環境の変化に迅速かつ柔軟に対応し、企業の成長と個人のしあわせにつなげようとする戦略」と定義している（日経連ダイバーシティ・ワーク・ルール研究会［二〇〇二 五頁］）。近年では多くの金融機関・保険会社が、障がい者雇用をこのダイバーシティ・マネジメントの一環として位置づけ、その実施に際して先に述べた「特例子会社制度」（155頁参照）を活用している。特例子会社を設置することで、雇用した障がい者の特性に合った業務を確保

表5-1　主な金融機関の特例子会社

認定年月	特例子会社名	親会社名
1979年7月	菱信データ㈱	三菱信託銀行㈱
1991年4月	㈱エイ・ピー・アイ	スルガ銀行㈱
1991年5月	SMBCグリーンサービス㈱	㈱三井住友銀行
1994年3月	㈱ニッセイニュークリエーション	日本生命保険相互会社
2001年11月	㈱スミセイハーモニー	住友生命保険相互会社
2003年5月	㈱ビジネス・チャレンジド	㈱みずほフィナンシャルグループ
2003年10月	十信ビジネスサービス㈱	十三信用金庫
2006年1月	エム・ユー・ビジネスエイド㈱	㈱三菱東京UFJ銀行
2006年5月	プルデンシャル・ジェネラル・サービス・ジャパン㈲	プルデンシャル生命保険㈱
2006年11月	第一生命チャレンジド㈱	第一生命保険相互会社
2007年5月	ちばぎんハートフル㈱	㈱千葉銀行
2009年11月	アフラック・ハートフル・サービス㈱	アメリカンファミリーライフアシュアランスカンパニーオブコロンバス日本支社
2010年3月	東京海上ビジネスサポート㈱	東京海上ホールディングス㈱

出所：厚労省「特例子会社一覧」

したり、職場環境を整備することが容易となり、職場定着率が高まる。また親会社と異なる労働条件の設定が可能なため、柔軟な雇用管理ができるようになる。障がい者にとっても、特例子会社の設立によって雇用機会が拡大し、自分に合った職場環境の中で能力を発揮できる。**表5-1**は主な金融機関・保険会社の特例子会社の一覧であり、二〇〇〇年以降では九社が認定を受けている。

一方、厚労省の「障害種別雇用状況の集計結果」によると、「金融・保険業」に雇用されている障がい者二万一〇七〇・五人のうち、身体障がい者が全体の九六・五％（二万三二六人）を占め、知的障がい者は二％（四二二人）、精神障がい者は一・五％（三二二・五人）となっており、障がい者雇用はいまだ身体障がい者に限られているといえる。*

＊　障がい者の雇用者数の算定では、重度身体障がい者および重度知的障がい者一人を二人、短時間労働（週二〇時間以上三〇時間以内）を行う精神障がい者一人を〇・五人とみなしてカウントさ

れる。そのため雇用者数が小数点を含む数値となる場合がある。なお、二〇一〇年七月からは短時間労働を行う身体障がい者、知的障がい者も一人を〇・五人とカウントされるようになっている。

ただ、全国的にはまだ少数であるものの、雇用機会の少ない知的障がい者の雇用に取り組み始めた金融機関もある。その目的は、雇用を通じて地域における障がい者の自立を支援することにある。

障害者雇用への取り組みとその影響

筆者は障がい者雇用、とりわけ知的障がい者の雇用に積極的に取り組んでいる金融機関として、千葉銀行（**ケーススタディ11**参照）、山陰合同銀行（**同12**参照）、鹿児島銀行にヒアリングを行った。雇用形態は、千葉銀行、山陰合同銀行が常用雇用、鹿児島銀行は地域により多くの雇用機会を創出したいとの考えから有期雇用を採用している。

主な業務内容は、名刺・ゴム印の作製、伝票・手形・小切手帳の印刷・製本業務、伝票等の発送などである。従来は外部の業者に発注していたこれらの業務を内製化することでコストを抑えているケースもある。

いずれの金融機関でも、障がい者雇用については当初は試行錯誤の連続であったようだ。しかし、障がいのある職員の懸命に働く姿に多くの行員が心を打たれるようになったという。ある管理職は当初、「彼（女）らは、障がいがあるためにできないことがある。だからできることだけをやってもらおう」と考えていたという。この職場では来客時に出すコーヒーの準備を当番制で担当している。コーヒーメーカーをセットし、計量カップで汲んだ水を注ぐ。この単純な作業が、障がいのある人には難しい。しかしその職員は決して「できない」といわず、ふた付きのカップとそれを入れて運ぶ袋を自ら用意し、当番をやり遂げている。このような努力を見て、前述の管理職は、「『できることだけをやってもらおう』という考えは間違っていると悟りました」と語ってくれた。

こうした障がい者の業務に対する真摯な態度、業務を通じて成長していく姿は、健常者の職員にも影響を与える。なかには障がい者の雇用後、「職員が以前よりも配慮ができるようになった」というケースもある。接客に関してもその影響力は及んでいる。高齢者や障がい者の顧客にどのように接すべきかとまどっていた職員が、障がいのある職員の姿に触発されて、サービス介助士の資格取得を目指すようになったというケースもあった。「業務を通じて人の役に立ちたい」との思いから、知的障がい者が雇用されている職場へ異動を希望した職員もいる。

このように障がい者雇用のメリットは、単に法定雇用率の達成にとどまらない。組織内部に「人間に対する感動」や「人への配慮の気持ち」、またCSRに重要な社会貢献への意欲を醸成することにもなっているのである。

障がい者雇用に関しては、障がい者本人やその家族ばかりでなく、自治体、特別支援学校、顧客や株主など地域社会全体の期待が集まっている。したがってその促進は、地域のステークホルダーとの関係性の強化にも重要な意味を持つ。山陰合同銀行や鹿児島銀行は、自社の障がい者雇用モデルを地元他企業に積極的に公開することで、地域全体の知的障がい者雇用の促進を図ろうとしており、注目に値する。

地域におけるノーマライゼーションは、ＣＳＲの一環として今後一層重要性を増すと思われる。したがって障がい者雇用への取り組みは、地元のリーディング・カンパニーとしての地域金融機関にとってきわめて重要な使命であるといえよう。

参考文献・資料

厚生労働省、内閣府政策統括官（共生社会政策担当）、独立行政法人高齢・障害者雇用支援機構の各ウェブサイト
厚生労働省「障害者雇用状況の集計結果」二〇一〇年六月調査
厚生省『厚生白書平成九年版』
内閣府『障害者白書平成一四年版』
総理府編『障害者白書平成一一年版』
日経連ダイバーシティ・ワーク・ルール研究会［二〇〇二］『原点回帰――ダイバーシティ・マネジメントの方向性』

ケーススタディ11　千葉銀行の障がい者雇用への取り組み

ちばぎんハートフルの設立とその業務

千葉銀行は二〇〇三年三月の創立六〇周年を機に、地域貢献活動の一環として、富津《ふっつ》市鬼泪山《きなだやま》への植樹、九十九里浜海岸の清掃活動など、緑化活動や水質保全活動を開始した。〇六年一二月にはさらに、CSRに基づいた障がい者雇用の一層の促進を図るため、「ちばぎんハートフル株式会社」（以下「ちばぎんハートフル」）を設立。〇八年一月からは、「誰もが安心して来店できるサービス体制」の構築を本格化させた。

千葉銀行では一九九八年から、障害者雇用促進法によって定められた法定雇用率を達成していたが、竹山正《ただし》頭取（当時）の肝入りでさらに重度の障がい者にも就労の場を提供するために、〇六年七月に新プロジェクトを立ち上げた。プロジェクトによる組織横断的な検討の結果、〇六年一二月、障がい者を広く雇用する新会社としてちばぎんハートフルが千葉銀行真砂《まさご》支店の入居するテナントビルの四階に設立された。同社は〇七年四月に業務を開始、五月に特例子会社の認定を受けた。

ちばぎんハートフルの主な業務内容は、①千葉銀行で使用されるゴム印の作製、②夜間金庫用伝票等のバーコード伝票の作製、③千葉銀行およびグループ会社で使用される名刺の作製、④手形・小切手帳の印刷・製本業務、⑤住宅ローン申込書類、デリバティブ（金融派生商品）取引関連書類などの発送業務などで、主として千葉銀行から業務を受託している。

ちばぎんハートフルは、社長の他役員一名、千葉銀行からの出向者等八名、聴覚障がい者六名、身体障がい者五名、知的障がい者九名の総勢三〇名で運営している（二一年四月現在）。同社で使用しているパソコンや機械設備、家賃などは千葉銀行が負担しているが、自社として採算性を向上すべく、さまざまな業務改善努力や顧客開拓を行っており、今後の投資は自力で行うことを目指している。

従来、千葉銀行ではゴム印や名刺の作製業務を外部の業者に発注していたが、ちばぎんハートフルの設立を機に、同社にシフトした。名刺に関しては当初は外部の業者も併用する予定であったが、ちばぎんハートフルの業務効率が想定以上に上がったため同社がすべて引き受けることになった。

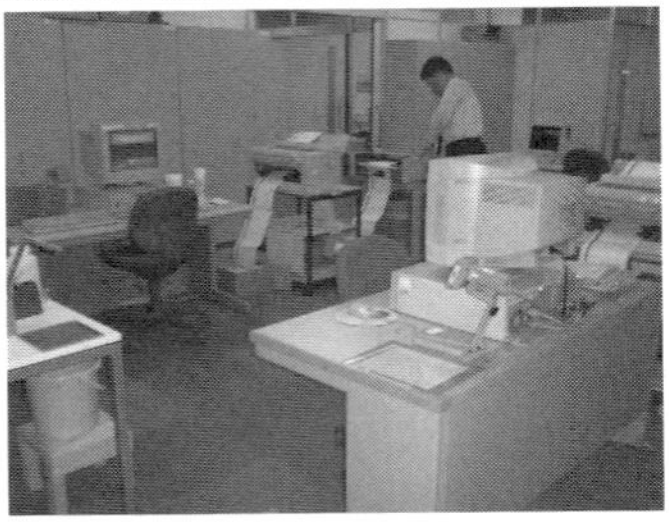

（上から）千葉銀行真砂支店外観，バーコード伝票作製の様子，名刺作製の様子

手形・小切手帳の印刷・製本業務は職員三名が担当している。各営業店からの発注数量を確認した後、自動印刷機にデータを送信し、白地の手形・小切手用紙をセットすると、顧客名、支店名、口座番号などが印刷されて出てくる。職員は用紙のセッティングやインクカセットの交換など、印刷が円滑に行われるように注意を払う。

通常の印刷機はインク切れなどのエラーが出ると音で知らせるものが多いが、ちばぎんハートフルで使用されている自動印刷機は耳が不自由な職員でも対応できるよう、ランプの点滅でエラーを知らせる特殊仕様となっている。

印刷・製本が完了すると、各営業店の発注数に応じて仕分けされる。各営業店名が表記された箱に、製本された手形・小切手帳が職員の手で収められる。この際、誤発送防止のため必ず三名の職員ないし出向者が目を変えてチェックを行っている。

整然と仕分けされた手形・小切手帳

各職員はそれぞれ担当業務の受け持ちがあるが、住宅ローンやデリバティブ取引などの書類の送付作業は全職員で行う。作業ミスを防ぐため、伝票には顧客ごとに水色の紙が挟まれており、打ち出された帳票を切り離す際の目印となっている。

コミュニケーションの重視

ちばぎんハートフルでは業務開始にあたり、「円滑なコミュニケーション」を最も重視した。当初は社内メールを活用していたが、メールのみでは親密度の向上には限界がある。そこで、社内で手話勉強会を開催した。全職員が手話で簡単なあいさつができるようになったことでチームワークが強まった。この手話勉強会は、同じビル内で営業する千葉銀行真砂支店や同行支店支援部の行員も交じえ、定期的に開催されるようになった。

千葉銀行では、ちばぎんハートフルのこうした取り組みを行内報『ハートフルインフォメーション』やビデオレターで定期的に各営業店に紹介している。ちばぎんハートフルの職員が助け合いながら仕事に取り組んでいる姿は、全行員に感動を与えているようである。

組織内部での影響と連携

千葉銀行ではそれまで、ロビー・アシスタント（窓口案内担当者）が、高齢者や障がい者の顧客にどのように接すればよいかわからず戸惑うことがしばしばあった。それがちばぎんハートフルの開設を機に、少しずつ変わっていった。同社の職員たちの仕事に取り組む姿は多くの行員に感動を与え、接客に戸惑っていたロビー・アシスタントがサービス介助士の資格取得を目指すようにもなった。資格を取得した行員は、何より接客に際しての心構えを習得することで自信をもって業務に臨めるようになったという。

また千葉銀行では、前述の通り〇八年一月から「誰もが安心して来店できるサービス体制」の構築を本格化させ、「ハード面、ソフト面、ハート面」という三つの側面からのサービス強化に努めている。

ハード面では、音声案内機能を備えたＡＴＭの設置（二〇一〇年度末までに原則として全台を切り替える予定）、「千葉県福祉のまちづくり条例」に対応した店舗改修等、店舗設備のバリアフリー化に力点を置いている。

ソフト面では、高齢者や障がい者の顧客を対象とした接遇マニュアルを策定。各営業店の支店長が月に一回、店内の接客状況などを確認することとしている。

一方「ハート面」とは、接客を担当する行員のマインド向上を目指した取り組みであり、前述したサービス介助士の資格取得や、千葉銀行行員とちばぎんハートフル職員との交流などが行われている。現在、千葉銀行グループ全体におけるサービス介助士の資格取得者は三四四名（一一年三月）。今後も資格取得者を増やしていく予定である。

真砂支店はこれらの取り組みのモデル店舗とされている。同支店の主な営業地域はＪＲ東日本・京葉線検見川浜《けみがわはま》駅を中心とした住宅街であり、高齢者や障がい者でも安心して来店できる店舗づくりを目指し、点字ブロック、手すり、スロープ、車いす利用者向け駐車場、車いすのまま席につけるローカウンター、音声案内機能付きＡＴＭの設置など、積極的なバリアフリー化を行っている。

こうした千葉銀行における接客面での向上やサービス介助士資格へのモチベーションの向上、バリアフリー化の進展は、ちばぎんハートフルとの有機的な連携によって可能となったものといえよう。

真砂支店の店内に設置された手すりとスロープ

障がい者雇用と顧客サービスの連携

ちばぎんハートフルでは、職員たちがさまざまな創意工夫を重ね、業務を正確に遂行できる体制を整えている。同社で障がいのある職員たちが仕事に取り組む姿は千葉銀行の行員をも触発し、「誰もが安心して来店できるサービス体制」の構築にも大きな影響を与えた。ちばぎんハートフルに出向している職員は、同社職員との交流を通じて、真砂支店の行員が「以前より人に配慮する姿勢をもてるようになった」と語る。ちばぎんハートフルは今や、障がい者やその家族だけでなく、自治体や特別支援学校なども含め地域社会全体の期待を集めている。

多くの金融機関が個人リテール業務の強化に取り組むなかで、顧客サービスの向上は重要な経営課題の一つとなっている。千葉銀行の事例は、障がい者雇用と新たな顧客サービス体制の構築を連動させている点で注目に値する。同行では障がい者雇用を軸に、バリアフリー化などのハード面、サービス介助士資格取得などのソフト面、そしてグループ内での連携を通じた行員のマインド向上などの「ハート面」と、顧客サービス向上のための総合的な取り組みを行っている。こうした取り組みは、金融機関のCSRと顧客サービス向上策がどのように一体的に進められるべきかについても、多くの示唆を与えてくれるだろう。

ケーススタディ12　山陰合同銀行の障がい者雇用への取り組み

ごうぎんチャレンジドまつえ開設

二〇〇七年九月、島根県松江市に本店を置く山陰合同銀行は、市内の旧北堀出張所跡に知的障がい者が就労できる事業所「ごうぎんチャレンジドまつえ」（以下「チャレンジドまつえ」）を開設した。事業所は二階建てで、一階が主にPR品製作、二階が事務業務にあてられている。同行が知的障がい者の雇用に取り組み始めた背景には、身体障がい者と比べて雇用機会が少ないという地域の実情があった。能力や就業意欲があっても就労の場がないという状況を受けて、古瀬誠頭取の肝入りで取り組みがスタートした。

ごうぎんチャレンジドまつえ外観

同行は知的障がい者雇用に取り組むに当たり、①知的障がい者の自立支援の促進と、②知的障がい者就労のビジネスモデルづくりを主眼とした事業所を計画、〇七年に「チャレンジドまつえ」の開設に至った。

知的障がい者の自立支援の促進のためには、ボランティアなどの形態ではなく常用雇用によって経済的な自立を図れるようにする必要がある。「チャレンジドまつえ」では、職員は週五日・六時間勤務に就き、健康保

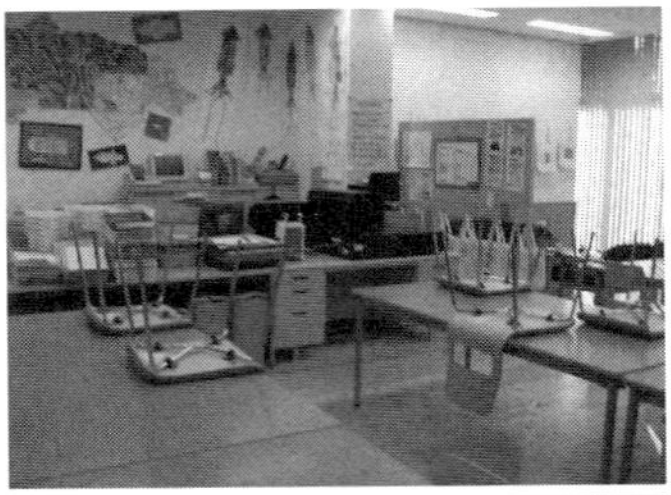

（上）「ごうぎんチャレンジドまつえ」の1階，PR品製作フロア
（下）同2階，事務作業フロア

険・厚生年金・雇用保険等の社会保険に加入。月収は八万円程度で、障害者基礎年金と合わせると月一四～一五万円程度となる。

業務内容としては、「知的障がい者就労のビジネスモデルづくり」を意識し、山陰合同銀行の各店舗で配布されるオリジナルPR品の製作と事務業務を担っている。これにより、それまで顧客に配布していた食品用ラップや歯磨き粉などのPR品の購入費および、外注していた事務業務のコストが削減された。その削減分は障がい者雇用の原資とし、追加経費の発生を抑えている。また後述するように「チャレンジドまつえ」のオリジナルPR品は評判も良く、同行のイメージアップにも役立っている。山陰合同銀行にとって「チャレンジドまつえ」の事業は、業績依存型の社会貢献活動や慈善活動ではなく、「本業を通じたCSR」の一環であるといえよう。

また同行では「チャレンジドまつえ」の運営にあたり、職員の能力開発を重視している。採用にあたっては、就労意欲や通勤可能であることなどのほかに「絵を描くのが好きであること」が条件とされ、入所後は所長を含め三名の職員が指導にあたる。さらに外部から週二回講師を招き、午前九時から一二時までの三時間、絵画指導が行われる。これにより職員は業務を通じて絵画の技能を伸ばすことができる。次項で述べるように、PR品の図柄には職員が描いた絵が使われている。

なお、「チャレンジドまつえ」は山陰合同銀行の特例子会社ではなく、同行の経営企画部に属している。知的障がい者は開設当初に六名を採用、その後ほぼ毎年採用され、現在では二〇名に及んでいる。

PR品の製作とその反響

PR品の完成度を左右する絵画は、「キミ子方式」と呼ばれるやり方で製作されている。「キミ子方式」とは、職員の能力や才能を引き出し、高めることができる技法とされ、①赤・青・黄の三原色と白だけを用いて自分だけの色をつくる、②下書きをしない、③画用紙から絵がはみ出しそうになったら新しい画用紙を継ぎ足す（一枚の画用紙の大きさにこだわらない）、という描き方である。

「キミ子方式」で描かれた絵画は、「チャレンジドまつえ」オリジナルの各種PR品（エコバッグ、はがき入れにもなる木製通帳ケース、マグカップ、紙製の定期預金証書入れ、お年玉袋、ディスクロージャー誌*、イメージポスター、カレンダーなど）に採用され、合銀各店舗でPR用に配布されている。開設から一年間で、エコバッグ一万一〇〇〇個、木製通帳ケース五五〇〇個が顧客や株主に配布された。木製通帳ケースは、通常は廃棄される間伐材を有効活用したもので、紙やすり等で磨き上げて手触りをよくするなど、一つ一つ手仕事で丁寧に仕上げられている。障がい者雇用と環境保全という二つのメッセージを表すPR品として独創的といえる。

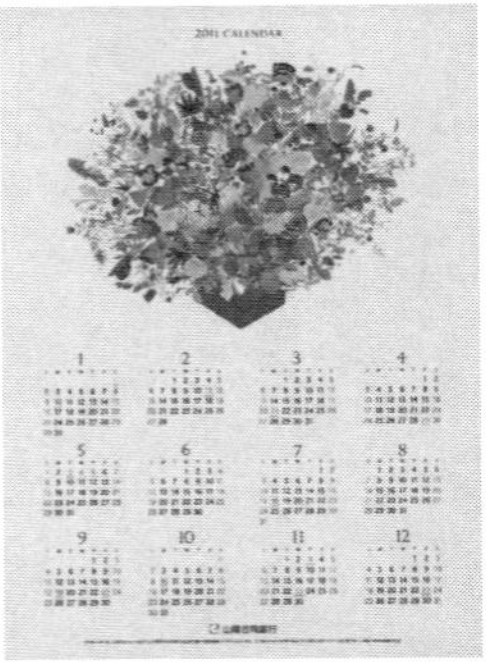

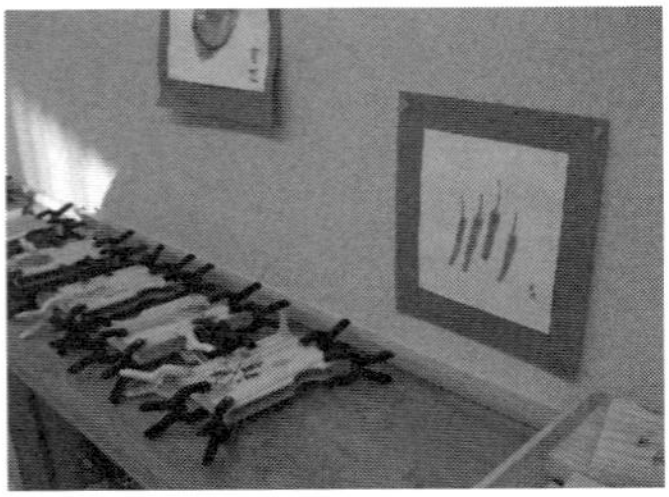

（上）エコバッグなどのPR製品
（中）職員の描いた作品を使ったカレンダー
（下）木製通帳ケースの製作途中工程。接着剤を乾かしている様子

「チャレンジドまつえ」では地域社会に対する情報公開とアピール活動にも積極的に取り組んでいる。開設時には地元住民を招いて設立趣旨説明会を開催。活動開始後は、各営業店のロビーや島根県立美術館ギャラリーなどで職員の描いた作品の原画展を開催するなどして、顧客や地域社会の理解を得るにしたがい、次第に注目を集めるようになった。ＰＲ品に印刷された職員の作品にはすべて作者のサインが

＊　金融機関は銀行法・信用金庫法等に基づき、業務・経営・財産状況を説明する資料を作成し公開することを義務づけられている。この資料を一般に「ディスクロージャー誌」と呼ぶ。財務内容だけでなく、経営方針や組織概要、商品・サービス内容など、企業活動全般を判断するために必要なあらゆる情報が掲載されている。二〇〇六年度以降は半期ディスクロージャー誌の開示が義務づけられ、〇八年度からは金融商品取引法により、四半期報告制度が上場企業等に義務づけられた。

入っている。それをたよりに、ＰＲ品を手にした顧客や株主などから職員宛に手紙が届くこともある。

職員の年齢層は一〇代～五〇代と幅広いが、職場のコミュニケーションはスムーズで、明るい雰囲気のなかで業務が行われている。このような環境の良さも、職員たちが良い作品を生み出すうえでプラスに働いている。

事務業務

事務業務としては、名刺・伝票の印刷や冊子・パンフレットの封入などを行っている。現在、山陰合同銀行の名刺の大半は「チャレンジドまつえ」で作製されている。伝票の印刷についても、従来はすべて別の関連会社に発注していたが、現在は「チャレンジドまつえ」が一部を請け負っている。

さらに、これまで山陰合同銀行の子会社である山陰オフィスサービスの地区センターで集中処理を行っていた他の事務業務に関しても、内容や効率などを考慮しつつ、部分的に「チャレンジドまつえ」が引き受けている。

障がい者雇用のさらなる展開

山陰合同銀行は、知的障がい者の自立支援促進と、その雇用を前提としたビジネスモデルの確立を一体的に目指すことで、ＣＳＲを経営に統合させる試みを行っているといえる。

「チャレンジドまつえ」は現在、障がい者雇用のための追加経費を発生させず、かつ職員の能力開発を行うという困難な課題に取り組んでいる最中である。開設時の予想を超えて職員の習熟度と働く意欲が高まっている点で、その取り組みは成功を収めているといえる。山陰合同銀行では、地域における知的障がい者雇用をさらに広げることを目指し、「チャレンジドまつえ」で培われた「知的障がい者就労のビジネスモデル」と運営ノウハウを公開している。

加えて最近では、島根県行政と連携しつつ、「チャレンジドまつえ」の職員が製作した絵画を「地域の資源」として活用する新たな試みも始めている。「ゆめいくワークサポート事業」と名づけられたこのプロジェクトは、同行が職員の絵画作品を県に無償で貸し出し、県はそれらを社会福祉協議会を通じて地元企業にデザイン用素材として紹介するというものである。希望する企業は利用料を支払い、製品等の図柄に作品を複製使用することができる。その利用料は県の障がい者自立支援事業に活用される。知的障がい者の芸術的才能が地域に新しい経済活動を創出し、地元活性化に貢献することを目指すスキームである。すでに大手生命保険会社や食品メーカーなど数社が利用している。

近年ではＣＳＲの観点から障がい者雇用の拡大を図る金融機関が増えているが、そこにはさまざまな課題が伴う。山陰合同銀行と「チャレンジドまつえ」の事例は、障がい者の自立支援・能力開発と企業価値の向上を両立させるビジネスモデルとして、つまり「本業を通じたＣＳＲ」の面で、極めて重要なモデルケースであるといえよう。

第六章　ＣＳＲコミュニケーションの考え方とその取り組み

金融機関とＣＳＲコミュニケーション

二〇〇〇年代初頭からＣＳＲに積極的に取り組む金融機関が増加し、現在では経営戦略の重要な柱と位置づけている会社も少なくない。ＣＳＲに取り組み始めた当初は、活動の内容に専ら関心が寄せられ、それを顧客、株主、従業員、地域社会などステークホルダーにどのように伝え、ステークホルダーからの意見をどのように聴取し、相互理解を深めていくのか（＝ＣＳＲコミュニケーション）については必ずしも明確ではなかった。

しかし、ＣＳＲへの取り組みをステークホルダーに理解してもらわなければ、活動の継続は困難である。環境保全や多重債務問題の解決、障がい者や高齢者に配慮したサービスの提供やノーマライゼーション、そしてそれら全体を通じての地域活性化といった社会的な取り組みは、地域での認知度を高めることでよ

バンク・オブ・アメリカの電子看板

り一層充実し、課題解決に近づくことになる。

このため最近では、ＣＳＲコミュニケーションの重要性が広く認識されるようになったが、その実施はいまだ試行錯誤の段階といえる。

ある損害保険会社は一九九〇年代末以降、社員から出された「将来に残せるものを」というアイデアに発し、地球温暖化防止活動の一環として東南アジア等でマングローブの植林を行っており、広告戦略としてその活動をテレビ・新聞などのＣＭでアピールしている。社員が実際に植林作業を行っている映像を使用したＣＭは当時としては斬新であり、「環境に配慮した企業」のイメージの向上につながった。また右上の写真は、米国最大の民間銀行バンク・オブ・アメリカが、ニューヨーク市七番街のビル外壁に設置されたデジタルサイネージ（電子看板）に二〇〇五年に出した広告である。「昨年、私たちは子供や家族に七二〇〇万ドルを寄付しました」というメッセージが流れ、自社の活動をアピールしている。

しかし、こういった不特定多数の消費者を対象とした、マスメディアを介しての広告宣伝には多額の費用がかかる。また、金融商品の販売などと異なり短期間で効果が現れないこと、限られた経営資源のなかでどうしても後回しになりがちなこと、ＣＳＲの広告宣伝にコストをかけるとステークホルダーから批判される場合もあることなどから、多くのＣＳＲ担当者はマスメディアを用いたＣＳＲコミュニケーションは難しいと考えているようである。

そのため多くの金融機関では、テーマによっては専門誌などに広告を出すこともあるが、基本的にはCSR報告書やウェブサイト、店舗内ディスプレイなどの既存チャネルの活用、環境保全などをテーマとしたイベントの開催、新聞・雑誌等で活動を取り上げてもらうパブリシティなどに力を注いでいる。

近頃ではまた対外的な情報発信ばかりでなく、組織内部におけるCSRコミュニケーションの向上も重視されている。自社とそのCSR活動に対する誇りや自負を養うとともに、顧客への情報発信力の強化を図るためである。一方、近年の相次ぐ合併によって金融機関の規模が拡大しつつあるなかで、「外部への情報発信よりも、内部におけるコミュニケーション促進の方が難しい」という声も聞かれた。

このように今日の金融機関のCSRコミュニケーションは、厳しい経営環境のなか、既存のチャネルをいかに活用していくかが焦点となっているといえる。本章では多様な媒体のなかでも環境報告書・CSR報告書、店舗、パブリシティに焦点を絞り、最近の傾向や取り組みへの姿勢を概観する。また第二章で触れた環境会計・CSR会計に対する金融機関のスタンスも併せて検討する（環境会計の詳細については本章末の「補論」を参照）。なお、本章では損害保険会社へのヒアリングも参考としている。

環境報告書・CSR報告書

一九九〇年代後半からの環境意識の高まり、および近年のCSRコミュニケーション重視の機運のなかで、大手企業を中心に環境報告書が発行されるようになった。この頃は環境問題に取り組むことは企業にとって存続条件であるともいわれ、経済・社会・環境の三つの側面から企業を評価する「トリプルボトムライン」の概念も唱えられた。その後CSRの重要性が認識されるなかで、二〇〇三年前後からは環境報告書を「CSR報告書」ないし「CSRレポート」と題して発行するケースが増加した。たとえばソニーやトヨタ自動車は、従来は環境分野への取り組みを環境報告書として公表していたが、二〇〇三年度以降は「環境社会報告書」ないし「CSRレポート」に改編し、より幅広い分野の取り組みを扱うようになっている。

環境報告書やCSR報告書の作成については、環境省の「環境報告ガイドライン」やGRI*の「サステナビリティ・レポーティング・ガイドライン」など詳細な指標がある。初期には多くの企業がこれらのガイドラインに準拠し、また自社のCSR活動を網羅的に紹介しようとしたため、報告書は膨大なものとなりがちで、読者も研究者やNPO法人、SRIファンドのアナリストなどに限定されがちだった。これに対し、「これでは社内の人間や一部の研究者だけを対象にすることになり、開かれたCSRレポートとはいえない」という意見も出されるようになった。

＊ GRI（Global Reporting Initiative）は、CSR報告書（サステナビリティ報告書）のガイドライン策定を目的に設立された国際NGO。オランダ・アムステルダムに本部があり、国連環境計画（UNEP）、国連グローバルインパクト、経済協力開発機構（OECD）とも協力して活動を行っている。二〇〇〇年にGRIガイドライン第一版、〇二年に第二版、〇六年に第三版、一〇年には人権、ジェンダー、地域への影響という三項目を加えた「G3・1」を発行している。

そのため最近では、「誰を対象としたレポートなのか」を常に念頭に置き、わかりやすさ、手に取りやすさ、省資源を意識した報告書を作成する企業が増えている。金融・保険業界でもこの動向は見られ、たとえばある金融機関は冊子の厚みを抑えるため、財務数値などのデータを割愛し、別途ウェブサイトで閲覧できるようにした。また、ある損害保険会社はこれまでCSR報告書を数万部発行していたが、やはりウェブサイトによる電子化を活用することで発行部数を削減することを検討している。なかには、自社のCSR活動の多様性を広くアピールするためにはある程度のボリュームが必要と考えている損害保険会社もあったが、多くの金融機関・保険会社では報告書のボリューム削減が意識されているようである。

また、経営トップの言葉や活動報告などが中心だった従来のCSR報告書と異なり、現場の社員・職員が報告書に多く登場するようになったことも最近の傾向である。このような変化の背景には、昨今の人材重視の考え方があると思われる。なかには社員自身に自らの担当業務について寄稿させるなど、社員参加型の報告書づくりを行っているところもある。ある担当者は、「CSRレポートに写真入りで紹介されることが、社員のインセンティブ向上につながっている。また担当者本人がCSRレポートを書くことで、情報公開や説明責任における説得力を強化できるのではないかと思う」と語っていた。

CSR報告書の電子化・映像化に力を入れてきたのがりそなグループである。同グループでは冊子版と同時に映像版CSR報告書を作成し、各営業店内に設置されたプラズマディスプレイで流したり、各種セミナー、交流会、採用イベントなどで放映している。このように紙媒体と電子媒体を併用することで、顧客等への公開の機会が増えるので、CSR報告書のより有効な配布手段といえよう。

ＣＳＲへの内外の関心の高まりに伴い、報告書で扱われる内容も環境問題への取り組みだけでなく地域社会への貢献など、多様化していった。その一方で、ステークホルダーへの説明責任を果たすため、環境会計などによってそれらの取り組みを定量的に把握し、公表していこうという機運が九〇年代頃から高まっていった。

環境会計・ＣＳＲ会計に対する金融機関のスタンス

ただし、第二章でも述べたとおり、現状では環境会計を導入している金融機関・保険会社は少ない。説明責任の観点から導入に前向きな金融機関も少数ながら存在するが、多くは導入に慎重な姿勢をとっている。ある損害保険会社は、環境会計を導入してみたものの、相対的に環境負荷の少ない金融・保険業では扱う金額が小さく、指標としても使いきれていないという。

環境会計はＣＳＲ評価の際の調査対象項目にもなっており、導入しているかどうかがランキングに影響を与えることもある。しかし、ある損保会社のＣＳＲ担当者は、そのことを考慮しても、「環境会計には『鉛筆をなめる』（数字を操作する）余地があり、導入には慎重にならざるをえない」と語っていた。第二章でも述べたように、環境会計の恣意性や不確実性が、導入が進まない一因となっているのである。

ＣＳＲ会計を導入している金融機関はさらに少ない。麗澤大学企業倫理研究センターによれば、ＣＳＲ会計とは「情報の利用者（企業内外のステークホルダー）が企業のＣＳＲ問題にかかわる事象をリスクと認識して判断や意思決定ができるように、ＣＳＲリスクのマネジメントのあり方とＣＳＲパフォーマンスの向上に関連する活動を、財務諸表の会計数値に基づいて貨幣単位で識別、測定して伝えるプロセス」（『ＣＳＲ会計ガイドライン』一六頁）と定義される。具体的には、「従来の財務活動に加え、経済、環境、社会の三つの側面に関する企業活動のすべてを」（同、一一頁）貨幣価値として算出する会計システムということになる。ある損保会社は環境会計の枠組みをベースに、社会貢献活動、倫理・コンプライアンス活動、環境保全活動を対象にコストと効果を測定し、ステークホルダーにどれだけの資金（株主であれば配当、顧客であれば保険金正味支払、地域社会であれば寄付金など）を分配してきたのかを公表している。

ＣＳＲ会計を導入する際の問題の一つは、算入項目の決定基準である。たとえば、コピー用紙や電力の使用量削減などの環境負荷低減への取り組みは、数値での把握が可能である。しかし、「商品やサービスの適切性」「活気のある職場」といった非物質的な価値は、将来のＣＳＲリスクを未然に防ぐために重要であるにもかかわらず、数値化できないためＣＳＲ会計に算入されない。ある損保では、このように算入項目に恣意性が残る状態ではステークホルダーに納得のいく説明を行うことはできないという結論に達し、とりやめることを決定した。この会社では実際にＣＳＲ会計の報告に対して社員や顧客の理解を得ることができず、経営指標として活用することもできなかったという。

環境会計・ＣＳＲ会計の問題点

一九九〇年代後半以降、環境報告書・ＣＳＲ報告書や環境会計・ＣＳＲ会計がステークホルダーとのコミュニケーションやディスクロージャーの観点から注目されるようになったが、同時にその課題も浮き彫りとなりつつある。とりわけ金融・保険業界では、導入が進まない要因として、①環境負荷が相対的に少ない金融・保険業では、環境保全活動を金額に換算して公表する意義が小さい、②環境会計・CSR会計における数値化や算入項目の決定基準から恣意性や不確実性を排除することが難しい、という根本的な問題点がある。

それでも環境会計に関しては、環境負荷低減などの数値化がある程度可能なため、導入自体は不可能ではない。しかしCSR会計の場合にはより困難な問題がある。将来のCSRリスクの防止・低減のために取られる行動や社会貢献活動など、非物質的な価値を生み出す諸活動は数値化がきわめて難しい上、CSRに取り組む姿勢や活動内容は企業によって大きく異なる。したがって会計化する上で、業種、地域特性、企業の個別要因を捨象して一律の基準を設けることは極めて難しい。つまりCSR会計を導入するにあたり、企業は数値化や算入項目などに関して独自の基準を設け、CSR価値の金額への換算によってステークホルダーに何を伝えたいのかを明確にしなければならない。それなしに単なる数値化・計算を行うだけでは、ステークホルダーにとって有益な情報公開とはなりえないのである。

R・ライシュは「企業の予想利益はその株価によって測ることできるが、他の『利害関係者』の利害に対して、いかに企業が対応すべきかを測る同様な手段はない」と指摘している（ライシュ［二〇〇八］二四三頁）。環境会計やCSR会計は、企業利益以外の価値に光を当て、それを社会化するための一つの手段として試みられているものではあるが、その本格的な導入にはまだ多くの課題が残されている。

店舗におけるＣＳＲコミュニケーション

金融機関の店舗はＣＳＲコミュニケーションの最も重要なチャネルの一つである。九〇年代半ば以降、テレフォンバンキングやインターネットバンキングなどの非対面型チャネルが導入されると、金融業界では取引・維持コストの高い店舗チャネルについて不要論・削減論が起こった。しかし、店舗は顧客とじかに接することができる数少ないコミュニケーションチャネルであり、依然としてその重要性を失ってはいない。

バンク・オブ・アメリカの店舗外壁に掲げられた電子看板

たとえば先に触れたバンク・オブ・アメリカは、繁華街のデジタルサイネージだけでなく、店舗を活用したＣＳＲコミュニケーションにも力を入れている。筆者の訪問時、その店舗正面入口に設置された電子看板には「私たちは地域そして人々に数十億ドルを投資しています」というメッセージが流れていた。市街地や繁華街に位置する店舗は、顧客だけでなく不特定多数の通行人に情報を発信するのに極めて有効な宣伝媒体となりうるのである。

入口や外壁だけでなく、店舗内部もまた重要な宣伝媒体である。例えば環境配慮型金融商品の場合、顧客に環境保全への関心を持ってもらうことが販売・ＣＳＲ戦略の両面で必要不可欠である。その点、りそな銀行の無通帳預金口座「ＴＩＭＯ（ティモ）」（**ケーススタディ13**参照）は、商品広告とＣＳＲコミュニケーションを巧みに結びつけたユニークな例といえよう。また第四章で見たように、ＣＳＲとしてのバリアフリー化を推進している金融機関にとっては、店舗それ自体がＣＳＲコミュニケーションの不可欠で重要なツールとなっている。

しかし現実には、多くの顧客にとって金融機関は「お金を預け、管理してもらったり、投資の相談をするところ」であり、ＣＳＲ活動を行っているという印象は薄い。店舗内外に設置した不特定多数を対象とするＣＳＲ広告にどれほどの効果があるのかは測りがたいところがある。そこで特に注目されるのが、顧客との直接的な接触を通じてＣＳＲ活動を理解してもらうことのできる、店舗内での金融教育である。

小・中・高校生という金融機関にまだなじみの薄い若年層を対象に行われる金融教育は、将来を担う世代に金融に興味を持ってもらうための貴重な機会である。その内容は金融機関によってさまざまだが、一般的には「金融・経済のしくみ」「金融機関の役割」といったテーマで講義やセミナー、イベントが行われることが多い。ＣＳＲの一環として多重債務問題に取り組んでいる労働金庫では、就職を控えた高校生などを対象に、多重債務に陥らないようにするための知識を講義している。

現状では講義等に際して金融機関の職員が学校に出向く場合が多いが、なかには店舗見学ツアーを企画して子どもたちを招き、講義のあとで地下金庫や頭取室を案内したり、子どもたちが行員にインタビューする場を設けるなどの試みを行っている金融機関もある（ケーススタディ１参照）。金融教育はまた、子どもたちの保護者にＣＳＲへの取り組みを知ってもらい、新たに顧客となってもらうための好機でもある。

また、多重債務相談に訪れた顧客にとっては、金融機関の店舗は忘れがたい経験をした場である。多重債務が解決した後も「ちょっと近くまで来たので」と店に顔を出し、担当者に会いたがる顧客もいる。このような顧客ロイヤリティの向上は店舗があってこそ可能であり、ＣＳＲ活動には「フェイス・トゥ・フェイス」の関係が重要だと考えている職員も多い。

「フェイス・トゥ・フェイス」の意識を養うインターナルマーケティング

ＣＳＲ活動は時として、社会の意識変革にコミットしていかなければならないこともある。「使い捨て」の象徴とされる割り箸は、熱帯雨林破壊の観点から批判され、「マイ箸」運動も依然として盛んだが、実は割り箸と環境問題との関係がより複雑であることは広く知られているところである。* 奈良県のある地域金融機関では、地元の吉野杉の間伐材（樹木の生長が妨げられないように行われる「間引き」で発生する木材）などから作られた割り箸をＰＲ品として用いている。この金融機関では、間伐材由来の割り箸を使うことで森林の手入れの重要性をアピールし、林業の活性化や地球温暖化防止に貢献したいと考えている。職員は店頭で割り箸のＰＲ品を渡す際、この考え方を顧客にしっかりと伝えるよう指導されている。

＊　従来、国内産の割り箸は間伐材や木材加工時の端材などで作られ、森林破壊への影響はほとんどなく、むしろ森林保全に役立っていた。しかし一九六〇年代に木材輸入が段階的に自由化されたことに伴い、国産材の自給率は急激に低下した。建築等に用いられる用材自給率は、一九五五年の九四・五％から二〇〇九年には二七・八％に激減している。一方、割り箸の販売量に占める輸入の割合は九六・八％であり、うちほとんどが中国からの輸入である（環境省ウェブサイト「平成二一年度第五九回循環型社会計画部会議事次第資料」より）。世界有数の「森林大国」が「木材輸入大国」であるという矛盾のもとで、国内の森林経営（林業）は採算が合わなくなり、各地で間伐などの手入れがされない放置林が増え続け、森林荒廃が進んでいる。こうした状況のもと、例えば全国森

林組合連合会は間伐および間伐材利用の重要性をアピールするため、二〇〇〇年に「間伐材マーク」を制定するなど、一般消費者に対する啓蒙や消費拡大に向けた広報活動も行われている。

しかし、間伐材と森林経営の問題が指摘されているとはいえ、割り箸が「使い捨て」であることは事実である。それに対するエコ・アクションとして「使い捨てをやめるマイ箸運動」が盛んに行われている状況のもと、割り箸をもって森林保全や林業活性化をPRすることは容易ではない。このように社会の意識変革に関わる困難な取り組みを理解してもらう際に重要となるのが、顧客との「フェイス・トゥ・フェイス」のコミュニケーションである。筆者のヒアリング調査でも、CSRコミュニケーションには自社のCSR活動の意義を深く理解し、顧客と「フェイス・トゥ・フェイス」の関係を構築できる人材を育成することが不可欠だという声が少なくなかった。

その育成策の柱として、最近ではとりわけインターナルマーケティング（企業が従業員に対して行うマーケティング）が重視されている。これはむろんCSRコミュニケーションにおいてだけでなく、サービスの質を向上させる上でも極めて重要である。職員のニーズを的確に把握しながら、自社の経営理念を理解し仕事への誇りとサービス精神を持てるように育成を行うことで、企業風土や愛社精神が醸成され、それが顧客ロイヤリティの向上や離職率の低減につながるからである。具体的には、毎月発行される社内報（冊子やイントラネットに流されるウェブ版）でCSR特集を組むといった取り組みがなされている。しかし社内報は事務通達と異なり、業務中にじっくり読むことはできないと考える職員が多いため、関心度がなかなか高まらないという声もあった。

そこで、第二章で見たような「ノーネクタイ運動」やＣＳＲ研修など、いわば「実地のインターナルマーケティング」も併せて行われている。ある損保会社では、「ＣＳＲは本社の管轄」という意識を払拭し、職員一人ひとりに積極的に取り組んでもらうために、本社のＣＳＲ担当部署と現場のＣＳＲ担当者がじかに話し合い、ＣＳＲを組織内により浸透させるための方策を検討する場を設けている。また、「ＣＳＲ賞」を設け、年に一度、企画の独自性や継続性、職員の参加の度合いなどを基準に店舗単位で表彰を行い、モチベーションの向上に努めている金融機関もある。

パブリシティへのスタンス

ＣＳＲ活動をメディアに取り上げてもらうことで、社会的認知度が高まりブランドイメージも向上する。そのことで職員のモチベーションが上がり活動がさらに促進される効果も期待できる。そのためパブリシティはＣＳＲコミュニケーションにおいても重視される。

企業が直接的に消費者等に訴求する広告とは異なり、パブリシティはより客観性があるとみなされており、企業の社会性が重視されるＣＳＲ活動のＰＲツールとしては最も重要なものといえる。Ａ・ライズとＬ・ライズは、ブランドとは「生まれ出るものであって、作られるものではない」とし、パブリシティによる認知度の向上がブランド創出に欠かせないことを指摘する。彼らによれば、広告はブランドの「維持」に必要だが、ブランドが生まれるためにはパブリシティがなければならないのである（ライズ［二〇〇三］）。

ブランドの創出にあたり広告とパブリシティのどちらを積極的に活用するかについては、その企業の直面している競争環境に応じて大きく異なるため、一概に論じることはできない。しかし筆者のヒアリング調査では、パブリシティによってまず組織内部におけるＣＳＲへの理解度が高まったという声も聞かれた。ただ、ＣＳＲコミュニケーションのなかでパブリシティの回数などに具体的な目標を設定している金融機関はなかった。これは、メディアに取り上げられることが目的化し、肝心のＣＳＲ活動が変質してしまったり、職員のなかに「何のためにやっているのかわからない」という意識が生じることを避けたいという考えによる。

ＣＳＲコミュニケーションの将来

一九九〇年代以降の環境・ＣＳＲへの関心の高まりに伴い、環境報告・ＣＳＲ報告に関するガイドラインが出された。金融機関のＣＳＲ担当者は当初、これらのガイドラインに基づき「ＣＳＲとは何か」についての自社の見解をまとめたり、従来から行ってきた活動がＣＳＲに該当するのかどうかを判定することにエネルギーを費やしてきた。筆者がＣＳＲに関する調査研究を開始した二〇〇五年頃の時点でも、「ＣＳＲが規格化されれば楽なのに」という声があった。自主性・自発性・独自性を旨とするはずのＣＳＲではあるが、現場レベルでは「ＣＳＲとは何か」をめぐり混乱やとまどいがあったのである。

一方研究者は主としてステークホルダーへの説明責任という観点から環境会計やＣＳＲ会計の有用性を説き、企業はそれに応じる形で環境負荷低減量などを金額に換算して公表した。それらをもとに雑誌などがＣＳＲ評価ランキング等を報じ、専門家や研究者による環境報告書・ＣＳＲ報告書の評価もなされていった。

こうした外部からの評価を高めるために、環境会計やＣＳＲ会計を導入し、ガイドラインに沿った報告書を作成することには一定の意義があろう。しかしそれらには「誰に読んでもらいたいのか」という視点があまりなく、内容が専門的になり過ぎているなどの問題点が指摘されるようになった。そうしたなかで、真にステークホルダーの方を向いた報告書をいかに作成するかが意識されるようになってきた。

ＣＳＲコミュニケーションに反映される組織的な特性を把握し、活用することも重要である。たとえばＣＳＲの一環として多重債務問題に取り組んでいる労働金庫では、労働組合を通じた独自のチャネルが活用されている。また相対的に営業地域が狭い中小金融機関では、メディアよりも口コミが地域におけるＣＳＲコミュニケーションに有効となる場合もあろう。

ＣＳＲ経営が注目されてから約一〇年を経て、金融業界でもＣＳＲコミュニケーションのあり方を見直す動きが始まっている。既存のチャネルを活用しつつ、さまざまな制約条件のなかで新たなコミュニケーションのアイデアを生み出すことが求められている。その際、情報の受け手であるステークホルダー（顧客や地域社会）の立場に立った情報の価値判断が今後いっそう重視されていくことになろう。ヒアリング調査のなかでも、「心温まる話題を盛り込んでいきたい」「より分かりやすく、より親しみやすく」「社会問題への関心をステークホルダーと共有できるよう、十分な説明に努めたい」など、顧客や地域社会に理解を深めてもらうことを課題とする声が多く聞かれた。

【補論――環境会計について】

一九九〇年代以降、ステークホルダーへの説明責任を果たすための枠組みとして、環境会計に大きな関心が集まった。九五年、米国環境保護局（ＥＰＡ：Environmental Protection Agency）が環境会計の入門書を公表、九八年にはカナダ勅許会計士協会（ＣＩＣＡ：Canadian Institute of Chartered Accountants）が『環境コストと環境負債』と題した報告書を発表した。欧州でも欧州委員会がエコマック（ＥＣＯＭＡＣ：Eco Management and Accounting）という研究プロジェクトを実施し、ドイツ環境省は九六年に『環境原価計算ハンドブック』を公表した。そして二〇〇一年には国連持続可能開発部（ＵＮＤＳＤ：United Nations Division of Sustainable Development）が『環境管理会計の手続きと原則』を公表するなど、環境会計の取り組みは世界的な広がりを見せた。

米国で環境会計に注目が集まった背景には、環境汚染等における企業の責任を追及する声の高まりのなかで、企業の側がリスクマネジメントの必要性を認識し始めたことがあった。八〇年に米国で制定された包括的環境対処責任法（スーパーファンド法）には、土壌汚染に対する企業と土地所有者の責任とその原状回復の義務化が明文化されている（『日本経済新聞』二〇〇三年六月四日）。一方欧州では、環境会計が環境に負荷を与える汚染物質の低減に活用されることが多く、ＣＳＲとしての側面がより強調されていた。

日本でも九〇年代後半以降、環境保全への取り組みを積極的に公表する企業が増え、その一手段として環境会計が活用されてきた。初期の段階では、先進的企業が導入に際して独自の基準を定めるなど試行錯誤の状態が続いたが、環境庁（現・環境省）が九九年に『環境保全コストの把握及び公表に関するガイドライン（中間報告）』を、二〇〇〇年に『環境会計システムの確立に向けて（二〇〇〇年報告）』を公表したことで、上場企業等を中心に導入する企業が飛躍的に増加した。

環境省は環境会計を「事業活動における環境保全のためのコストとその活動により得られた効果を認識し、可能な限り定量的（貨幣単位又は物量単位）に測定し伝達する仕組み」と定義した上で、その機能を内部機能と外部機能に分けている。以下では『環境会計ガイドブック』（以下『ガイドブック』、環境省［二〇〇〇a］）と『環境会計システムの確立に向けて（二〇〇〇年報告）』（以下『確立に向けて』、環境省［二〇〇〇b］）をもとに、環境会計の基本的な構造を概観しておこう。

（1）内部機能　環境会計（あるいは環境管理会計）の内部機能とは、「環境保全コストの管理や環境保全対策の費用対効果分析を可能にし、適切な経営判断を通じて効率的かつ効果的な環境投資を促す」機能を指す。いわば内部管理や経営の意思決定を目的とした会計である。

九〇年代に入り環境関連の規制が強化されるなか、各企業は環境関連分野への投資を増大させた。こうした状況においては、内部機能は製品原価や予算、投資の意思決定の基準となる管理会計と類似する。しかし、環境省は「企業が直接負担しない外部コストや社会的コストを加味して考えることも環境会計の可能性の一つ」（『ガイドブック』一二頁）と指摘し、企業等に地域社会への影響をも考慮に入れることを促している。

ちなみに経済産業省は〇二年に『環境管理会計手法ワークブック』を公表し、その実施ツールとして環境配慮型設備投資、環境配慮型原価管理システム、マテリアルフローコスト会計、ライフサイクルコスティング、* 環境配慮型業績評価システムについて検討している。

＊ マテリアルフロー会計とは、一九九〇年代後半、ドイツでその原型が開発された環境管理会計の手法。具体的には、製造プロセスにおけるエネルギーを含めた原材料の移動を正確に追跡し、そのプロセスから生じた廃棄物・排出物に注目、それらの低減を通じて環境負荷とコストの低減を実現することを目指す。
ライフサイクルコスティングとは、製品や構築物のコストを検討する場合に、製造段階だけでなく企画、設計、販売、廃棄など各段階のコストを含め総合的に検討する手法を指す。

（2）外部機能　環境会計の外部機能とは、「企業等の環境保全への取り組み状況を定量的に公表するシステムとして、利害関係者の意思決定に影響を与える」機能を指し、いわばステークホルダーへの説明責任に基づくアナウンスメント機能と位置づけられる。

環境省は企業が環境への取り組みを外部に報告することの主なメリットとして、「社会からの信頼の確保」と「社会的評価の確立」を挙げている。また環境会計を活用することで報告の信頼性を高めることができるとし、「環境会計のディスクロージャーは環境保全型社会を支える社会的インフラの一つ」（『ガイドブック』一三頁）と述べている。

環境会計にはまた、現行の企業会計を補正する効果があると考えられている。上妻義直は、現行の企業会計は利益を成果指標としているため、環境保全にコストをかけた企業は無関心な企業に比べて相対的に利益が低くなる可能性があることを指摘し、環境保全の観点から評価すべきでない企業が市場で評価されたり、自発的に社会的費用を負担する企業が評価されない危険性があると主張する（上妻［二〇〇二］）。そのため環境会計は、財務諸表とともに開示されることで、ステークホルダーがより正確かつ公正に企業価値を評価することができるようにしなければならない。

なお、環境省の「環境にやさしい企業行動調査」（二〇〇九年度）によれば、「社内での環境会計の利用方法」（複数回答、上場・非上場合計）として最も多かったのが「広く一般に対する環境情報の開示」（七二・一％）で、続いて「費用対効果分析」（三九・二％）、「社内での環境担当役員等への報告」（三四・五％）となっており、環境会計が外部とのコミュニケーションのために活用されていることがわかる。

（3）環境保全コストと効果

環境会計システムは大ざっぱにいえば「環境保全コスト」とそのコストによって得られる「効果」から構成されている。「環境保全コスト」は、業種・業態や取り組み始めた時期によって大きく異なるため（『ガイドブック』一三頁）、その金額だけで一元的に環境に対する企業の貢献度を評価することはできないが、時系列的な分析には有用とされる。

一方「効果」については、汚染物質の削減や省エネルギーなど環境負荷を抑制または回避した「環境保全効果」と、それらによって結果的にどの程度のコスト削減や収益向上が実施されたのか、また汚染等の復元費用をどれだけ回避できたかなどの「経済効果」が検討される。

環境省は、環境保全効果は「金額数値だけで完結するものではなく物量数値も含めた計算単位と理解すべき」という見解を示している。「経済効果」については、環境保全を経営上の観点から理解できるというメリットを挙げながらも、「経済効果と環境保全コストを対比して黒字か赤字かを云々することは意味がない」としている（『ガイドブック』一四頁）。

このように、環境会計は環境保全活動を定量的に把握することで、ステークホルダーに対する説明責任をより十全に果たすことを可能にするとされている。しかし一方で、企業間の比較分析には適しておらず、企業評価の枠組みとしてはいまだ課題もある。

参考文献・資料

環境省、経済産業省、林野庁、ＧＲＩ（Global Reporting Initiative）各ウェブサイト
環境省［二〇〇〇ａ］『環境会計ガイドブック』三月
環境省［二〇〇〇ｂ］『環境会計システムの確立に向けて（二〇〇〇年報告）』三月
経済産業省［二〇〇二］『環境管理会計手法ワークブック』
林野庁［二〇一一］『平成二二年度森林・林業白書』
麗澤大学企業倫理研究センター［二〇〇七］『ＣＳＲ会計ガイドライン』（Ｒ－ＢＥＣ００７）
上妻義直［二〇〇二］「『環境会計』は有用な企業情報か」、『エコノミスト』一〇月二九日号
田中淳夫［二〇〇七］『割り箸はもったいない？　食卓からみた森林問題』ちくま新書
ライシュ（Robert B.Reich）［二〇〇八］『暴走する資本主義』雨宮寛・今井章子訳、東洋経済新報社
ライズ（Al Ries & Laura Ries）［二〇〇三］『ブランドは広告でつくれない』共同ＰＲ株式会社翻訳監修、翔泳社

ケーススタディ13　りそな銀行のCSRコミュニケーション

りそなグループのCSR活動とCSRコミュニケーションへのスタンス

ＣＳＲコミュニケーションに関してマスメディアを活用する金融機関がある一方で、既存のチャネルをはじめとする経営資源を活かしている金融機関も少なくない。その一つがりそなグループである。

りそなグループは三大メガバンク（三菱ＵＦＪ、みずほ、三井住友各フィナンシャル・グループ）に次ぐ日本で第四位の金融グループであり、持株会社りそなホールディングス（以下「りそなＨＤ」）の傘下にりそな銀行、埼玉りそな銀行、近畿大阪銀行などを擁している。

同グループではステークホルダー（顧客、株主、従業員、社会）への配慮を旨とするグループ行動宣言「りそなＷＡＹ」に基づき、次の四つのテーマを掲げてＣＳＲに戦略的に取り組んでいる。①地域社会のために――地域社会と共に発展する企業をめざす、②女性のために――女性に支持される銀行No.1をめざす、③子どもたちのために――次世代を担う子どもたちの成長をサポートする、④環境のために――地球環境保護に積極的に取り組む。

推進体制としては、本部からの上意下達方式ではなく、各部署、各営業店ごとに日常業務を通じて課題を発見し、自主的にＣＳＲ活動を行うことが推奨されている。

各営業店で実施されたＣＳＲ活動についての情報は、りそなＨＤのコーポレート・コミュニケーション部ブランド・ＣＳＲグループに集約された上で、グループ全体のＣＳＲ情報として社内外に発信される。媒体としては基本的にマス広告ではなく、ウェブサイトやＰＲ誌などの自社媒体やイベントなどの機会を積極的に活用している。

CSR報告書

一部の専門家や研究者のみを対象とするのではなく、広くステークホルダー全体に開かれたＣＳＲ報告書を作成しようという動きが高まるなかで、りそなグループでも幅広い層の人々に気軽に手にとってもらえるＣＳＲ報告書を目指している。そのため各種ガイドラインには縛られず、データ的な要素も極力カットし、全体の頁数を抑えている（〇八年度＝一六頁、〇九年度＝二四頁、一〇年度＝二四頁）。別に抄録形の「ハイライト編」も作成して店頭や各種セミナー等で配布するほか、グループのＣＳＲの全体を詳しく知ることができるデータについてはウェブサイトに掲載している。

また映像版も同時製作し、各営業店内に設置されたプラズマディスプレイに流したり、各種セミナー、交流会、採用イベントなどで放映している。

カスタムマガジンの活用

多くの金融機関は店舗店頭に多様な金融商品のパンフレットを並べているが、顧客が必要とする商品の情報にピンポイントかつタイムリーに到達させることは難しい。そこでりそなグループでは、カスタムマガジン（顧客向け情報誌）を定期的に発行することで顧客に「旬の情報」を積極的に提供している。

りそなグループのカスタムマガジン『R' style 5 l（アールスタイル／ファイブエル）』は、同グループが企画・編集に協力し毎月発行されている「大人向けフリーマガジン」。グループ主催の資産運用セミナーや年金相談会など各種金融イベントの告知、店舗紹介、行員による金融・経済知識の解説、CSRへの取り組みの広報などとともに、著名文化人のインタビュー記事や作家による連載コラムが掲載され、顧客だけでなく一般読者も獲得している。

『アールスタイル／ファイブエル』は店舗窓口や各種セミナー等で配布されるほか、渉外活動の際のコミュニケーション・ツールとしても活用されており、毎号約五万部を発行している。また、グループ傘下の埼玉りそな銀行では独自に季刊誌『彩 5 l（サイ／ファイブエル）』を発行、企画・編集で埼玉県と連携し、主にシニア世代向けに金融・生活情報を掲載している。

フェイス・トゥ・フェイスの金融教育

りそなグループではフェイス・トゥ・フェイスによるCSRコミュニケーションの一環として、二〇〇五年から小学生向け金融経済教育セミナー「りそなキッズマネーアカデミー」（夏休み期間に開催）を開始した。

りそなグループでは本部が講師を派遣するのではなく、開催する営業店の行員が講師を務めるなど、各営業店が主体的に運営しているところに大きな特徴がある。当初は東京、大阪、埼玉本店でのみ行われていたが、各地の営業店からも自発的に実施を望む声が上がり、二〇一〇年には全国一七六カ所、計二四五五人の子どもと三七三人の保護者が参加するまでに拡大した。

このほか、学校での出張授業を行ったり、地域主催の金融教育イベントに参加するなど、同グループでは金融教育に積極的に取り組んでおり、小学生だけでなく幼稚園児、大学生、特別支援学校生向けなど、幅広い層に対応できるカリキュラムを用意している。

店舗でのCSRコミュニケーション

りそなグループの店舗ネットワークは全国一四一二カ所（無人の店舗外ATMを含む。二〇一〇年九月時点）から構成されている。ここではりそな銀行秋葉原支店を例に、①環境保全の呼びかけ、②金融教育活動、③その他の取り組み、の観点から、りそなグループの店舗におけるCSRコミュニケーションの特徴を検討する。

（1）環境保全の呼びかけ

りそなグループは〇八年一〇月、環境省の推進事業である「エコ・アクション・ポイント事業」に金融機関として初めて参加した。これは消費者が環境配慮型商品やサービスを購入するとポイントが付与され、貯まったポイントは事務局の運営するサイトから手続きすれば様々な商品やサービスと交換できる仕組みである。

りそなグループでは、二〇〇四年に無通帳普通預金口座「TIMO（ティモ）」の取扱を開始していたが、〇八年にこれを紙資源削減のエコ・アクションとして環境省の事業に参加。一口座開設につき五〇ポイントが付与される仕組みである。各営業店店頭ではCSRコミュニケーションとして、新規顧客に「TIMO」のエコ・アクションとしての趣旨を説明し、口座開設を呼びかけている。また事務のペーパーレス化の一環として、ネット取引やATMへの誘導も積極的に行っている。これらの取り組みは環境保全に関する啓発とともに、自社の事務業務効率化にもつながっている。

また、いくつかの営業店では「エコの木活動」が行われている。これは「TIMO」をはじめとするペーパーレス・サービスを選んだ顧客に木の葉の形のシールを渡し、店舗内に設置された「エコの木」ボードに貼ってもらうというもので、顧客は自分のエコ・アクションが可視化されることで環境保全への意識をより高めることができる。りそなグループではこうした独自の取り組みを通して、顧客と共に環境保全活動をつくりあげることに努めている。

りそな銀行秋葉原支店外観

（2）金融教育活動と「りそなきずなクラブ」　秋葉原支店でも「りそなキッズマネーアカデミー」に積極的に取り組んでおり、二〇〇九年は小学一～三年生を対象に店舗上階の会議室で開催した。講義「お金のはなし」や金融に関連したゲーム、そして保護者も同行しての店内探検（見学）などが行われた。行員がアカデミーの「校長」や講師役、資料作りなどを担い、まさに「手作り」の運営である。同年の参加者は親子一〇組の計二〇人であったが、その八割がりそな銀行の顧客ではなかった。「キッズマネーアカデミー」は、

ＣＳＲを切り口に新たな顧客を開拓する戦略としても重要な意義をもっている。

「キッズマネーアカデミー」の開催は各営業店の判断に委ねられており、内容も独自企画なので、各店ごとに「企画力」や「発想力」が求められる。こうした活動は行員に自ら気づき、考え、行動することを促し、自主性の風土を育て、新たな取り組みを生み出す。二〇〇九年、練馬支店で「キッズマネーアカデミー」の開催を契機に参加者が口座を開設したという知らせに触発された秋葉原支店では、練馬支店と共同で、ＣＳＲ活動を入口として顧客開拓を図るプロジェクト「りそなきずなクラブ」を立ち上げた。会員は現在、秋葉原・練馬両支店の顧客（子ども二〇人、大人二〇人の計四〇人）である。りそなＨＤ本社の見学、練馬区にある取引先企業の工場見学などを実施して会員に金融・経済・産業の知識を伝えながら、顧客ロイヤリティを向上させるべく活動を続けている。またこの企画は見学を受け入れている取引先企業などにも好評で、新たな好循環も得られている。

店舗内に設置された「エコの木」ボード

（3）その他のＣＳＲコミュニケーション

秋葉原支店では、入口横のスペースや階段の踊り場を活用して「取引先展示コーナー」を設置、取引先企業の製品などを展示している。これまでに卓球用品メーカー、キャラクター玩具メーカーなどの製品が展示されている。地元企業にとっては認知度を高める好機となり、顧客にも好評で、展示をきっかけに行員と顧客の間で話が弾むこともある。

また、これはりそなグループ全体で行っていることだが、秋葉原支店でも店内のプラズマビジョンで

ＣＳＲ活動を紹介するＶＴＲを流したり、ＡＴＭコーナーに振込詐欺防止のための注意喚起や地域イベントの告知を掲示するなど、店頭メディアを積極的に活用している。このような取り組みは無人店舗でも行うことができるので、ＣＳＲコミュニケーションの可能性を広げるものといえる。

りそなグループでは、こうしたＣＳＲ活動およびＣＳＲコミュニケーションへの取り組みを通じて、顧客満足度の向上に成功するだけでなく、行員の「やりがい」を高めてもいる。ＣＳＲ活動には部門を超えた連携が必要となるため、組織内部におけるコミュニケーションも促進されるようになった。

またりそなグループでは、右に紹介してきた取り組み以外にも、女性が長く働き続けることができる職場づくりなどを経営陣に提言する諮問機関「ウーマンズ・カウンシル」の創設など、冒頭に述べた四つのテーマに基づく様々な活動を行っている。

(上) 取引先展示コーナー
(下) CSR活動を店内でPR

ＣＳＲコミュニケーションとしては、前述したパブリシティ活動や店舗活用のほかにも、異業種企業や地域自治体の外郭団体等と連携して各種セミナーや映画試写会、コンサート等を開催するなど、多様なチャネルを活用している。

伝統的なチャネルである店舗と店舗網を、顧客とのフェイス・トゥ・フェイスのコミュニケーションの場として重視している点、また上意下達型のＣＳＲ活動ではなく、各営業店ごとの自主的な取り組みを推奨している点が、りそなグループのＣＳＲ活動とＣＳＲコミュニケーションの大きな特徴であるといえる。

参考資料

りそなホールディングス・ＣＳＲレポート
りそなグループ各ウェブサイト

ケーススタディ14　近畿労働金庫のＣＳＲコミュニケーション

近畿労働金庫の特色

大阪府をはじめ関西二府四県に店舗網を持つ近畿労働金庫（本店：大阪市、以下「近畿労金」）は一九九八年、近畿地方の七つの労働金庫が統合して誕生した。近畿労金のＣＳＲ活動は、コンプライアンス体制の充実・強化、環境保全、社会貢献など多岐にわたっているが、なかでも注目されるのが多重債務の解決を中心とした「生活支援運動（生活〝バックＵＰ〟プログラム）」である（対象は近畿労金の中核的な顧客である会員労働組合やその組合員）。

また二〇〇〇年四月には、旧東京労働金庫、旧群馬労働金庫（いずれも現中央労働金庫）と共同で日本の金融機関初のＮＰＯ向け融資制度を開発したり、地元のＮＰＯと連携するなど、従来の労金の枠組みに留まらない事業を展開している。以下では、近畿労金の顧客と地域に対するＣＳＲコミュニケーションの特徴を検討する。

「職場推進機構」の機能とそのCSRコミュニケーション

労働金庫は基本的に、個人ではなく労働組合や生活協同組合など団体を会員とする（「団体主義」と呼ばれる）非営利の金融機関で、団体の構成員（組合員）は一律に利用資格を得、「間接構成員」として労金と取引を行う仕組みとなっている。* 会員である労組等の団体は、労金に対する「資金の出し手」であると同時に「経営の担い手」でもあり、また労金の様々な活動の推進者としての役割をも担うと位置づけられている。

取引に関しては、組合員個人が直接店舗を利用するケースもあるが、「労金推進委員会」の仲介で預金や貸付が行われる場合が多い。「労金推進委員会」は労組内部の組織で、組合員の預金や貸付のとりまとめや仲介を業務とする（ただし集金は労金職員が行う）。この「労金推進委員会」は労組が自発的に「世話役」を担っているもので、労金から少額の事務手数料を受けとるほかは無償で活動している。このような仕組みは労金独自の営業推進システムであり、「職場推進機構」と呼ばれている。このほかに、労組・労金・地域の労働者福祉協議会等が連携して、組合員の家族や退職者などを対象に地域活動を行う「地域推進機構」もある。

＊ 労働金庫法第一条では、労働金庫の目的を「労働組合、生活協同組合、その他労働者の団体が協同して組織する労働金庫の制度を確立して、これらの団体の行う福利共済活動のために金融の円滑化を図り、もってその健全な発展を促進するとともに労働者の経済的地位の向上に資することを目的とする」と定められている。労働金庫の会員資格は基本的には労働組合や生活協同組合などの組合員であることだが、定款に定めがある場合はその労働金庫の営業地区内に在住・在勤している個人の一般労働者も「個人会員」となることができる（個人会員は一部利用できない商品やサービスがある）。また最近では多くの労働金庫が、契約社員やパートなど非正規労働者に対する利用の拡大にも取り組んでいる。

一九九〇年代後半以降、長期の景気低迷に伴う所得の伸び悩みや失業などによって自己破産者や多重債務者が急増し、大きな社会問題となった。労働組合でもこれらは喫緊の課題とされ、勤労者の生活支援の面でも職場におけるリスク管理の観点からも、早急な対応策が求められていた。これを受けて労組や労働者福祉協議会は、出資法の上限金利（二九・二％）には満たないが利息制限法（一八～二〇％）を上回る金利（以下「グレーゾーン金利」）の撤廃などを盛り込んだ改正貸金業法の成立に向けた署名運動を展開。各地の地方議会においても同法決議に向けた運動が行われた。このように社会的な関心が高まったこともあり、改正貸金業法は〇六年一二月に成立・公布され、一〇年六月に完全施行となった。

近畿労金では、これらの社会的運動を直接担うことはなかったが、職場での具体的な債務整理相談や研修会の実施、負債整理融資の実行などを通じて現在も支援に努めている。**表6－1**は、近畿労金全営業店における活動状況（二〇〇八年）である。これによれば、「マネートラブル」をテーマとした研修会・学習会が一年間で二八二もの組合で開催されている。これらの研修会や学習会の労組側の担い手は先に述べた労金推進委員会である。

近畿労働金庫本店外観

また、昨今の深刻な景気低迷に伴う所得低下を受けて、〇九年度上期には勤労者の生活支援を目的とした「生活支援緊急ローン」などを商品化し、多重債務を防ぐための努力を行っている。

職場推進機構は、労金の事業推進の根幹をなすものと位置づけられている。それは顧客である労働組合とのチャネルとしてだけでな

表6-1　近畿労働金庫全営業店における活動の状況

「マネートラブル」に関わる研修会・学習会の開催状況

対象	項目	
会員労働組合対象	開催組合数	282組合
	開催回数	357回
	参加人数	11,435人
一般勤労者対象	開催回数	1回
	参加人数	50人

多重債務の相談状況

		件数	金額
相談総件数・負債額		514件	30億5,440万8,000円
うち解決案件の方法			
法的解決	①個人破産	22件	3億7,349万1,000円
	②個人再生	73件	8億3万1,000円
	③特定調停	4件	2,443万円
任意整理	④任意調停	186件	7億5,097万4,000円
	⑤親族肩代わり等	35件	1億4,858万4,000円
その他	⑥金庫融資（期中実行分）	10件	3,450万円

出所：近畿労働金庫『近畿ろうきんグッドマネーレポート〈CSR報告書2009〉』

く、ＣＳＲコミュニケーションの促進にも重要な役割を担っている。労金では、フェイス・トゥ・フェイスを重視し、勤労者同士の助け合いを旨とする職場推進機構を通じて、「勤労者の生活をサポートしマネートラブルを解決する」というＣＳＲの課題に取り組んでいるのである。

地域社会でのCSRコミュニケーション――NPOとの協働

一方、地域社会との連携を深めるうえでは、近畿労金はＮＰＯとの協働に力を入れている。同労金は二〇〇〇年に日本の金融機関として初めて「ＮＰＯ事業サポートローン」の取り扱いを開始するなど、コミュニティ・ビジネス促進の分野で先進的な役割を果たしてきた。このＮＰＯ向け融資制度の開発には、「地域の担い手であるＮＰＯを資金面から支えることを通して、働く仲間の暮らしを地域・コミュニティ現場からも支えよう」という理念が込められている。

こうした「本業を通じたＣＳＲ」への取り組みに加え、近畿労金はＮＰＯとの協働によるＣＳＲ活動として、「エイブル・アート近畿　ひと・アート・まち」と題されたアート展を精力的に展開している。「エイブル・アート（Able Art）」とは障がいのある人々による芸術活動・作品を指し、近畿労金は二〇〇〇年以来、毎年近畿二府四県を巡回して「まちなかでのアート展」を開催している。二〇〇九年は兵庫県・神戸アートビレッジセンターをメイン会場として開催、二〇一〇年は滋賀県草津市内のいくつかの商店街を会場として、商店街活性化と連動したスタイルで開催された。いずれの年度も、メイン展示のほか当該府県下の近畿労金各営業店のロビーや会員労働組合の事務所を会場とするミニアート展もあわせて行われた。このアート・プロジェクトを通じて、障がい者の人々の力強く生命感溢れる作品を軸に、顧客である会員労働組合だけでなく開催地の地域社会とのＣＳＲコミュニケーションが促進されている。

近畿労金ではまた教育ローンキャンペーンの一環として、「近畿ろうきんＮＰＯアワード」を主催している。これは子育て支援活動を行うＮＰＯ団体などを助成する制度で、大賞、優秀賞、奨励賞からなる助成金総額はキャンペーン期間中における新規融資額の〇・〇五％（最大二五〇万円）。選考にあたっては活動内容の先進性、創造性、市民参加の度合いなどの事業面と、組織、運営体制や活動歴といった組織面が審査される。

近年の主な大賞受賞者は次の通りである。

●二〇〇七年：特定非営利活動法人（特活）日本クリニクラウン協会（大阪府）…入院中の子どもたちに喜びを届けるクリニクラウン（臨床道化師）の派遣事業。自由に動き回れない子どもに笑顔をとりもどさせ、情操面でサポートする点が評価された。

●二〇〇八年：（特活）ハートフレンド（大阪府）…小学生による町内清掃＋防犯マップ作成活動。「地域での子育て」と「まちづくり」を結びつけたユニークと先進性さが評価された。

●二〇〇九年：（特活）子育て支援コミュニティおふぃすパワーアップ（京都府）…初めての出産で不安を抱える女性の家庭を"沐浴キャラバン隊"が訪問、家事や育児サービスの情報提供などを行う活動。子育て支援の新たな体制づくりとして評価された。

●二〇一〇年：多文化共生センターひょうご（兵庫県）…在住外国人を対象とした「出産・子育てに関するブックレット」（多言語版）の作成。異文化空間での出産・育児に不安を抱える母親に各種制度・サービスを伝え、日本での出産・子育てをサポートしている点が評価された。

近畿労金のこれらの活動は、NPOを支援することで地域全体のCSRコミュニケーションを促進し、会員である労働組合およびその組合員とNPOの人々を結びつけることにも一役買っている。

国際的な視点に立った取り組み

グローバル経済のもとで、金融の世界においてもマイクロファイナンスを含めたソーシャルファイナンス*が注目されるなど、金融機関が自身の役割を国際的な視座から捉え直す動きが生まれつつある。近畿労金でも、ソーシャルファイナンスに関連したセミナーの主催または協力などを行っている。たとえばこの分野で著名な研究者であるティエリ・ジャンデ氏（ヨーロッパ社会的経済保険連合会事務理事）、カルロ・ボルザガ氏（イタリア・トレント大学経済学部教授）を招いてのシンポジウムや、アメリカのコミュニティ開発金融機関ＣＤＦＩ（Community Development Financial Institution）の活動を研究しているアンドリュー・ラマス氏（ペンシルベニア大学教授）、国際労働機関（ＩＬＯ：International Labour Organization）駐日事務所代表を講師に迎えたセミナーなどを開催しており、金融機関として独自性の高い、国際的な活動を行っている。

＊　社会的金融（ソーシャルファイナンスsocial finance）とは、貧困や地球温暖化などの社会的課題の解決を目的とする金融サービスを指し、収益も考慮して事業を行っているのが特色である。第三章冒頭で紹介したグラミン銀行（65頁参照）や、環境金融で有名なオランダ・トリオドス銀行（Triodos Bank N.V.）などが典型的な事例である。

近畿労金は「職場推進機構」という独自のコミュニケーション・チャネルを通じて、会員である労組およびその組合員とのＣＳＲコミュニケーションを促進させてきた。さらに、顧客である労組・組合員だけでなく、広く地域社会および一般社会に向けたＣＳＲコミュニケーションとして、ＮＰＯとの協働およびＮＰＯ支援、ソーシャルファイナンス関連のセミナー開催など、多角的な取り組みを行っている。その活動の先進性は、地域金融機関としてだけでなく、社会的金融機関としての存在感をも高めているといえよう。

ＣＳＲコミュニケーションのツールには、マスメディア、自社ウェブサイト、ＣＳＲ報告書、広報誌、イベントなど幾多の媒体が考えられる。近畿労金でも認知度を高めるため、映画監督兼タレントや人気ファッションモデルをイメージモデルに採用したテレビＣＭなども制作しているが、一方で職場推進機構を通じての多重債務相談やＮＰＯとの協働、ギャラリー店舗を活用してのコンサルティング業務など、「フェイス・トゥ・フェイス」を極めて重視していることが特徴である。

また、エイブル・アート展やギャラリーの例にみられるように、ＣＳＲ活動を会員労組だけでなく地域全体に伝え、理解してもらうための取り組みが、労組・ＮＰＯ・地域社会のマッチングにも役立っている点は特筆に値する。金融機関がこのように地域に足場を措いた新たなコミュニケーションの「仕掛け」づくりに貢献し、それを通じて自社・顧客・地域社会の間に好循環をもたらしている点で、近畿労金の取り組みは他に例をみないユニークで先進的な事例といえよう。

参考資料

近畿労働金庫『ディスクロージャー』、『ＣＳＲ報告書』およびウェブサイト

労働金庫連合会ウェブサイト

農林中金総合研究所［二〇〇三］『総研レポート　労働金庫の経営戦略』

第七章　協同組織金融機関の連携型CSR活動

――全信協・信金中金、労金協会、農林中金を中心に

連携してCSRに取り組む協同組織金融機関

信用金庫（以下「信金」）、信用組合、労働金庫、農業協同組合（以下「農協」）、漁業協同組合（以下「漁協」）は、出資者である会員・組合員間の相互扶助を目的とする協同組織金融機関である。これらの金融機関は市町村を主な営業地域とし、地域密着型経営を行っている。各業界内には、経営の安定化と業務の円滑な遂行を支援したり、業界内の意見を集約・調整し会員の経営指導などを行う中央機関が存在する。協同組織金融機関のCSR活動の特徴は、これらの中央機関と連携した形で行われている点である。

本章では中央機関である全国信用金庫協会（以下「全信協」）、信金中央金庫（以下「信金中金」）、全国労働金庫協会（以下「労金協会」）、農林中央金庫（以下「農林中金」）をとりあげ、CSR活動の連携がどのように行われているかを検討する。

全信協・信金中金と各信用金庫の連携

（1）信金業界とCSR

全信協は信金業界の中央機関であり、全国二七一の信金と信金中金が会員となっている（二〇一一年二月）。全信協は信金の経営基盤である地域の活性化に力点を置いた活動を行い、中央金融機関である信金中金では信金の業務支援が事業の核となっている。

全信協では業界の発展を目指し、①信金の業務運営に関する調査・研究、②関係官庁などに対する建議・答申・連絡、③マスコミなどへのPR活動、④信金役職員に対する教育・研修活動などの事業を行っている。

信金業界のCSRという観点から注目される全信協の取り組みとして、一九九七年に創設された「信用金庫社会貢献賞」が挙げられる。その目的は「地域の発展に貢献する信用金庫の真摯な姿を広くアピールし、お客様や地域の信頼を揺るぎないものとするとともに、地域での存在感を一段と高めていく」ことであり、信金・関係機関を対象とした「会長賞」「Face to Face賞」「特別賞」「地域活性化しんきん運動・優秀賞」と、役職員を対象とした「個人賞」が設けられ、業界全体のCSRに対するモチベーションを高めている。二〇一一年（第一四回）には一五一の信金と五つの関係機関から四六〇件の応募・推薦があった。

また全信協は、二〇〇九年四月から三年間にわたり「わがまち起業家！発掘プロジェクト」を展開した。これは、一九八六年のピーク以降二〇年以上にわたって中小企業の数が減少しているなかで、地域ならではのイノベーションの担い手づくりを狙いとしたプロジェクトである。二〇一一年一月にはプロジェクトの一環として、法政大学市ヶ谷キャンパスにおいて高校生、高等専門学校生を対象とした「わがまちビジネスアイデア・コンテスト二〇一〇」を開催した（しんきん地域づくりラボ・ウェブサイト）。全国一一六校から寄せられた七七一件のアイデアのなかから選ばれた三八グループ・一三三人の高校生・高専生がブース展示やプレゼンテーションを行い、うち五グループが「信用金庫わがまち維新大賞」（審査員選考）、二グループが「わがまちアイデア共感賞」（参加高校生による相互投票）に輝いた。

地域活性化の源は、地域の未来の担い手づくりにある。そして、担い手づくりは人づくりであり、人づくりには体験が必要である。同コンテストは、高校生たちが「わがまちで働くこと」を身近に経験し、「わがまち固有の魅力」を活かした仕事を疑似体験する機会にもなり、長期的な視点にたった「地域の人づくりに関するＣＳＲ」を目指す試みといえよう。

(2) 信金中金のＣＳＲ

信金中金は、信金の業務機能を補完したり、信金業界の信用力の維持・向上に努める中央金融機関としての側面と、国内外の金融市場における運用や国・地方自治体・政府関係機関・事業会社などへの貸付を行う通常の金融機関としての側面をもつ。

中央金融機関としては、各信金の業務支援に力点を置いている。とりわけ近年では、国内景気の低迷や少子高齢化による市場環境の変化を受けてビジネスマッチングのニーズが高まっており、多くの信金が地域活性化・地域貢献にもつながるビジネスマッチングに取り組んでいる。信金中金でも、信金が開催するビジネスフェアに大手企業を招聘したり、信金の取引先で海外販路拡大を求める企業を対象に、海外市場に通じたバイヤーを招聘して国内で商談を行うことができる体制を整えるなどの側面支援を行っている。

また信金中金自身のＣＳＲ活動としては、本店所在地である東京・日本橋界隈（日本橋、八重洲、京橋）を無料巡回する電気バス「メトロリンク日本橋」の運営への協賛や、「テーブル・フォー・トゥ」への参加などを行っている。「テーブル・フォー・トゥ」とは、開発途上国の飢餓と先進国の生活習慣病の解消をめざして活動するＮＰＯ・ＴＦＴ（TABLE FOR TWO：「二人の食卓」）が行っているプログラムで、社員食堂等で「TABLE FOR TWO」のロゴマークの付いたヘルシーメニューを注文すると、その購入代金の一部が開発途上国の学校給食支援に活用される仕組みである。信金中金では本店食堂で毎週火曜日に実施されている。なお同プログラムは二〇〇九年末時点で二二四の企業・団体が実施している（ＴＦＴ二〇〇九年度年次報告書より）。また、グループ会社であるしんきん信託銀行やしんきんアセットマネジメント投信を通じた公益信託やＳＲＩファンドの取扱なども行っている。

（3）本業に社会的な意義を加味する

第四章の多摩信用金庫の事例（**ケーススタディ10**）でも見たように、多くの地域金融機関では、定期積金契約や年金受給口座指定の顧客を対象に「友の会」を組成し、団体旅行等を実施している。信金中金がその動向を調査するために各信金を対象に行ったアンケートでは、団体旅行の参加者は信金業界全体で約一二万人に上ることがわかった。

信金中金ではこうした調査結果などもふまえて、各信金が主催する旅行に付加価値を付与して提供するため、地域の観光協会等と提携を行っている。具体的には、旅行先の地元企業や商店会等から旅行参加者にプレゼントを提供してもらったり、観光名所の特別開放などを行ってもらうことで、魅力ある旅づくりを支援している。個々の信金に代わって、中央金融機関が業界を代表して交渉することで改善が図られている一例である。

観光産業の振興は地方経済活性化の重要な鍵であるが、とりわけ災害等の被災地ではそれは復興への足がかりとして喫緊の課題となる。二〇〇七年の能登半島地震では、震災被害と風評被害が同地の観光産業に大きな打撃を与えたが、信金業界では全国のネットワークを活用したキャンペーンを展開し、「友の会」等の団体旅行先を能登とするなどして同地の復興を支援した。このように顧客サービスと社会貢献を結びつける取り組みは、金融機関としての本業に社会的意義を加える点で、まさに「本業を通じたＣＳＲ」といえる。

また信金中金は二〇一一年九月、優先出資者*に対する優待制度を導入。全国の信金の取引先が扱っている商品を集めたカタログを作成し、その中から優先出資の保有口数に応じて全国特産品を優待品として選べるサービスを開始した。このような地場産品を活用した取り組みは、商品券などに比べて取引先のビジネスの拡大や地域のＰＲによりつながりやすく、企画次第で業界内活性化にも役立つ可能性があろう。

＊　協同組織金融機関は会員から出資を受けている（普通出資）が、自己資本充実のため「協同組織金融機関の優先出資に関する法律」に基づいて優先出資を発行することができる。優先出資は普通出資の配当より優先的に配当を受けることができるが、普通出資者総会での議決権はない。信金中金は一九九五年に優先出資を発行、二〇〇〇年に協同組織金融機関で初めて優先出資を東京証券取引所に上場した。

労金協会と各労働金庫の連携体制

(1)「生活応援・多重債務対策本部」と「気づきキャンペーン」

第三章でも見たように、労働金庫は設立理念に「勤労者を高利貸し等から解放する」ことを掲げており、今日でも業界をあげて多重債務問題の解決など勤労者の生活再建・支援に取り組んでいる。現在全国に一三の労働金庫があり、労金協会はその経営指導、労金間相互の連絡・調整などを担っている。

一九九〇年代以降、消費者金融会社が急速に業績を拡大する一方で、自己破産や多重債務が深刻な社会問題となった。そこで労金協会、労働組合、労働者福祉協議会など多くの労働関連団体が「グレーゾーン金利」の撤廃に向けた運動を開始、その成果が改正貸金業法の完全施行として結実した。

これらの運動の一環として、労金協会は〇七年三月、「生活応援運動・多重債務対策本部」を設置。各労働金庫にも「多重債務対策本部」の設置を要請した。さらに同年一〇月からは多重債務に陥った人々のための啓発・救済活動として「お金の問題、気づきキャンペーン」を展開(〜〇八年三月末)。各金庫ごとに多重債務専門担当者を本部に数人、各営業店に一人以上配置する体制が整えられた。一方労金協会では全体的な方向性などを確認する「生活応援運動担当者会議」を年に三〜四回開催し、各労金の取り組みを支援した。〇八年度からは、多重債務には陥っていないものの消費者金融会社等からの借入がある人々に労金への借換を提案する「第二次気づきキャンペーン」を展開するなど、現在も積極的な取り組みを行っている。

また、労働組合が組織されていない場合も多い中小企業に関しては、労金協会内に「多重債務相談デス

表7−1　全国の労働金庫が実施した多重債務相談件数と負債額

	2010年度12月末	2009年度12月末	2009年度	2008年度
総数	3,132件 152億6,500万円	4,326件 189億8,700万円	6,131件 270億9,100万円	7,566件 379億3,600万円
法的措置	223件 22億4,200万円	380件 31億4,600万円	525件 40億3,400万円	782件 75億4,000万円
任意措置	521件 24億3,900万円	847件 37億8,600万円	1,181件 50億6,400万円	1,907件 93億1,700万円
金庫融資	711件 23億4,300万円	902件 24億6,100万円	1,289件 37億5,000万円	1,606件 56億1,400万円

注：「法的措置」は自己破産・個人再生・特定調停。「任意措置」は任意調停および親族による肩代わり等。
出所：全国労働金庫協会資料

ク」を設置し、労働組合員以外の勤労者からの相談に応じることとした。

表7−1は全国の労働金庫が実施した多重債務相談件数と負債額をまとめたものである。これを見ると、相談件数と負債額は〇九年一二月末の四三二六件・一八九億八七〇〇万円から、一〇年度一二月末には三一三二件・一五二億六五〇〇万円へと減少している。その要因の一つとして、政府が都道府県・市町村に相談窓口を整備するなど全国的な相談チャネルが拡大していったことが挙げられる。またこの時期には改正貸金業法が完全施行され、総借入残高を借り手の収入の三分の一以下とするいわゆる「総量規制」が導入されたことを受け、消費者金融に借入のある人々が親族から資金を工面して返済に充てたり、財形貯蓄などを解約して返済する傾向が強まり、負債総額も減少したものと見られる。

（2）「就職安定資金融資」などの取り組み　リーマンショック以降、「派遣切り」「ネットカフェ難民」といった言葉に代表されるような雇用環境の急速な悪化が大きくクローズアップされ、二〇〇八年末には日比谷公園（東京都千代田区）内に「年越し派遣村」と呼ばれる避難所が開設されるなど、格差社会や貧困は今や日本の大きな社会的課題となっている。

このような社会状況を受けて、政府は二〇〇八年一二月、労働金庫業界との協力のもと、解雇などによって社員寮から退去させられ、住むところを失った人々に対する支援として「就職安定資金融資」を開始した（二〇一一年三月末でハローワークにおける新規融資申込受付を終了）。この融資は住宅入居初期費用、家賃補助費、生活・就職活動費に活用することができ、金利は固定金利で年利一％（別途保証料〇・五％）。融資後六か月で就職（常用のみ）することができた場合は一部返済が免除されるなど、支援の手厚さが注目された。なお、融資が焦げついた場合は、保証機関である日本労働者信用保証協会が労働金庫に保証を実施するが、最終的には同信用保証協会が代位弁済した金額を国が補填する。

全国の労働金庫は二〇〇八年一二月にこの「就職安定資金融資」の取扱を開始。残念ながら一部では制度を悪用するケースも見られたが、二〇一一年三月までに一万四六二〇件・一一八億七七九七万円が利用され、三三二三人の利用者が常用就職して返済を一部免除された。

また厚生労働省は二〇〇九年、非正規雇用の離職者、長期失業者など雇用保険を受給できない人々を対象に緊急育成支援事業を開始。これは一定の要件を満たす職業訓練受講者に対して訓練・生活支援給付金を支給するプロジェクトで、給付金だけでは生活費が不足する者はほかに「訓練・生活支援融資」を受けることができる。労働金庫ではこの融資を〇九年八月から取り扱っており、一一年三月までに二万七八一八件・六八億一一一七万円の貸付を行っている。

バブル崩壊以降、日本経済は「失われた二〇年」と呼ばれる長期低迷に陥り、多重債務問題も深刻化の

表7-2　全国の労働金庫が開催した研修会・学習会等の件数と参加者数

生活応援に関わる研修会・学習会

	2010年度12月末		2009年度12月末	2009年度	2008年度
	会員労働組合	一般勤労者			
マネートラブル	4,200回 115,822人	84回 3,314人	3,447回 88,002人	4,977回 143,931人	4,097回 124,850人
その他生活応援	6,089回 109,250人	207回 5,094人	3,133回 79,420人	6,625回 173,486人	6,093回 126,375人
合計	10,289回 225,072人	291回 8,408人	6,580回 167,422人	11,602回 317,417人	10,190回 251,225人

学校等での研修会・セミナー

	2010年度12月末	2009年度12月末	2009年度	2008年度
小・中学校	4回 334人	0回 0人	1回 10人	4回 144人
高校	36回 4,081人	12回 1,539人	146回 15,471人	115回 14,337人
大学	14回 1,892人	7回 1,600人	7回 1,600人	16回 2,874人
その他	1回 40人	0回 0人	0回 0人	3回 140人
合計	55回 6,347人	19回 3,139人	154回 17,081人	138回 17,495人

注：保護者対象を含む。また複数回開催の学校も各1回ずつカウントしている。
出所：全国労働金庫協会資料

一途を辿った。失業や所得の減少などは多重債務の直接の要因となりやすいが、かりにそのような状況に見舞われても正しい金融知識を身につけておけば多重債務化は回避しうる。そこで各労働金庫では、会員労働組合や一般勤労者を対象に、金融知識をテーマとした研修会等を積極的に実施している。また労金では高校生、大学生などの若年層を対象とした研修会等も実施しており、計画的な貯蓄・支出の重要性、悪質なマネートラブルへの対処法などをレクチャーしている。

表7-2は全国の労働金庫が開催した研修会・学習会等の件数と参加者数である。毎年これだけの数の研修会等が、労金職員と「中央講師団」と呼ばれる労働組合役員の尽力で実施されている。なお労組役員は講

師として労金協会に登録され、労組で培ってきた経験をもとに、各地で多重債務を含む様々なテーマに関する講演も行っており、全国規模での啓発にも貢献している。

このように労金協会と各労働金庫は、会員組合、ナショナルセンター（日本労働組合総連合会、全国労働組合総連合）、労働者福祉協議会など労働関連の主要な団体と連携しつつ、多重債務問題の解決に取り組んでいる。

農林中金と農協、漁協、森林組合との連携体制

（1）農林中金のＣＳＲ　農林中金は農協、漁協、森林組合およびそれらの連合会などを会員とし、農林水産業の協同組織の金融の円滑化を目的とした金融機関であると同時に、ＪＡバンク（農協、信用農業協同組合連合会＝信農連）、ＪＦマリンバンク（漁協、信用漁業協同組合連合会＝信漁連）の中央金融機関である。

農林中金では、業務全般を通じた①会員への貢献、②農林水産業振興への貢献、③社会への貢献をＣＳＲの三つの柱としており、**表7－3**にあるように利子助成事業や食農教育応援事業など、会員の事業やＣＳＲを支援・促進することに力点を置いている。またこれらの活動予算等はＪＡバンクやＪＦマリンバンクの中期経営戦略に盛り込まれており、「本業」として位置づけられていることが大きな特徴である。

農林中金のＣＳＲ担当者は、「ＣＳＲ活動を本業と明確に分けることはできない」と語る。たしかに、農林水産業は食糧や木材の生産だけでなく、環境保全とも密接に関係している。たとえば、農業は食糧生

表7-3　農林中央金庫の主なCSR活動

農業への貢献	JAバンクアグリサポート事業	農業の担い手に対する支援	• 利子助成事業：JAが行う農業関連の融資に対して最大1%の利子助成を実施。 • JAが行う6万1,000件の農業関連融資の利用者に，総額約10億8900万円の助成を交付。
			• 投資事業：農業・環境分野の経営体をファンドを通じて支援。 • 「アグリ・エコサポート投資事業有限責任組合」からの資本提供を通じて企業経営体の育成支援を行う。これまで22社に実行（9億5,600万円）。
			• 新規就農応援事業：新規就農希望者の研修受入先（農家，JAなど）に対する費用助成。
		農業および地域社会に貢献する活動などに対する支援	• JAバンク食農教育応援事業：JA等が行う食農教育等の活動に対する費用助成，教材本の制作・贈呈。 • 教材本贈呈事業：食農教育・環境教育・金融経済教育をテーマとする小学校高学年向け教材本を制作，2万1,000校に137万セットを贈呈。 • 教育活動助成事業：全国のJA等が実施する食農教育等をテーマとした活動に対する費用助成。10年度は約2,200件，7億2,700万円の活動計画を受付。
	アグリシードファンド		• 農業法人育成のための資本供与の枠組みの整備。
水産業への貢献	環境・生態系保全活動への支援		• 浜の清掃作業に活用する「海浜清掃ゴミ袋」の提供，「海藻おしば栞」「マイ箸セット」の提供。
	水産業振興に対する活動		• JFグループの教育専門機関「全国漁業協同組合学校」の賛助会員として一部セミナーの講義等などに協力。 • 水産業イベント「全国豊かな海づくり大会」，漁船海難遺児育英資金，全国海の子絵画展への協力など。
林業への貢献			• 「公益信託　農林中金80周年森林再生基金（FRONT80）」の設立。 • 施業共同化プロジェクトサポート事業への支援：森林情報を管理するGIS（地理情報システム），境界測量機器GPS（グローバル・ポジショニング・システム），デジタルコンパスの購入またはリース費用の一部助成。

出所：農林中央金庫『CSR報告書2011』

産以外にも、洪水防止・水資源涵養、里山の生態系の保全といった機能をも担うことはよく知られている。また、ＪＦグループは害敵生物の駆除、藻場造成、干潟における二枚貝や稚貝の移植・放流、サンゴ礁域における赤土流出入防止、浜辺に漂着したゴミ等の回収・清掃活動、植樹活動などを実施しているが、これらの取り組みは漁業生産の維持だけでなく水産資源の保護にも役立っている（農林中央金庫［二〇一二］）。

第二章で見たように、一九八〇年代後半から温室効果ガス（二酸化炭素）の排出抑制が国際的課題となるなかで、森林の二酸化炭素吸収機能が特に注目されるようになった。また木材生産に加え、土砂災害防止、水源涵養、生物多様性保全、保健・レクリエーションなど、森林の多様な機能も改めて認識されており、林業を通じたその保全は重要な課題となっている。

このように農林水産業は環境保全と密接に関わっているが、その基盤である日本の農村・山村部の疲弊は激しく、少子高齢化や後継者不足などによって限界集落*や耕作放棄地が拡大するなど、深刻な課題に直面している。なかでも林業の後退は著しく、国産木材価格の低迷などにより放置林の増大、森林の荒廃が進んでいる。

＊　限界集落とは、社会学者の大野晃氏（長野大学教授、高知大学名誉教授）が一九八八年に提唱した概念で、「六五歳以上の高齢者が集落人口の半数を超え、冠婚葬祭をはじめ田役、道役などの社会的共同生活の維持が困難な状況に置かれている集落」（大野［二〇〇八］）を指す。大野氏によれば、一九九〇年代に限界集落が四国、中国、南九州で目立ちはじめ、二〇〇〇年代に入ると北陸、甲信越、北関東、東北、北海道で増え、全国的に拡大していった。㈶農村開発企画委員会の「平成一七年度限界集落における集落機能の実態等に関する調査報告書」では、「無住化危惧集落」は北海道と沖縄を除く全国で一四〇三と推計されている（農水省ウェブサイト参照）。

（2）公益信託の取り組み

このような森林の現状を受けて、農林中金は二〇〇五年三月、創立八〇周年事業の一環として「公益信託　農林中金八〇周年森林再生基金（ＦＲＯＮＴ80）」を創設した。

信託（trust）とは、委託者が受託者に信託契約や遺言などによって財産を移転し（信託行為）、財産を移転された受託者は信託目的に従って受益者のために財産の管理や処分等を行う制度である。受託者は委託者と受益者の利益に関わる重要な役割を担うため、「善良な管理者の注意義務」「忠実義務」「分別管理義務（当該信託財産と受託者の個別財産や他の信託財産とを厳正に分別管理する義務）」をはじめとしたさまざまな義務や責任を課せられる（社団法人信託協会ウェブサイトより）。

信託のうち「公益信託」とは、受益者を不特定多数の人々とする信託（受益者の定めなき信託）で、「学術、技芸、慈善、祭祀、宗教その他公益を目的」とする（「公益信託に関する法律」第一条）。信託資金として財産を拠出する委託者は、受託者である信託銀行等に対し、公益目的に添った形での財産運用を委託する。

財産運用による公益達成の方法としてはほかに財団法人があり、金融機関の多くも一九八〇～九〇年代に記念事業等の一環として財団を設立したが、近年では公益法人改革や人件費をはじめとする運営経費削減の観点から、新規設立は減少傾向にある。

財団法人が永続を目指し、運営のための人件費等を要するのに対し、公益信託は財産の処分をもって信託を終了させることができる上、受託者である私企業（信託銀行等）に運営を委ねることができ、経費の面で財団法人よりも負担が少ない。しかし一方で、専門知識を有する職員が不足しているといった弱点も

図7－1　農林中金80周年森林再生基金（FRONT 80）のスキーム図

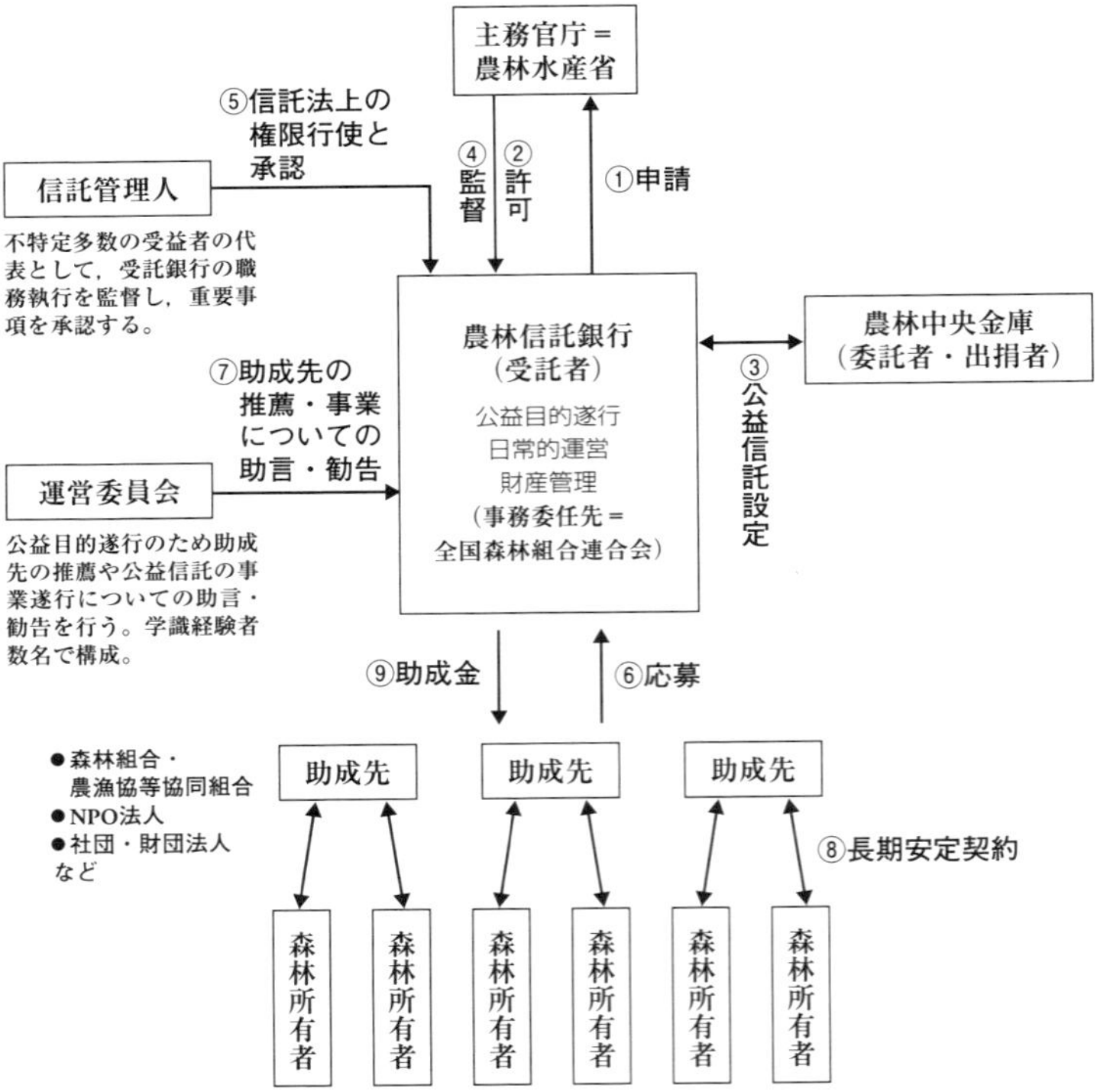

出所：農林中央金庫ウェブサイト（一部改変）

ある。そのため学識経験者で構成される運営委員会が設けられ、事業遂行のための助言・勧告を行う場合が多い。また公益信託には税制上の優遇措置が与えられるため、受託者は信託引き受けに際して主務官庁の許可を得なければならない。

農林中金の「森林再生基金」のスキームは**図7‐1**の通りである。信託財産一〇億円、期間一〇年程度（一年あたり一億円程度の助成金）とし、「複数の森林所有者との長期安定的な契約に基づく、ひとまとまりとなった荒廃林の再生活動」（多面的機能の向上を目指した利用間伐・切り捨て間伐、被害森林の整理伐・更新・天然更新のための択伐等の施業を条件とする）と、それに付帯する林地境界確定、林地調査、不在村地主調査等が助成対象とされるが、助成の決定にあたっては、費用対効果に十分配慮しているか、創造性が高いかどうかなどが基準とされる。これは林業再生に向けた新たなビジネスモデルを後押しすることにもつながり、創設以来六年間で二八事業（総額五億三七〇〇万円）の助成が行われてきた（農林中央金庫プレスリリースより）。なお、同基金を活用した森林組合の取り組みの事例については、本章「ケーススタディ15」を参照されたい。

協同組織金融機関のＣＳＲの特徴

ここまで、中央機関との連携という観点から、全信協・信金中金、労金協会、農林中金の取り組みを通じて協同組織金融機関のＣＳＲを概観した。各業界ごとに会員基盤が異なるため、その特徴を一概に述べることはできないが、少なくとも、①会員の活動を支援することを目的としている、②社会的課題を解決するために業界内のネットワークが活用されている、という点で共通しているといえよう。

これは協同組織金融機関の中央機関の特色がよく表れたものといえる。中央機関の役割の一つは、会員が安定した経営を行えるよう支援することにあり、ＣＳＲ活動においてもこのスタンスが踏襲される。筆者のヒアリングでも、各中央機関の担当者からは「会員が有意義な活動を行えるように支援することをＣＳＲと考えている」、「中央機関は会員のサポートに力を注ぐべきであり、会員外の一般の人々に対して

ＣＳＲをアピールする必要はない」といった声も聞かれた。

つまり、協同組織金融機関のＣＳＲでは、前章までに紹介してきた個々の金融機関の取り組みとはやや異なり、中央機関を軸に会員を含めた業界全体の連携が重視されているといえる。労金協会の事例のように、業界をあげての取り組みが多重債務問題の解決に貢献してきたことは、その体制の有効性を証すものである。またＪＡグループでは、急速に少子高齢化が進む農村部において、本業の重要な一環として地域コミュニティの維持に欠かせない高齢者地域医療や福祉サービスを提供しており、グループ全体で地域社会を支えている。

地域に根づいた協同組織金融機関の多くは、「狭域高密度」（各店営業範囲をコンパクトにして顧客と接する機会を増やし、きめ細かいサービスを提供する営業戦略）の店舗網を構築し、経営は相対的に小規模で、中央機関との緊密な連携のもとで業務を行っている。この姿勢と体制がＣＳＲ活動にも貫かれ、個別の活動に加えて、業界をあげて一体的に社会的課題の解決に取り組んでいる点が大きな特徴といえよう。

参考資料

信金中央金庫、全国信用金庫協会、しんきん地域づくりラボ、全国労働金庫協会、厚生労働省、農林中央金庫、林野庁、特定非営利活動法人 TABLE FOR TWO の各ウェブサイト
信金中央金庫［二〇一一］『ディスクロージャー誌二〇一〇』
農林中央金庫［二〇一一］『ＣＳＲ報告書二〇一〇』

全国労働金庫協会『グッドマネー事例集［二〇一〇年版］』（ウェブサイト）
林野庁［二〇一〇］『平成二一年度　森林・林業白書』
大野晃［二〇〇八］『限界集落と地域再生』高知新聞社

ケーススタディ15　飯伊森林組合の「里山の森林再生事業」

里山林をめぐる課題

里山林とは「居住地近くに広がり、薪炭材《しんたんざい》の伐採、落葉の採取等を通じて地域住民に利用されている、あるいは利用されていた森林」である（『平成二二年度　森林・林業白書』より）。古くから薪、木炭、たい肥などは農村地域の生活に欠かせない資源であり、その供給源である里山林は住民にとって重要な財産であった。しかし一九六〇年代のエネルギー革命によって薪炭材の使用量は大きく減少、たい肥は化学肥料に取って代わられた。その後も国産木材価格の長期的な低迷、森林所有者の高齢化、施業放棄などによって、里山林は荒廃の一途をたどっている。

しかし近年、地域住民にとっての身近な自然として、また景観や生物多様性の保全、二酸化炭素の吸収・固定化の機能など、その多様な意義が改めて注目され、里山の保全が提唱されるようになってきている。二〇〇七年一一月に閣議決定された「第三次生物多様性国家戦略」では、里地里山に対する人間活動の減少が「生物多様性の危機の構造」の一つであると指摘され、その保全が説かれている（環境省ウェブサイトより）。

このような状況のもと、長野県飯田市に本所を置く飯伊《はんい》森林組合は「里山の森林再生事業」（以下

「森林再生事業」）を前述（223頁参照）の「公益信託　農林中金八〇周年森林再生基金」（以下「森林再生基金」）に応募、〇七年度の助成対象となった。以下では協同組織金融機関によるCSR活動の成果の一つとして、その取り組みを概観する。

飯伊森林組合の事業

長野県南部の飯田市および下伊那郡（飯伊《はんい》地域）は、ヒノキ、スギ、アカマツ、ナラなどの森林が地域面積の八六％を占めている。気候温暖で県下では比較的降水量も多く、とりわけアカマツの生育に適しており、その根と共生するマツタケの全国有数の産地でもある。またこの地域のヒノキは、木曽や美濃にも匹敵するといわれるほど質の高い木材とされる。

（上）飯伊森林組合外観（下）同，内部

飯伊森林組合は、この飯伊地域の豊かな森林資源の管理を業務としている（根羽村、阿南町和合地区を除く）。一九七六年、松川町森林組合など一三組合が合併して誕生した飯伊森林組合は、その後も天龍村（八〇年）、豊丘村（九五年）、南信濃村（九九年）、飯田市（〇六年）の各森林組合と合併し、現在は組合員数一万五〇二一人（うち准組合員一一人）、地区内民有林面積一二万五五一五ヘクタール（うち組合員所有八万二二〇二ヘクタール）の規模となっている（飯伊森林組合第三五回総代会資料）。

同組合は「飯伊地域の木材の有効活用に向けた施業集約化の推進」を基本方針としている。具体的な業務としては、組合員や森林所有者に働きかけて施業地をまとめたり、間伐、作業路網・共同製材施設等の整備、地域における木材市場開拓、乾しいたけやマツタケなど特産物の生産技術普及などに取り組んでいる。ＣＳＲの観点からは、それらを通じて「地産地消の木材利用」を拡大することで森林の公益性を向上し、「産業としての林業」の再生が目指されているといえる。以下、その事業の発展プロセスを具体的にみてみよう。

まず八〇年代以降の合併によって木材、きのこ類ともに取扱量が拡大し、収益向上と経営多角化の可能性が開かれた。温泉宿泊施設「昼神荘《ひるがみそう》」、きのこ流通センター、木材流通センター、特用林産物集出荷販売施設などが開設され、木材加工施設へのプレカット加工機・小径木加工機の設置が進められた（それによって従来は手作業で行われていた住宅資材加工が機械化された）。これらの施設の収益は新たな事業に投下されるとともに、施設利用料の引下げを通じて組合員にも還元された。

一方、組織の合併には当然、事務所等の統廃合が伴うため、組合員との関係が希薄化することが少なくない。飯伊森林組合ではこれを回避するため「現場第一主義」という方針を掲げ、合併前の各森林組合窓口を事務所として存続させることとした（表７－４）。林和弘組合長は、これこそ飯伊森林組合の「こだわり」であり、「協同組合として組合員との接点を大切にする」という考え方を体現していると語ってくれた。なお各事務所には職員が一～四人配置されている。

このように飯伊森林組合の事業モデルは、①事業の多角化、②組合員への収益還元、③組合員とのコミュニケーション・チャネルの維持、を特徴としている。しかし近年は公共事業の縮小や木造住宅建築戸数の減少が組合経営上の大きな懸念事項となっている。

こうしたなか、飯伊森林組合は二〇〇八年七月、新たな事業戦略として「南信州木づかいネットワーク」を立ち上げた。これは「地域の豊かな森林資源の地産地消」というコンセプトに共感した森林所有者、木材生産者、製材業者、流通業者、建築設計者、工務店、地域の人々との連携に基づくプロジェクトで、現在の会員数は六〇。同時期に飯田市が環境モデル都市に選定されたこともあり、地域一帯をあげての「地産地消」と「二酸化炭素排出量の削減」に一体的に取り組む姿勢が打ち出された。

また二〇一一年には、このネットワークの核となる十分な製品供給に向けた製材施設の新たな運営方針を策定。経営主体は飯伊森林組合とし、木材企業三社、長野県下伊那地方林務課、飯伊森林組合で運営委員会を構成することとした。生産品目はヒノキ、スギ、カラマツの柱材、板類、ラナミ（集成材を構成する板材）、ツーバイフォー部材を主体とし、持続可能な森林管理・林業経営を

表7-4　飯伊森林組合の支所・事務所体制

飯伊森林組合本所	
北部支所	大鹿事務所
	喬木事務所
	高森事務所
	豊丘事務所
	松川事務所
西部支所	阿智事務所
	清内路事務所
	浪合事務所
	平谷事務所
南部支所	旦開事務所
	阿南事務所
	売木事務所
	下條事務所
	天龍事務所
	泰阜事務所
中部支所	飯田事務所
東部支所	上事務所
	南信濃事務所

出所：林和弘［2009］

目指すため、森林認証*の取得や地域材の銘柄化も計画している。このように地域の住民、企業、行政が一体となった取り組みが行われる背景には、「共存共栄を目指さなければ成り立たない」という地域社会の切実な現状があるといえよう。

＊　森林認証制度とは、独立した第三者機関が森林管理や木材伐採が環境に配慮して実施されているかどうかを評価・認証し、認証された木材や木材製品にマークを付与する制度で、それを通じて消費者にその購入を促すことが目指される。民間主体で運営されており、国際的には森林管理協議会（ＦＳＣ：Forest Stewardship Council）とＰＥＦＣ森林認証プログラム（ＰＥＦＣ：Programme for the Endorsement of Forest Certification Schemes）、日本独自の機関としては「緑の循環」認証会議（ＳＧＥＣ：Sustainable Green Ecosystem Council）が制度運営に携わっている。

また近年、日本の林業においては、長年にわたる国産材の価格低迷、森林所有者の高齢化と後継者不足などによる施業放棄が進み、森林の荒廃が深刻化している。飯伊森林組合ではこのような状況に対し、組合員が所有する森林の管理を引き受ける「森林管理委託事業」を開始した。この事業では組合職員が管理委託契約を結んだ森林を定期的に巡回し、所有者に自然災害や盗伐などについて報告する。管理委託面積が二〇ヘクタール未満の場合、無料で管理を請け負う。高齢や遠方に居住しているなどの理由で所有林の管理を行うことが困難な組合員にとっては便利なサービスであり、地域の森林荒廃の防止にも役立つ。現在約四〇〇人の組合員が利用しており、組合側から報告を受ける際に必要な手入れやその費用などについて相談が行われている。組合としては、将来的には管理だけでなく経営委託にも展開したいとの思いもあるが、現在は何よりも森林経営への無関心を改善することに主眼を置いている。

「里山の森林再生事業」の動機

　前述したように長野県南部の里山はアカマツの有数の産地であるが、一九九二年頃からマツ材線虫病、通称「松くい虫」の被害が拡大し、壊滅的な打撃を被るようになった。松くい虫は、マツノマダラカミキリという虫が媒介するマツノザイセンチュウと呼ばれる線虫が引き起こす病害で、感染するとマツが急速に枯死してしまう。これまでは標高八〇〇メートル以下の地域が被害が大きいとされていたが、最近では温暖化の影響などで被害範囲が拡大しているともいわれている。また一度被害にあうと、その土地に植林しても林相を形成するまでに回復することは難しい。そのため現在ではマツタケ産地などを除き、樹種の転換などの対策がとられている。

　飯伊森林組合では松くい虫被害の拡大を受けて、農林中央金庫のＣＳＲ事業「森林再生基金」に応募し、二〇〇七年度の助成対象となった。応募の動機は、「里山林の取り組みは森林組合単独では遂行できない」というものであった。一般的に森林整備等に対する国や地方自治体の助成事業では、スギやヒノキなど人工林が対象とされ、多様な樹種から成る里山林は助成対象となりにくい。また林業経営の観点からも収益性のある事業とはみなされないため、里山林の放置と荒廃が進んでしまったのである。そこで飯伊森林組合では、基金からの助成を得ることで、甚大な松くい虫被害を受けたアカマツを伐採するなどの処置を含め里山林を適切に管理し、それを通じて二酸化炭素排出量の抑制、生物多様性の保全、地域の景観保全などのＣＳＲに取り組むこととしたのである。

「里山の森林再生事業」の取り組み

事業実施にあたり、飯伊森林組合ではまず一六一名の森林所有者の同意を得て森林管理計画を作成、一七一ヘクタールに及ぶ事業区域を設定した。

事業区域とされた高森町では、以前から学友林*の植樹が行われ、教育的な観点から地域ぐるみで里山林を重視していた。そのため事業は高森事務所を中心に進められることになった。

＊ 飯田市では一九九七年度より、身近で貴重な里山の保全と小学校の環境学習に役立てることを目的に「学友林整備事業」を開始した。市が学校近辺の里山を買い上げる、または長期契約で借り上げ、学校に提供している（上沼［二〇〇三］）。

当時、飯伊森林組合は支所・事務所ごとに独立して業務を行っていたため「仕事量に格差が生じたり、狭い視野での仕事しかできなかったりという面があった」（林［二〇〇九］）。また、高森事務所には常駐職員が一人しかおらず、森林再生事業のセンターを担うことは不可能であった。そこで組合は高森事務所内に森林再生事業のプロジェクトチームを立ち上げ、支所長の権限で各事務所の職員を柔軟に配置することができる態勢を整えた。配置された職員は通常業務に加えて森林再生事業の業務も行わなければならないため、当初はとまどいや不満の声も聞かれた。しかし、次第にチームワークが醸成されるようになり、松くい虫被害を受けて「どの樹種に転換するべきか」について活発な意見交換がなされるなど、通常業務と再生事業の融合、コミュニケーションや情報共有の促進が見られた。「里山の森林再生事業」でスタートしたこの組織態勢は、その後支所再編整備に生かされることになった。

里山林のなかには、所有地境界が不明確な区域も少なくない。そのためまず境界を明確にする必要があった。その費用は農林中金の「森林再生基金」や飯伊森林組合が賄うこととした。その後、松くい虫被害を受けたアカマツを伐採し、ヒノキやクヌギ、ナラなどが植林された。ヒノキは大径木生産を目指し、長伐期施業に取り組んでいる。クヌギやナラは伐採せずに残し、シイタケ栽培に活用することにしている。この他、森林整備に欠かせない作業道の開設整備なども並行して行われた。

「里山の森林再生事業」は、地元の市町村会議員や他県の森林組合からの視察を受けるなど、大きな関心を集めた。また、整備しなければと感じながらも方法がわからない、時間がないなどの理由で森林を放置してきた所有者から、飯伊森林組合に相談が寄せられるようにもなった。

（上）ヒノキを植林した里山
（下）ナラを植林した里山

今後の課題

現在、里山林の管理において大きな課題の一つとなっているのが獣害である。飯伊地域にもシカ、イノシシ、サルなどが出没し、立木の樹皮を剥いだり、山村部の高齢化・不在化に伴い放置された柿などの果樹を求めて民家周辺の農地に侵入するなどの被害が拡大している。獣害が増えた要因としては、奥地林のクヌギ、ナラ等の広葉樹の減少に伴い動物のエサであったドングリが減少したことなどが指摘されている。対策としては、放置された里山林を整備し、林内に光が差し込むようにすることで、野生動物が農地に容易に侵入できないようにするなどの案が出されており、飯伊森林組合でも、林業経営を損なう獣害への本格的な取り組みは避けられない課題となるものと思われる。

飯伊森林組合の「里山の森林再生事業」は開始から四年を経たが、林業と環境保全はいずれも息の長い取り組みを必要とするものであり、いまだ始まったばかりともいえる。虫害や獣害、森林所有者の高齢化や後継者不足など深刻な課題も数多い。しかしだからこそ、この事業のCSRとしての意義は極めて大きく、今後はさらなる支援の拡大に向けて「里山の価値」を広く訴えていくことが求められよう。

参考資料

飯伊森林組合、環境省、農林水産省、FSC（森林管理協議会）ジャパン、PEFCアジアプロモーションズ各ウェブサイト

林和弘［二〇〇九］「地域の森林管理を適切に行うために」、『森林組合』五月

上沼昭彦［二〇〇三］「学友林整備事業」、『森林科学』二月

第八章　東日本大震災と地域金融機関

東日本大震災の被害状況

二〇一一年三月一一日一四時四六分頃、太平洋三陸沖を震源としたマグニチュード九・〇という、日本の観測史上最大規模の地震が発生した。気象庁によって「平成二三年（二〇一一年）東北地方太平洋沖地震」と命名されたこの地震は巨大な津波を引き起こし、幾多の都市、町、集落が壊滅的な状況に陥った（四月一日、政府は持ち回り閣議において災害の呼称を「東日本大震災」とした）。

津波は福島第一原子力発電所にも襲いかかり、電源喪失等により大量の放射性物質が漏れ出すという大惨事を引き起こした。菅直人首相（当時）は一一日に原子力緊急事態宣言を発出、原発から半径三キロ圏内に避難指示、一〇キロ圏内に屋内退避指示を出した。しかし福島第一原発は複数の炉が水素爆発を起こすなど深刻な状況が続き、政府（原子力災害対策本部）は数度にわたり避難指示圏を拡大・細分化、事故の収束・除染計画ともにいまだ明確な見通しは立っていない。*

＊ 二〇一一年九月現在、避難区域等は以下のように設定されている（首相官邸ウェブサイトより）。
①警戒区域：福島第一原発から半径二〇キロ圏内（海域も含む）
②特定避難勧奨地点：事故発生後一年間の積算線量が二〇マイクロシーベルトを超えると推定される特定の地点
③計画的避難区域：福島県葛尾村、浪江町、飯舘村、川俣町の一部および南相馬市の一部のうち、福島第一原発から半径二〇キロ圏外の地域
④緊急時避難準備区域：福島県広野町、楢葉町、川内村、田村市の一部、南相馬市の一部のうち、福島第一原発から半径二〇キロ圏外の地域（九月三〇日に解除）

東日本大震災の被害は一都一道二〇県と広範囲にわたり、九月末時点で死者一万五八一三人、行方不明者三九七一人、建物全壊一一万八二八九棟（警察庁資料、二〇一一年九月二九日）に上っている。なかでも岩手県、宮城県、福島県の被災状況はとりわけ甚大で、死者の九九・六％、建物全壊の九六・四％がこの三県で占められている。

また同三県における農林水産業の被害合計額は一兆九六八〇億円（岩手・宮城九月二一日、福島四月二七日時点）に上っている。ただこの額には原発事故による被害は含まれていない。三月一九日にはすでに一部の農産物等から食品衛生上の基準値を超える放射性物質が検出され、出荷制限が実施された。その後も農水産物の出荷制限と解除は繰り返されており、今後の復興に大きな影を投げかけている。政府は東日本大震災の直接的な被害額は一五～二五兆円にものぼるとの試算をまとめているが、これは一九九五年の阪神・淡路大震災の被害額（約一〇兆円）を上回ることになる（『日本経済新聞』二〇一一年三月二三日）。

図8-1　東北6県および茨城県に本店のある金融機関の閉鎖店舗数の推移（2011年）

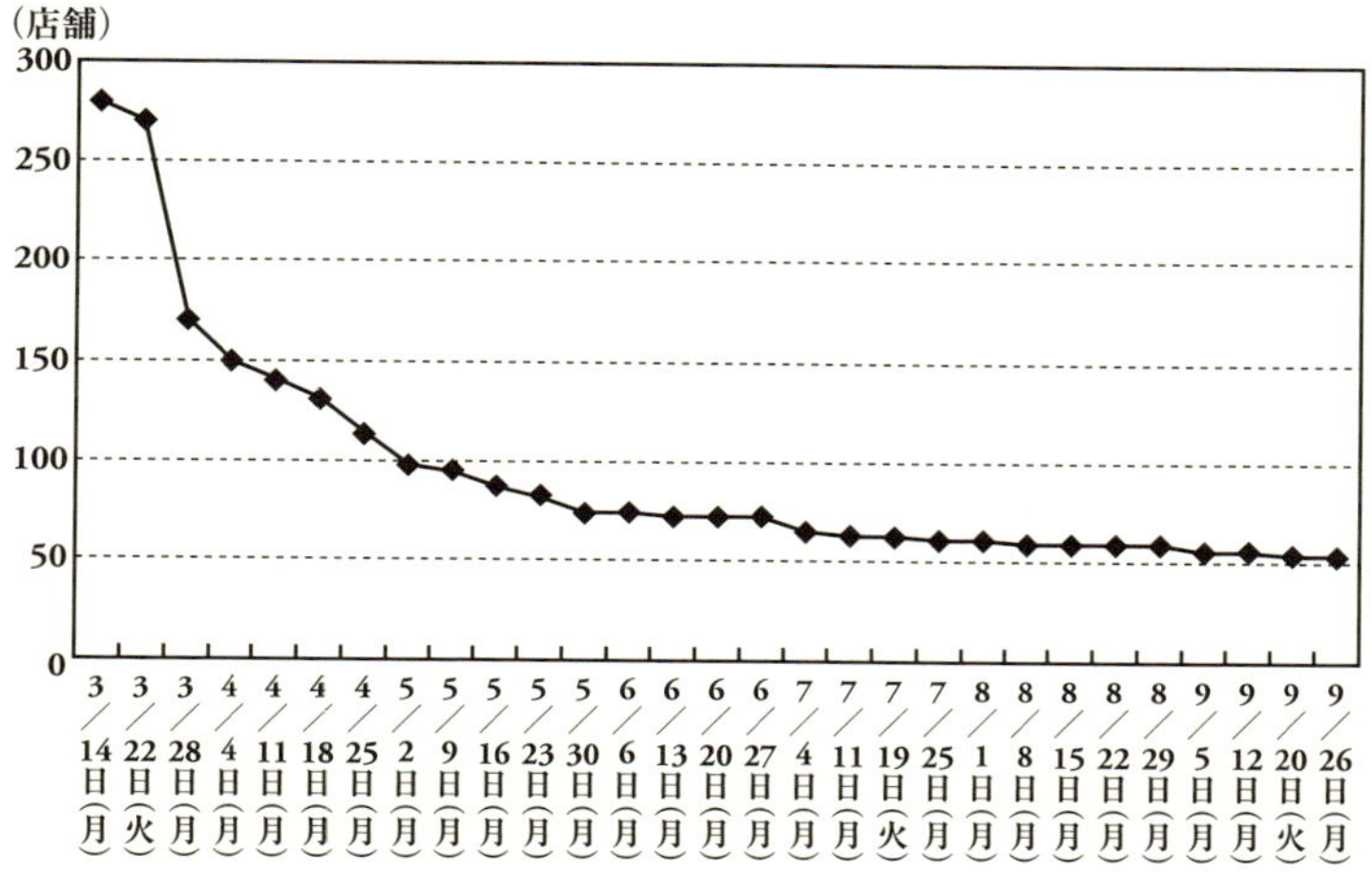

注：3月14日～4月11日についての数値は概数。
出所：金融庁ウェブサイト「今般の震災についての金融庁・金融機関の対応状況」

政府・金融機関の主な対応

（1）金融機関の被害状況と金融庁・日銀の主な対応

地震が発生した三月一一日（金曜日）、金融担当大臣と日銀総裁は連名で「平成二三年（二〇一一年）東北地方太平洋沖地震にかかる災害に対する金融上の措置について」を発出・公表。金融機関には、預金証書や通帳を紛失した預金者にも本人確認を行った上で払戻しを行うこと、融資相談所の開設、審査手続の簡便化、貸出の迅速化、貸出金の返済猶予等の的確な措置を講じること、などを要請した（同様の要請は、一二日に発生した長野県北部地震の際にも発せられた）。

地震と津波は東北各地の金融機関にも甚大な被害を及ぼした。**図8-1**は金融庁が発表した「被災地域の金融機関の状況」である。地震三日後の一四日、東北六県および茨城県に本店がある七二の金融機関の閉鎖店数は全営業店舗約二七〇〇の約一〇％に及んだ。ATMやコールセンターなども相当な被害を受けており、停電も追い打ちをかけた。

被災地の各地域金融機関は仮設店舗を設置したり、商工会議所駐車場や小学校体育館等に仮設窓口を設置することで預金の引出業務に対応。移動バスを活用している金融機関もある。ほとんどは一人一日一〇万円を引出上限額とし、土日営業を実施した金融機関も少なくない。

その後各地域金融機関とも店舗は徐々に復旧してきたが、九月二六日時点においても五四の営業店が閉鎖されている。福島第一原発事故によっていまだに営業再開のめどが立たず、他の地域に臨時店舗や相談所を設置したり、営業可能な他店舗に職員を配置することで対応している店舗もある。

一方、日銀は地震直後の三月一二、一三日に土日営業を行った被災地の一三の金融機関に約五五〇億円の現金を供給。そして一四日に開催された金融政策決定会合では追加的な金融緩和が決定された。このなかで明記するべき取り組みとしては、昨年一〇月に「包括的な金融緩和政策」の一環として創設された「資産買入等の基金」の買入枠を五兆円程度増額し、四〇兆円程度としたことである（増額は二〇一二年六月末をめどに完了の予定）。増額分の買入対象はリスク性資産を中心とし、リスク回避意識の高まりなどから実体経済に悪影響が及ばないようにすることが目的とされた。さらに日銀は同日、即日・先日付を合わせた資金供給オペレーションを開始し、オファー総額は過去最大の二一・八兆円にのぼった（日本銀行『二〇一〇年度の金融市場調節』）。また、翌月四月七日に開催された日銀金融政策決定会合では、被災地金融機関の支援を目的とした新たな貸出制度の導入（貸出総額一兆円、利率〇・一％、期間一年）が決定した。

今般の地震、津波、原発事故による被害の深刻さは未曾有のものであり、被災地域の企業等は懸命に復旧に取り組んでいるが、なかには被害があまりに大きく、融資に必要な資産査定等が行えない状況にある企業も少なくない。そこで金融庁は三月三一日、「金融検査マニュアル・監督指針の特例措置及び運用の明確化」を公表し、融資関連の課題に対処する体制を整えた。このマニュアルでは、震災によって「実態把握が困難な債務者への貸出金等」や「再評価・実査が困難な担保物件」については、特例措置としてそれまで把握していた情報や担保評価で査定することが認められた。また、震災の影響を受けた債務者の赤字や延滞が一過性である場合は債務者区分*を引き下げなくてもよい、震災の影響による貸倒等の実績は異常値とし、震災の影響がない貸出資金の貸倒実績率に算入しなくてもよいなど、運用の明確化が行われた。

＊　金融機関は信用格付に基づき、債権を保有する先の財政状態に応じて債務者を区分する。区分に応じてその債務者に対する貸出債権に関する貸倒引当額が異なる。区分は以下の通り。正常先、要注意先、破綻懸念先、実質破綻先、破綻先。

さらに五月一三日、自見庄三郎内閣府特命大臣（金融担当）は金融機能強化法改正案の概要を発表。被災地の信用金庫や信用組合の財務が悪化し、経営難に陥った場合は、合併などを条件に公的資金の返済を免除するなどの特例が設けられることとなった（『産経新聞』二〇一一年五月一三日）。

（2）協同組織金融機関の主な対応　協同組織金融機関の中央金融機関による、主な被災地への金融を通じた対応は次の通りである。

ＪＡバンク（農協、信農連、農林中央金庫）とＪＦマリンバンク（漁協、信漁連、農林中央金庫）は、農協が貸付を行っている農業資金（総額二五〇〇億円）と信漁連、漁協が貸付を行っている漁業資金（総額五〇〇億円）を、行政等との連携のもとで借入者である農業者、漁業者の金利負担が無利子となるような利子補給等を実施する旨を公表した。さらに農林中金は、四月二八日に「復興支援プログラム」の創設を決定。これは「金融支援プログラム」と「事業・経営支援プログラム」から構成され、前者は先に発表した利子補給等（つなぎ融資）の実施など農林水産業者等への支援、後者は会員組織のインフラ復旧支援を目的としている。期間は四年程度で、低利融資などを含めた事業規模は一兆円、農林中金の支援は三〇〇億円が想定されている（農林中央金庫ニュースリリースより）。

三月中旬、信金中金は被災した信金の取引先企業等の復興に向けて、代理貸付を活用した低金利の特別融資制度（貸付総額一〇〇〇億円）を創設した（信金中央金庫［二〇一一］）。

震災により、被災地の金融機関は店舗等の固定資産を損壊によって損失したり、その修繕にかかる費用、貸倒引当金の計上などに直面している。「地域と共に歩む」ことを使命とする地域金融機関は、そうした自社の被害を乗り越えると同時に、被災した地域の復旧・復興のための資本的基盤を高める必要がある。このような状況を受けて、いくつかの被災地金融機関は、金融機能強化法に基づき公的資金の注入を申請することを検討し始めた。

いわき信組の震災への対応

次に、震災から約二か月後の五月中旬に筆者が訪問したいわき信用組合（以下「いわき信組」）でのヒアリングをもとに、震災後の地域金融機関の現状を報告しつつ、地域金融機関の存在意義を改めて考えてみることにしたい。

一九六六年、一四の市町村が合併して誕生した福島県いわき市は、人口三四万人を超え（二〇一一年三月一日現在）、政令指定都市に次ぐ中核市である。戦前から常磐炭田の中心地として炭鉱業が栄えたが、一九六〇年代のエネルギー革命によって石炭の需要が激減し、斜陽産業化を余儀なくされた。そこでいわき市は積極的な工場誘致を推進し、製造品等出荷額が年間一兆円を超える工業都市へと成長した（いわき市ウェブサイト「いわき市の歴史等について」より）。

このいわき市を営業エリアとするいわき信組も、東日本大震災によって大きな被害を受けた。具体的には、津波により塩屋崎《しおやざき》支店と中之作《なかのさく》支店が全壊、江名支店と四倉《よつくら》支店が浸水、楢葉《ならは》支店は福島第一原発から二〇キロ圏内にあるため警戒区域に指定され立ち入り禁止となった。また、小名浜、植田、本庁前、玉川各支店の倉庫が損傷、旧久之浜《ひさのはま》支店駐車場内に設置していた店外ATMは盗難被害回避のため撤収となった。

このような被害状況のもと、いわき信組は「顧客に安心感を与える」ため、震災発生翌日の午前九時には本部内に緊急コールセンターを立ち上げ、理事長以下幹部職員が被災した顧客からの相談に対応した。なかには家族を避難させた後、本部に詰めて顧客に対応する幹部職員や、付近一帯が断水していたため自宅から職場用の飲料水などを提供する職員もいて、全員が力を合わせできる限りのことに取り組んだ。コールセンターには初日の三月一二日に営業状況やＡＴＭ稼働状況などに関して四〇件以上に上る問い合わせがあった。翌一三日には被災店舗を除く一五店舗が休日営業を行い、顧客対応に当たった。

一五日には放射能汚染問題が深刻化、一部地域に屋内退避指示が出されたことを受け、同日一四時三〇分頃窓口営業を休止した。この措置は他の金融機関も実施しており、以後市内ではＡＴＭ稼働のみの営業状況が二一日まで続いた。店舗営業が休止している間、いわき信組コールセンターでは市内の金融機関としては唯一、顧客からの問い合わせに応じるところとなり、一六日には四〇件、一七日には六〇件以上もの問い合わせが寄せられた。

コールセンターに寄せられた問い合わせ、相談等で最も多かったのは「通帳・証書の喪失」に関するものであった。その他には、「給与振込等の受取」「遠方避難先での預金引き出し」「店舗再開時期」「震災に係わる相続」などについての問い合わせがあった。

その後も増え続ける問い合わせや要望を受け、いわき信組では復興に向けていち早く行動すべきと判断、市内の金融機関と情報交換を図り、連休明けの二二日に営業を再開した。各店舗の被害状況などを勘案したうえで、まず比較的損害の少なかった三店舗で営業を開始し、他の被災店舗についても被害状況、ライフライン復旧状況等を検証したうえで順次営業を再開していった。

いわき信組ではまた、遠方に避難している組合員が避難先で預金を引き出すことができるように、三月二一日から約二週間、全国信用協同組合連合会仙台支店照会センターに職員を派遣し、他の信組からでも引き出しを行うことができる処理を行った（その後は銀行からの引き出しも可能となった）。

一方、事業者からの相談としては、取引先からの売掛金回収の遅延や手形決済、債務返済猶予等についての相談のほか、設備損壊や原発事故被害の影響から事業再開・継続に不安を訴える事業者も少なくないという。

震災対応ローンなど

いわき信組は、当座の生活資金等に活用するための「東日本大震災緊急生活支援資金」（融資限度額三〇万円以内、年利一・〇％、一年据置後三〇回払い）をはじめ、被災者向けマイカーローン、災害復興住宅ローン、災害復興多目的ローン、事業者向け災害復興資金などの震災対応ローンを迅速に商品化していった。地震や津波で墓地が被害を受けた人のための「メモリアルローン」も開発した。ただこれらのローンのなかには申込数が大きく伸びていないものもある。その理由の一つとして、多くの住民・事業者が瓦礫等の撤去に手間取り復興にまで手が回らないことがある。また原発事故の収束も見通しが立っていないため、多くの事業者が事業計画を立てられずにいることも大きな理由となっている。

一方、金融機関側の懸念材料は貸出先の債務者区分である。正常な債権が震災によって延滞債権、破綻懸念先債権となることも十分に考えられる。これは原発事故の補償問題ともつながっており、福島県内を中心に各金融機関は補償額がどのように算定されるかに大きな関心を寄せている。とりわけ原発事故で住民が避難したことによる預金流失、経営悪化に陥った企業の債権などについては、震災発生から二か月が経過した時点でも把握が容易ではなく、状況次第では損失がさらに拡大することもあり得るため、各金融機関とも危機感を抱いている。

被災店舗周辺の現在の状況

筆者がいわき市を訪問した五月中旬の時点で、アクアマリンふくしま（ふくしま海洋科学館）、いわき・らら・ミュウ（いわき市観光物産センター）、小名浜美食ホテルなど小名浜湾に面した観光施設は地震と津波による甚大な被害を被っており（アクアマリンふくしまは七月一五日、いわき・らら・ミュウは一一月二五日に再オープンの予定）、周辺には津波の爪痕が生々しく残されていた。地区によってはいまだ瓦礫が散乱し、腐乱臭が漂っていた。

いわき信組の営業店中、最も被害が大きかったのは、薄磯《うすいそ》海水浴場から数百メートルに位置する塩屋崎支店であった。同支店は地震で津波警報機が損壊すると同時に停電となった。さらに通信器機は震災時の回線混雑で通話不能となり、三時四〇分頃に発生した津波で店舗は大破した。この津波によって支店職員二名が死亡、営業車両や職員の自家用車なども流失した。

左の写真から明らかなように、塩屋崎支店の周辺では津波によって近隣の住宅を含めほとんどすべての建物が流され、破壊された。現在、塩屋崎支店の業務は近隣の郷《さと》ケ丘《がおか》支店で代行されているが、九月には倒壊した店舗から北一・五キロのところに仮設店舗を建設する予定である。

塩屋崎支店と同様津波によって倒壊した中之作支店は、地銀の店舗を買収し、規模を拡大して現在に至っていたが、海岸沿いに位置していたため大きな被害を受けた。新たな建設許可が下りないため廃店となる予定である。楢葉支店は原発近辺のため復興の目途が立っていない。同支店の職員は現在いわき市内に移り住み、他の支店に勤務している。

今後の課題

いわき市では震災発生後、市北部の一部地区が福島第一原発の二〇～三〇キロ圏内に含まれていたため、当初は市の全産業が深刻な「風評被害」に悩まされた。原発事故を受けて一時は市民の三割が退避し、「ゴーストタウンと化した」とまでいわれた。その後は人口は回復傾向にあり、逆に警戒区域に住んでいた人々が避難してきたり、原発事故収束の作業や鉄道の復旧事業などのため市外から多くの人々が訪れ、

（上から）瓦礫が散乱した四倉支店前の様子，大破した塩屋崎支店の建物，崩れた建材や瓦礫で足の踏み場もない店内，津波に襲われた支店周辺の様子

貸家の入居率やホテルの予約率が高まっている。ただ、現在も市内の至るところに瓦礫が積み上げられたままとなっており、産業と雇用の回復はいまだ大きな課題となっている。

「風評被害」の克服も復興上の大きな課題である。福島第一原発の事故を受け、引き続き一部の農産物等に出荷制限が課されているが、暫定基準値の設定、産品の放射線量測定の方針をめぐってはいまだ迷走が続いており、福島を中心とする東北地方の生産者・自治体は対応に苦慮している。「風評被害」を払拭する目的で各地で即売会などが積極的に行われてきてはいるが、明確な方針に基づく線量測定（＝汚染の可視化）が行われないかぎり、消費者・買い手は「風評」かどうかを判断できないため不安は解消されず、工業製品を含め日本製品の信頼性は取り戻されないだろう。この膠着状態のなかで、多くの中小企業、個人事業主は経営悪化に苦しんでおり、金融機関にとってもそれが貸出債権の焦げ付き、引当金の積み増しなどにつながることになる。したがって福島原発事故の収束は、本格的な復興にとって最大の前提ということになろう。

さらに「二重ローン」も深刻な問題である。いわき信組では二重ローンに関して、既貸ローンの条件変更、または新規貸出による取りまとめ（長期化）など柔軟な対応を進める体制をとっている。一方で、二重ローンを抱える以前に、震災に伴う減収や失業等により今後の見通しが立たなくなり、返済が困難になるのではと不安を抱いている顧客への対応も、今後の課題になっていくと考えられる。

いわき信組の片寄《かたよせ》英二常務理事は、現在の復興への取り組みと地域金融機関本来の使命を結びつける形で、「地域経済復興の担い手として、地域のために活動し、地域の信認を確実なものにしていくことが重要と考えている」と語ってくれた。

いわき信組では、相談体制等の説明に加え各自治体の支援制度などを付載した「災害復興支援ガイド」を作成し、全職員・全営業店に配布した。同信組ではこのマニュアルに基づき顧客のどのような相談にも応じられるようにすることを目指しており、今後はさらにビジネスマッチングをはじめとした事業機会の向上なども含め、地域の再生を支援していく方針である。

地域金融機関の最大の強みは、地元の情報を知悉していること、そして何より「いかなる状況に陥っても地域と共に歩み、地域を見捨てない」という頼もしさである。東日本大震災という未曾有の災害にみまわれてなお、これらの無形資産を効果的に活用し、地域の復興にいかにつなげていくかが、いわき信組にとって当面の最大の課題となっている。

参考資料

日本銀行金融市場局［二〇一一］『二〇一〇年度の金融市場調節』
気象庁、警察庁、首相官邸、宮城県、岩手県、福島県、金融庁、日本銀行、農林中央金庫、信金中央金庫、いわき信用組合、いわき市各ウェブサイト
信金中央金庫［二〇一一］『信金中央金庫ディスクロージャー誌二〇一一』

おわりに

ＣＳＲは今や、無形資産の形成や企業価値の向上、とりわけ企業イメージの向上や労働市場における人材確保、組織内部のモチベーションの向上などに大きな影響を与えている。このようにＣＳＲがポジティブに捉えられるようになった背景には、企業の無形資産の重要性が認識されるようになったことがある。ある大手金融機関のＣＳＲ担当者は、「多くの金融機関がＣＳＲに取り組むようになった現在では、ＣＳＲを採り入れなかった場合、企業価値を棄損する可能性がある」と述べた。

ただし、ＣＳＲ活動を行えば必ず企業価値が高まるわけではない。ブランドや人的資本、組織資産などへの投資が、将来無形資産として企業に経済的便益をもたらすかどうかは不明確だからである。そのため地域金融機関のＣＳＲは、少なくとも次の二点を考慮に入れて取り組まれるべきであろう。

第一に、長期的に取り組むことができ、かつ社会の関心度の高いテーマを選ぶことである。業績に左右されたり、特定の課題が解決されると関心が急速に失われるようなテーマは持続性に欠け、企業イメージの向上に結び付かない。このような観点から、「本業を通じたＣＳＲ」は「業績依存・利益還元型ＣＳＲ」よりも持続性が高いといえる。

環境保全、多重債務問題の解決、バリアフリー対応、障がい者への雇用機会の提供など、本書で取り上げたテーマ以外にも、金融機関が本業を通じて行うことが可能なテーマは数多くある。たとえば、少子高齢社会のさらなる進展に伴い、福祉関連の取り組みは今後いっそう重要性を増していくと考えられる。また東日本大震災の被災地の金融機関にとっては、復旧・復興と中長期的な地域活性化への取り組みが喫緊の課題となろう。

また、多様な社会的課題に持続的に取り組むためには、組織に問題解決能力が備わっていなければならない。そのためには風通しのよい組織づくりなど、組織改革が求められる場合もあり、それには経営陣の後押しも不可欠となるであろう。一方、第七章で見たように、広範な社会的課題について中央機関を中心とした連携やネットワークを駆使したり、テーマによっては地域レベルでの金融機関同士の横の連携なども求められることがあろう。

第二に、ステークホルダーに対して継続的なCSRコミュニケーションを行うことである。多くの金融機関は経営資源が限られるなかで、CSRコミュニケーションに新たな資金を投じることは難しいと考えているが、なかには店舗やCSR報告書などすでにあるチャネルを有効活用することで一定の効果を上げているところもある。またCSR報告書などの開示資料については、従来以上に見やすさ、分かりやすさが追求されるようになっている。一部の研究者や専門家の評価よりも、金融機関自身が現場の経験と知恵に基づいて「誰に訴求したいのか」を打ち出すCSRコミュニケーションが、今後は主流となっていくものと思われる。

日本の先進的な金融機関がCSRを経営戦略の一部と捉え、本格的に取り組むようになってから約一〇年が経過した。その間ＣＳＲ、とりわけ社会貢献活動は、経営トップの「思い入れ」から始まることも少なくなかった。環境金融にしても、今日でこそ注目を集めるようになったが、一九八〇〜九〇年代前半は環境保全を積極的に訴える金融機関は少なく、活動も一過性のものとみなされがちだった。あるＣＳＲ担当者は、自社のＣＳＲ活動にブレが生じないよう様々な努力を積み重ね、社員参加型イベントなどを通じて環境保全を全社的な取り組みにまで発展させたという。このように今や企業価値の向上に欠かせないものとみなされているＣＳＲ活動の裏には、代々の担当者の並々ならぬ努力があり、「人」なくしては成り立たないものであることを痛感させられる。

本書は多くの金融機関の方々のお力添えで形を成したものである。第四銀行、滋賀銀行、みちのく銀行、中国労働金庫、長崎県民信用組合、いわき信用組合、大分銀行、蒲郡信用金庫、福岡銀行、多摩信用金庫、千葉銀行、山陰合同銀行、りそな銀行、近畿労働金庫、信金中央金庫、全国労働金庫協会、農林中央金庫、飯伊森林組合（本書登場順）の「現場の声」を聞かせて下さった役職員の皆様、本書では直接取り上げることができなかったがその活動を参考にさせて頂いた多くの金融機関の皆様に、この場を借りて厚く御礼を申し上げます。

筆者がこれまで調査研究に情熱を傾けてこられたのは、多くの上司や先輩の叱咤激励のおかげである。なかでも入社時の上司であった鈴木利徳常務取締役は、長年にわたりフィールドワークを通じて金融機関の経営の調査研究に携わっておられ、そのノウハウを直接学ぶ機会を得ることができたのは筆者にとって幸甚であった。また橘高研二主任研究員は、よき先輩として相談に乗って下さり、そのつど示唆に富むアドバイスを下さった。深く御礼を申し上げます。

筆者が金融機関のＣＳＲをテーマに調査研究を開始した二〇〇五年当時、ＣＳＲに対する世間的な評価は必ずしも定まってはおらず、急速に関心が失われる可能性もあった。にもかかわらず、ＣＳＲ研究が地域金融機関の存在意義や真価に関わるものであることを認め、出版の機会を与えて下さった佐藤純二前代表取締役社長（二〇一一年一〇月より独立行政法人農畜産業振興機構理事長）、岡山信夫専務取締役（同、農林中金総合研究所代表取締役専務）に厚く御礼を申し上げます。

最後に、出版に際して、本書のテーマに社会的意義を見出して下さった新評論の武市一幸社長、編集を担当していただいた吉住亜矢氏のご助力に心より御礼を申し上げます。

二〇一一年一〇月

株式会社農林中金総合研究所　主事研究員

古江晋也

環境リスクの評価と課題，排出権取引，SRIファンドや市民金融など，環境金融のトピックスを網羅的に紹介しており，全体像が理解できるように配慮されている。

多重債務問題

◎**高津成志［1999］『異常が正常』（ビーケイシー）／中村堅太郎［1998］『長崎けんみん信組の新航路』（ダイヤモンド社）**　長崎県民信用組合の多重債務問題への取り組みを追った貴重なレポート。この2冊をテキストに多重債務問題に取り組んでいる金融機関もある。

◎**宇都宮健児［2002］『消費者金融―実態と救済』（岩波新書）**　消費者金融市場の本質的な問題点を把握するのに役立つ。

◎**ナビゲーター：藤沢久美／STPプロジェクト・片野佐保・真水美佳・川島直子編著［2008］『理解されないビジネスモデル　消費者金融』（時事通信社）**
貸金業者の視点から改正貸金業法を批判した書で，消費者金融会社の姿勢や仕組みを知るのに役立つ。

◎**丸手壮平［2007］『サラ金崩壊―グレーゾーン金利撤廃をめぐる三〇〇日戦争』（早川書房）**　改正貸金業法を巡る金融庁，消費者金融業者，政治家など関係者間の攻防を取材したもの。

障がい者雇用

◎**花村春樹［1998］『「ノーマリゼーションの父」N・E・バンク-ミケルセン［増補改訂版］』ミネルヴァ書房**　今日の社会福祉の基本理念の一つとなっている「ノーマライゼーション」（ノーマリゼーション）を初めて提唱したデンマーク社会省の行政官，ニルス・エリク・バンク-ミケルセン（N.E.Bank-Mikkelsem）の生涯と思想が紹介されている。ノーマリゼーションを提唱するに至った背景，理念の重要性を深く理解することができる。

◎**高嶋健夫［2010］『障害者が輝く組織―いい会社って何だろう』日本経済新聞出版社**　障がい者雇用に力を入れている大企業，中小企業，社会福祉法人を取材し，そのビジネスモデルを紹介したもの。「障がい者雇用が企業価値を高める」ことを主張しており，障がい者雇用の新たな可能性を拓く試みである。

日本の森林・林業

◎**田中淳夫［2002］『森林からのニッポン再生』平凡社新書**　日本の国土面積の約7割を占める森林は近年いちじるしく荒廃し，山村部の高齢化・不在村化などによる林業の衰退はとどまるところを知らない。日本の森林を巡る基本的な課題がコンパクトに整理されている。

◎**田中淳夫［2007］『割り箸はもったいない？―食卓からみた森林問題』ちくま新書**　本書第六章でもふれた「マイ箸運動」を糸口に，日本の森林問題やエコ運動をより広い視野から捉え直している。

（社会貢献を組み込んだ販売手段）やソーシャル・マーケティング（公衆衛生や公共福祉などの改善を目的に企業が行うキャンペーンを支援する手段）を含め，実務家向けの戦略的なCSRマーケティング手法を詳説しており，CSR活動の企画などに役立つ。

市場主義・資本主義のあり方

◎**D・ヤーギン&J・スタニスロー［1998］『市場対国家』上・下巻，山岡洋一訳，日本経済新聞社**　第二次世界大戦以降の「大きな政府」（政府が経済を統制）の時代から，1970年代～90年代後半までの「小さな政府」（市場を重視し，民営化や規制緩和などによって市場を自由化）の時代の日米欧，旧社会主義国，発展途上国の動向が丹念に記述されている。「市場主義」を見つめ直す上でも示唆に富む。

◎**ロバート・B・ライシュ［2008］『暴走する資本主義』雨宮寛・今井章子訳，東洋経済新報社**　著者は，1970年代以降の米国では，資本主義が政治に深い影響を与えるようになったために民主主義（社会の公平さ）が衰退してきたと指摘し，法などの規制によってCSRを義務づけることを主張する。ベイカン『ザ・コーポレーション』と多くの点で共通する。

◎**中谷巌［2008］『資本主義はなぜ自壊したのか―「日本」再生への提言』集英社インターナショナル**　日本の「構造改革」の急先鋒であった著者が，2008年秋のリーマン・ショックを機に発表した「懺悔の書」。それまで自ら信奉し主導してきた新自由主義の行き過ぎが，日本社会の劣化を招いたと指摘。「新自由主義」「グローバル資本主義」の問題点を述べている。

◎**ミルトン・フリードマン［2008］『資本主義と自由』村井章子訳，日経BP社／ミルトン・フリードマン＆ローズ・フリードマン［1980］『選択の自由―自立社会の挑戦』西山千明訳，日本経済新聞社**　1970年代後半以降，世界を覆い尽くすことになった新自由主義。その理論的支柱の一人であるフリードマンの思想を理解するうえで必須の2冊。原著は『資本主義と自由』が1962年，その内容を一般化した『選択の自由』が1980年の出版である。

無形資産

◎**マーガレット・M・ブレアー＆スティーブン・M・H・ウォールマン［2002］『ブランド価値評価入門』広瀬義州他訳，中央経済社／バルーク・レブ［2002］『ブランドの経営と会計―インタンジブルズ』広瀬義州・桜井久勝監訳，東洋経済新報社**　いわゆる「ブランド」だけでなく，無形資産全般を扱っている。いずれも無形資産をどのように識別し，測定・報告するのか，といった重要な課題に取り組んでいる。

環境金融

◎**藤井良広［2002］『金融で解く地球環境』岩波書店**　近年急速に関心が高まってきた環境金融を包括的に解説。歴史的背景，考え方，金融機関の動向，

CSRについての理解を深めるためのブックガイド

本書では紙数の都合もあり，CSRが議論されるようになった背景や，CSRをめぐる議論のなかから生まれていったさまざまなイシューについては十分にフォローすることができなかった。そこで以下では，CSRについての理解をさらに深めるうえで役立つ書籍をテーマ別に紹介しておく。なお，「(地域) 金融機関のCSR」というテーマに関しては，以下に挙げた書籍以外にも，各行政官庁のウェブサイトや白書，各金融機関のウェブサイト，CSRレポート，ディスクロージャー誌が有益な情報源となるだろう。

企業の本質・CSRのあり方

◎**ジョエル・ベイカン［2004］『ザ・コーポレーション―私たちの社会は「企業」に支配されている』酒井泰介訳，早川書房**　英米の株式公開企業に焦点を当て，企業とは本質的にどのような機関であるのかを分析している。筆者はCSRには否定的な見解を示しており，むしろ規制によって民主主義や社会的正義，平等などの価値を取り戻すことの重要性を主張する。

◎**P・F・ドラッカー［2005］『企業とは何か』上田惇生訳，ダイヤモンド社**
1943年から1年半にわたるGM（ゼネラルモーターズ）の経営・組織調査をもとに生まれたマネジメントの古典的名著。米国で出版されてからすでに65年が経過しているが，今もなおその企業や社会についての洞察力には学ぶべき点が多い。

◎**ローレンス・E・ミッチェル［2005］『なぜ企業不祥事は起こるのか―企業の社会的責任』斎藤裕一訳，麗澤大学出版会**　著者は，米国企業の最大の問題点は短期的な株価最大化への傾倒にあり，企業がそのような行動をとらざるをえない法的・財務的構造が問題であると主張，長期的な視点に立った経営の重要性を説く。

◎**ミクルスウェイト＆ウールドリッジ［2006］『株式会社』日置弘一郎・高尾義明監訳，鈴木泰雄訳，ランダムハウス講談社**　19世紀半ばに英国で誕生した株式会社制度はその後世界中に広まり，政治や社会に大きな影響を与えた。株式会社制度の歴史的変遷がよく理解できる。

◎**梅田徹［2006］『企業倫理をどう問うか―グローバル化時代のCSR』NHK出版**
1990年代後半から相次いだ企業不祥事を題材に，抽象的になりがちな企業倫理という概念をわかりやすく解説するとともに，近年注目を集めているフェアトレードなどにも言及。CSR関連の多様なトピックスを学べる。

◎**フィリップ・コトラー＆ナンシー・リー［2007］『社会的責任のマーケティング―「事業の成功」と「CSR」を両立する』恩蔵直人監訳，早稲田大学大学院恩蔵研究室訳，東洋経済新報社**　コーズ・リレーテッド・マーケティング

著者紹介

古江晋也（ふるえ・しんや）

1975年生まれ。

（株）農林中金総合研究所主事研究員。

1998年関西大学商学部卒，2000年関西大学大学院商学研究科博士前期課程，02年同大学大学院社会学研究科博士前期課程修了。04年同大学大学院商学研究科博士後期課程を中途退学，農林中金総合研究所に入社。国内外の地域金融機関の経営戦略，CSRなどの調査研究に従事。

地域金融機関のCSR戦略

2011年11月25日　　初版第1刷発行

著者　古江晋也

企画　㈱農林中金総合研究所

発行者　武市一幸

発行所　株式会社 新評論

〒169-0051　東京都新宿区西早稲田3-16-28
http://www.shinhyoron.co.jp

電話　03（3202）7391
FAX　03（3202）5832
振替　00160-1-113487

定価はカバーに表示してあります
落丁・乱丁本はお取り替えします

装訂　山田英春
印刷　神谷印刷
製本　手塚製本

ISBN978-4-7948-0877-6
Printed in Japan

新評論　地域の未来を考える本　好評既刊

関 満博・鈴木眞人 編

信用金庫の地域貢献

ビジネスから文化支援活動まで，全国９信金（大地みらい，花巻，日本海，のと共栄，長野，おかやま，愛媛，福岡ひびき，多摩）の先進的で真摯な取り組み。

［四六並製　208頁　2310円　ISBN978-4-7948-0772-4］

関 満博 編

地域産業振興の人材育成塾

地域の企業にとって最大の課題は後継者・後進育成。りそな銀，伊予銀，京都銀，帯広信金などの画期的取り組みからノウハウとアイデアを学ぶ。

［四六上製　248頁　2730円　ISBN978-4-7948-0727-4］

NOW
PRINTING

2011年 12月
緊急出版！

関 満博 著

東日本大震災と地域産業復興　I

2011.3.11～10.1　人びとの「現場」から

日立，ひたちなか，岩手沿岸，気仙沼，浪江町。深い被災の中から立ち上がろうとする人びとと語りあい，共に歩むための最新「現場報告」！

［A5上製　296頁　予価3045円　ISBN978-4-7948-0887-5］

下平尾 勲 著

地元学のすすめ

地域再生の王道は足元にあり

人，自然，祭，食，産業ノウハウなど，“宝”は足元に眠っている！「連携」と「住民パワーの結集」を軸とした地域再生への指針を提示。

［四六上製　324頁　2940円　ISBN4-7948-0707-4］

近藤修司 著

純減団体

人口・生産・消費の同時空洞化とその未来

地方の「衰退」はなぜ起きたのか――人口減少のプロセスを構造的に解明し，地方自治と地域再生の具体策を提示。各紙誌で話題！

［四六上製　256頁　3360円　ISBN978-4-7948-0854-7］

＊表示価格はすべて消費税（5%）込みの定価です。